WOLFGANG PROBANDT

Die Einigungsstelle nach § 27a UWG

Schriftenreihe zur
Rechtssoziologie und Rechtstatsachenforschung

Begründet von Prof. Dr. Dr. h. c. Ernst E. Hirsch
Herausgegeben von Prof. Dr. Manfred Rehbinder

Band 72

Die Einigungsstelle nach § 27a UWG

Rechtliche Regelung und tatsächliche Bedeutung

Von

Dr. Wolfgang Probandt

Duncker & Humblot · Berlin

Die Deutsche Bibliothek – CIP-Einheitsaufnahme

Probandt, Wolfgang:
Die Einigungsstelle nach § 27a UWG : rechtliche Regelung und tatsächliche Bedeutung / von Wolfgang Probandt. — Berlin : Duncker und Humblot, 1993
(Schriftenreihe zur Rechtssoziologie und Rechtstatsachenforschung ; Bd. 72)
Zugl.: Freiburg (Breisgau), Univ., Diss., 1992
ISBN 3-428-07615-X
NE: GT

Satz und Druck: Berliner Buchdruckerei Union GmbH, Berlin 61
Printed in Germany

ISSN 0720-7514
ISBN 3-428-07615-X

Inhaltsverzeichnis

Erster Teil

Die historische Entwicklung der Stellen zur Schlichtung wettbewerbs-rechtlicher Streitigkeiten in der gewerblichen Wirtschaft

Zweiter Teil

Die rechtliche Struktur der Einigungsstelle

Dritter Teil

Das Verfahren vor der Einigungsstelle

Vierter Teil

Die Anrufung der Einigungsstelle im System der Gläubigerhandlungen zur Lösung wettbewerbsrechtlicher Konflikte

Fünfter Teil

Das Einigungsstellenverfahren in der Rechtswirklichkeit

Erster Teil

Die historische Entwicklung der Stellen zur Schlichtung wettbewerbsrechtlicher Streitigkeiten in der gewerblichen Wirtschaft

I. Die freiwilligen Einigungsämter vor 1932

Die Einigungsstellen haben sich aus Schiedsstellen entwickelt, die ohne Rechtsgrundlage aus dem Bedürfnis der Kaufmannschaft entstanden waren [1], dem gerade aufkeimenden freien Wettbewerb Schranken zu setzen. Die Liberalisierung des Wirtschaftslebens im 19. Jahrhundert nach den Grundsätzen der klassischen Nationalökonomie brachte einen grundsätzlichen Wandel; die durch die Zunftverfassungen geförderte ungleiche Machtverteilung der feudalen und merkantilistischen Gesellschaft wurde durch Aufhebung der noch bestehenden öffentlich-rechtlichen Gewerbebeschränkungen beseitigt. [2]

Der dadurch ausgelöste freie Wettbewerb, welcher ein starkes Aufblühen des Wirtschaftslebens nach sich zog, brachte auch Nachteile mit sich, die zuvor durch die strengen Zunftordnungen verhindert worden waren, wie unwahre Anpreisungen, Benutzung fremder Kennzeichen, Ausspionieren von Betriebs- und Geschäftsgeheimnissen und andere Tatbestände, denen die Rechtsprechung hilflos gegenüberstand [3]. Gegen diesen „unlauteren Wettbewerb" bot das staatliche Recht keinen Schutz. Unter dem Einfluß der liberalistischen Gedanken stehend, zeigte sich die Rechtsprechung nicht in der Lage, diese Auswüchse zu unterbinden; so hielt das Reichsgericht im Wettbewerb jedes Mittel für erlaubt, das nicht ausdrücklich untersagt war [4].

Aus diesem für die Kaufmannschaft unbefriedigenden Zustand heraus bildete sie Schiedsstellen zur „Befriedung" des Wettbewerbs, die ausschließlich den Zweck hatten, Eigeninteressen der Kaufmannschaft durchzusetzen. Diese hatten ihre erste gesetzliche Grundlage in den gegen Ende des 18. Jahrhunderts in Preußen im 30. Titel des I. Teils der allgemeinen Gerichtsordnung aufgenomme-

---

1 Lope, Die Bekämpfung des unlauteren Wettbewerbs, S. 8.

2 In Preußen begann die neue Ära mit der Stein — Hardenbergschen Reform von 1810/1811. Aus diesem Wandel folgte 1889 die Reichsgewerbeordnung, die in § 1 den Grundsatz der Gewerbefreiheit postuliert hat.

3 E. Ulmer, Wandlungen und Aufgaben im Wettbewerbsrecht, GRUR 1937, 770.

4 RGZ 3, 67.

nen Bestimmungen über Schiedsgerichte, welchen die Aufgabe zugewiesen war, in „Merkantil- oder Meß- und Handlungs- dsgl. in Assekuranzsachen“ tätig zu werden, „um durch beschleunigte Erörterungen und durch Vermittlung hinzugezogener Sachverständiger Handelsstreitigkeiten möglichst in Güte abzumachen“. Die Einigungsämter entstanden also nicht unbedingt aus einem höheren Bedürfnis nach Sittlichkeit im Wettbewerb, sondern aus praktisch — kaufmännischen Erwägungen mit dem Ziel, die von dem klassischen Liberalismus erwartete Harmonie herzustellen, indem sie entgegen dessen Grundsätzen (Laisser-faire / Laisser-aller) dem Wettbewerbsverhalten der Kaufmannschaft Regeln auferlegten und so bereits vor Kodifizierung eines Wettbewerbsrechts[5] die Prinzipien hierfür schufen. Insofern ist es nicht ganz zutreffend, wenn v. Thenen davon spricht, daß die Einigungsämter den Schwierigkeiten und Unklarheiten bei der Durchführung des Wettbewerbsrechts entsprangen[6], da es zu dieser Zeit ein Wettbewerbsrecht nicht gab und dieses möglicherweise durch sie erst (mit-)geschaffen worden ist. Man kann vermuten, daß hier ein Beispiel aus der jüngeren Rechtsgeschichte dafür vorliegt, daß ein Gericht, also das Einigungsamt, die Geburtsstätte eines Rechtsgebietes sein kann[7].

Diese Schiedsstellen waren nicht nur Streitbeilegungsgremien der gewerblichen Wirtschaft, die aus dem Bedürfnis der Kaufmannschaft nach einer Einrichtung entstanden waren, welche die strengen kaufmännischen Auffassungen in einem weniger formalen, kostengünstigeren und schnelleren Verfahren als dem gerichtlichen berücksichtigen konnten[8], sondern sie dienten als Instrumente zur Durchsetzung und Gewährleistung eines nach den Vorstellungen des „ordentlichen Kaufmanns“ regulierten Wettbewerbs. Sie wurden möglicherweise — genaue Angaben hierüber liegen nicht vor — bereits 1870 in den preußischen Landesstellen des ehemaligen deutschen Reichs bei den Vorläufern der heutigen Industrie- und Handelskammer eingerichtet, die aufgrund des § 1 des Gesetzes über die Handelskammern vom 24. 2. 1870[9] ermächtigt worden waren, die Gesamtinteressen der Handel- und Gewerbetreibenden ihres Bezirkes wahrzunehmen.

Diese Schiedsgerichte bzw. ihre Nachfolger, die sog. freiwilligen Einigungsämter, nahmen sich nach Einführung des Gesetzes gegen den unlauteren Wettbewerb[10] der Schwierigkeiten und Unklarheiten bei der praktischen Durchführung des Wettbewerbsrechts an. Insbesondere soweit sich das Wettbewerbsrecht auf

---

[5] Vgl. zu den Anfängen des Wettbewerbsrechts in Deutschland: Baumbach / Hefermehl, Wettbewerbsrecht, Rndr. 16 zu UWG Einl.

[6] So v. Thenen, GRUR 1937, 105.

[7] Vgl. Rehbinder, Einführung in die Rechtswissenschaft, S. 12.

[8] Wie zuvor.

[9] Gesetzessammlung für die Königlich Preußischen Staaten 1870, 134. Gesetzlich normiert wurden die Kammern erstmals durch die Königliche Verordnung zur Errichtung von Handelskammern vom 11. 2. 1848 — Gesetzessammlung für die Königlichen Preußischen Staaten 1848, S. 63.

[10] Vom 7. 6. 1909, RGBl. 1909, S. 499.

den Einzelhandel bezog, bereitete die Auslegung der unbestimmten Rechtsbegriffe, vor allem der Generalklausel des § 1 UWG[11], Schwierigkeiten[12].

Die Einigungsämter waren in ihrer damaligen Form ausschließlich als freiwillige Schiedsgerichte tätig; die Parteien wurden aufgefordert, sich aus freien Stücken der Entscheidung des Einigungsamtes zu unterwerfen[13]. Es ist anzunehmen, daß in der Anfangszeit ein Gruppenzwang in der Weise ausgeübt wurde, daß diejenigen, welche sich nicht dieser Schiedsgerichtsbarkeit unterwarfen, „geächtet" wurden.

In Berlin bestanden bereits vor dem 1. Weltkrieg „Einigungsämter"[14] bei dem Vorgänger[15] der heutigen Industrie- und Handelskammer zu Berlin. An Bedeutung gewannen die Einigungsämter jedoch erst während der Weimarer Republik; 1927 soll es in Deutschland 50 Einigungsämter gegeben haben[16], die zumeist bei den Industrie- und Handelskammern angesiedelt waren, teilweise aber auch an Verbände angegliedert waren[17].

Die Bestrebungen der Kaufmannschaft, repräsentiert durch den Deutschen Industrie- und Handelstag, deren Ergebnis ein Gesetzentwurf vom 4. 10. 1928 war[18], gingen dahin, die Anrufung der Einigungsämter alternativ zur Klageerhebung vorzusehen und ihnen das Recht zum „Schiedsspruch" auch ohne das Einverständnis des Gegners und sogar für den Fall seines Ausbleibens zu gewähren; gegen den Schiedsspruch sollte die Berufung an die Kammer für Handelssachen zulässig sein. Der Gesetzentwuf wurde jedoch nicht angenommen.

II. Die Einigungsämter nach der Novelle des Gesetzes gegen den unlauteren Wettbewerb von 1932

Erst durch die Notverordnung vom 9. 3. 1932[19] wurden die Einigungsämter gesetzlich normiert[20]. Durch die Einfügung des § 27a UWG wurden sie aber

---

11 Die Vorschrift ist bis heute unverändert geblieben; sie stellt die wichtigste Anspruchsgrundlage des Gesetzes dar.

12 So v. Thenen, GRUR 1937, 105.

13 Wie zuvor.

14 Zumindest seit dem 8. 10. 1910, vgl. Korrespondenz der Ältesten Kaufmannschaft von Berlin 1912, S. 19.

15 Noch im Jahre 1896 gab es in Berlin keine IHK; an ihrer Stelle fungierten die am 2. 3. 1820 gegründeten „Ältesten der Kaufmannschaft", vgl. Frentzel-Jäkel-Junge, Kommentar zum IHKG, S. 1.

16 v. Thenen, GRUR 1937, S. 105; für das Jahr 1933 lassen sich jedoch nur 39 Einigungsämter nachweisen.

17 Wie z. B. in Berlin, vgl. vorangegangene Fußnote.

18 Vgl. Verhandlungen des Deutschen Industrie- und Handelstages 1928, Heft 3, S. 59, Heft 12, S. 21 und Heft 13, S. 110.

19 Verordnung des Reichspräsidenten zum Schutze der Wirtschaft vom 9. 3. 1932, Zweiter Teil, RGBl. 1932 I, S. 122.

nicht, wie es aus der Praxis zu erwarten gewesen wäre, als Schiedsstellen oder Schiedsgerichte, sondern als Schlichtungsstellen etabliert. Als solche fällten sie keine Urteile in einer Rechtssache, handelten aber in Ausübung öffentlicher Gewalt[21]. Ihnen war das Recht eingeräumt worden, das persönliche Erscheinen der Parteien anzuordnen und im Falle unentschuldigten Ausbleibens Ordnungsstrafen gegen die Parteien festzusetzen[22].

Nach v. Thenen ist diese Regelung des Einigungsverfahrens darauf zurückzuführen, daß sich vielfach die Parteien, insbesondere „hartgesottene Wettbewerbssünder", nicht der Entscheidung des Einigungsamtes unterwarfen[23]. Diese Erklärung vermag jedoch nicht zu überzeugen, da der Gesetzgeber in diesem Fall den Entscheidungen der Einigungsämter, entsprechend ihrer bisherigen Tätigkeit als Schiedsgerichte und den Vorschlägen der Kaufmannschaft, bindende Wirkung zuerkannt und ihnen nicht nur die Befugnis, die Parteien zu laden, eingeräumt hätte. Es ist daher anzunehmen, daß die Übertragung rechtsprechender Gewalt auf eine unabhängige Instanz außerhalb der Justiz vermieden werden sollte[24].

Die Ansicht v. Thenen's ist darauf zurückzuführen, daß nach der damaligen Verfahrenspraxis dem „Beschuldigten" nach Anrufung des Einigungsamtes durch den „Beschwerdeführer" anheim gegeben wurde, das Einigungsamt als freiwilliges Schiedsgericht anzuerkennen und sich einem Schiedsspruch und notwendigenfalls auch einer „Buße" zu unterwerfen[25]; der Beschuldigte wurde darauf

---

20 Art. 1 Nr. 11 des zweiten Teils der Verordnung zum Schutze der Wirtschaft vom 9. 3. 1932, RGBl. I, S. 121, 124.

21 So RG GRUR 1937, S. 236.

22 § 27a Abs. 3 UWG i. d. F. v. 1932.

23 GRUR 1937, S. 105, 106.

24 So auch Derenberg, MuW 1933, 178.

25 Soweit das freiwillige Einigungsamt bei der Industrie- und Handelskammer zu Berlin angerufen wurde, wurde dies dem Gegner mit folgendem Schreiben mitgeteilt:

„Wir sind bereit, Streitigkeiten der in Rede stehenden Art gütlich zu erledigen, um langwierige und kostspielige Prozesse zu vermeiden, und ersuchen um Mitteilung innerhalb einer Woche, ob sie mit einer Verhandlung vor dem Einigungsamt einverstanden sind und sich seinem Spruch unterwerfen würden. Die Unterwerfung unter den Spruch des Einigungsamtes enthält keineswegs ein Zugeständnis, daß unlauterer Wettbewerb vorliegt; vielmehr soll, falls Sie die Auffassung vertreten, daß beanstandete Verhalten sei einwandfrei, der Streit statt durch die Gerichte durch uns entschieden werden. Wenn Sie eine solche Entscheidung annehmen, wollen Sie die beigefügte Erklärung unterschreiben und uns einsenden."

Die Unterwerfungserklärung, durch die die Zuständigkeit des Einigungsamtes als Schiedsgericht vereinbart wurde, hatte folgenden Wortlaut:

„In Sachen . . .
gegen . . .
unterwerfe ich mich dem Spruch des Einigungsamtes der Industrie- und Handelskammer zu Berlin und der Handwerkskammer zu Berlin für Wettbewerbsstreitigkeiten. Ich bin damit einverstanden, daß das Einigungsamt auch darüber erkennt, ob im Hinblick auf eine etwaige Schädigung des Antragstellers oder des durch ihn vertretenen

hingewiesen, daß — falls eine derartige Zustimmung seinerseits nicht erfolge — das Einigungsamt u. U. aufgrund des § 27a UWG tätig werden würde[26].

Mit der mündlichen Verhandlung sollten nicht nur der Ausgleich widerstreitender Interessen, sondern auch „berufserzieherische Gründe" verfolgt werden; der Wettbewerbsverletzer sollte zudem der Peinlichkeit der mündlichen Verhandlung ausgesetzt werden, wobei ihm klargemacht werden sollte, wie „ernst" die Kaufmannschaft seinen Wettbewerbsverstoß be- und verurteilt[27]. Von besonderer Bedeutung war es daher, daß die Einigungsämter kraft eigener Autorität berufen waren, da sie als „der verlängerte Arm" der Kaufmannschaft und ihrer übergeordneten Organisation, der Industrie- und Handelskammer, galten und „auf die Einhaltung der Grundsätze des lauteren Wettbewerbs hinzuwirken hatten"[28].

Als einziges Mittel, um die Parteien zwangsweise einem gütlichen Ausgleich näher zu bringen, wurde dem Einigungsamt die Befugnis eingeräumt, das persönliche Erscheinen der Parteien anzuordnen. Im Falle des unentschuldigten Ausbleibens konnten Ordnungsstrafen gegen die säumige Partei verhängt werden. Die Tatsache, daß dem Einigungsamt weitere Machtbefugnisse nicht zustanden, könnte darauf hindeuten, daß sein Einfluß auf die erschienenen Parteien recht bedeutend war, so daß die Parten sich in der Regel der Autorität des Einigungsamtes beugten und einen dem begründeten Einigungsvorschlag entsprechenden Vergleich schlossen. Nur unter dieser Voraussetzung war es sinnvoll, dem Einigungsamt das Zwangsmittel der Vorladung zuzugestehen, wenn es doch nichts weiter bewirken konnte als die physische Anwesenheit der möglicherweise nicht vergleichsbereiten Parteien. Es wurde jedoch möglicherweise übersehen, daß es dem Vorsitzenden eines Einigungsamtes leichter fallen mußte, grundsätzlich gesprächsbereite Parteien dazu zu veranlassen, sich bei Verhandlungsbeginn der noch nicht vorhersehbaren Entscheidung des Einigungsamtes zu unterwerfen, als nach der Verhandlung die unterlegene Partei zu veranlassen, den für sie negativen Vergleichsvorschlag des Einigungsamtes anzuerkennen.

Für den Fall, daß eine Einigung nicht zustande kam, hatte das Einigungsamt die Befugnis, sich in einem „gutachterlichen Spruch über den Streitfall zu äußern"[29]. Dies sollte die Parteien doch noch zu einer Einigung veranlassen oder jedenfalls die gerichtliche Entscheidung erleichtern[30]. Diese Regelung war nur dann sinnvoll, wenn die Einigungsämter auch und gerade im Vergleich mit den

---

Kreises der Gewerbetreibenden ein Geldbetrag an die Industrie- und Handelskammer zu Berlin zur Verwendung im Standesinteresse der Kaufmannschaft zu zahlen ist."
(Zitat aus Derenberg, MuW 1933, 178.)

26 So v. Thenen, GRUR 1937, 109.

27 So v. Thenen, GRUR 1937, 107.

28 So Krieger, GRUR 1957, 198.

29 § 27a Abs. 4, S. 3 UWG i. d. F. v. 1932.

30 So Krieger, GRUR 1957, 197.

ordentlichen Gerichten über eine besondere Sachkunde auf dem Gebiet des Wettbewerbsrechts verfügten, was jedenfalls in der amtlichen Begründung angenommen worden ist[31]. Diese besondere Sachkenntnis der Mitglieder des Einigungsamtes vorausgesetzt, hätten die nach Scheitern der Einigungsverhandlung zur Entscheidung berufenen Richter die Begründung des Einigungsamtes bei ihrer Entschließung zumindest berücksichtigt, und die Entscheidung wäre von diesem sachkundigen „Urteil" beeinflußt worden. Andererseits hätte der nach der Meinung des Einigungsamtes unterlegene Teil seine Erfolgsaussichten vor Gericht danach einschätzen können und hätte wohl auch den für ihn kostengünstigeren Vergleich im Rahmen des Einigungsstellenverfahrens angenommen.

Die sachliche Zuständigkeit des Einigungsamtes war begrenzt auf bürgerlichrechtliche Streitigkeiten aus § 13 UWG, soweit die Wettbewerbshandlungen den Einzelverkauf an den letzten Verbraucher betrafen[32]. Die Zuständigkeit war aber nicht auf den Einzelhändler im engeren Sinne beschränkt, sondern bezog sich auf jeden, der seine Ware im Einzelverkauf an den letzten Verbraucher absetzte, also auch auf Hersteller und Großhändler, soweit diese an Letztverbraucher verkauften[33].

Die sachliche Zuständigkeit des Einigungsamtes wurde durch die Verordnung zur Änderung des Gesetzes gegen den unlauteren Wettbewerb vom 8. März 1940[34] erheblich erweitert[35]. Das Einigungsamt konnte nunmehr bei allen Rechtsstreitigkeiten aus Wettbewerbshandlungen, soweit sie den geschäftlichen Verkehr mit dem Letztverbraucher betrafen, angerufen werden[36]. Dies hatte zur Folge, daß das Einigungsamt nicht nur für den Handel (von Waren) mit dem letzten Verbraucher, sondern auch für dienst- und werkvertragliche Leistungen etc. zuständig wurde, soweit sich daraus wettbewerbsrechtliche Streitigkeiten ergaben. Der Reichswirtschaftsminister wurde ferner ermächtigt, einzelne Einigungsämter durch Rechtsverordnung[37] auch für sonstige Rechtsstreitigkeiten aus § 13 UWG für zuständig zu erklären. Darüber hinaus erfolgten formelle Änderungen im Hinblick auf die Zuständigkeit der die Einigungsämter errichtenden Stellen.

---

31 Reichsanzeiger 61 vom 12. 3. 1932, 3 zu Art. I, Nr. 11.

32 § 27a Abs. 1, S. 1 UWG i. d. F. v. 9. 3. 1932.

33 So v. Thenen, GRUR 1937, 106; Derenberg, MuW 1933, 177.

34 RGBl. 1940, Teil I, 480.

35 § 27a, Abs. 1, S. 1 UWG i. d. F. v. 1940.

36 Entgegen der Ansicht von Krieger — GRUR 1957, 198 — kam der Zuständigkeitserweiterung eine erhebliche Bedeutung insofern zu, als sie auf eine besondere Bewährung der Einigungsämter schließen läßt.

37 § 27a, Abs. 6, S. 2 UWG i. d. F. v. 1940.

III. Der Rechtszustand nach 1945

1. Die Rechtslage nach Auflösung der Gauwirtschaftskammern

Mit Auflösung der Gauwirtschaftskammern, in denen 1942 die Industrie- und Handelskammer und damit die dort bestehenden Einigungsämter aufgegangen waren[38], endete vorerst die Tätigkeit der Einigungsämter. Vor der Währungsumstellung gab es praktisch — mit Ausnahme des Schwarzmarktes — keinen freien Wettbewerb, aus dem sich „legale" Wettbewerbsstreitigkeiten hätten herausbilden können.

Während dieser Zeit existierten die Industrie- und Handelskammern im U.S.-Besatzungsgebiet nur in privatrechtlicher Form als eingetragene Vereine, jedoch waren ihnen die den Kammern zuvor übertragenen Hoheitsaufgaben entzogen worden[39]. Obwohl auch innerhalb der Vereinsstruktur die Errichtung von Einigungsämtern auf privatrechtlicher Grundlage möglich gewesen wäre, geschah dies aus den o. g. Gründen nicht. Erst mit der Währungsreform entstand ansatzweise ein freier Markt; hierdurch wurde ein wachsendes Bedürfnis nach der Errichtung von zur „Schlichtung von Wettbewerbsstreitigkeiten geeigneten Stellen" hervorgerufen[40].

2. Die Wiedererrichtung der Einigungsämter — als Einigungsstellen

Die Wiedererrichtung der Einigungsämter — als Einigungsstellen — war problematisch. § 27a UWG sah nämlich die Einrichtung von Einigungsämtern nur bei den amtlichen Berufsvertretungen von Handel, Handwerk und Industrie sowie bei deren öffentlich-rechtlichen Verbänden vor[41]. Da jedoch in der U.S.-Besatzungszone die Industrie- und Handelskammern nur privatrechtlich organisiert waren, konnten dort die Einigungsämter nicht eingerichtet werden. Aber auch in den anderen westlichen Besatzungszonen beließ man es „angesichts der veränderten staatsrechtlichen Verhältnisse"[42] und der geänderten behördlichen Zuständigkeiten bei den freiwilligen Einigungsämtern. Daneben hatte der Bundesrat auch Bedenken justizpolitischer Art[43]; er befürchtete, daß der Einigungsstelle Aufgaben zugewiesen würden, die sonst in den Bereich der ordentlichen Gerichtsbarkeit fielen. Die Bundesregierung war dagegen der Ansicht, daß es erforderlich sei, die Landesregierungen zur Errichtung der Einigungsstellen zu verpflichten,

---

38 Vgl. Frentzel-Jäkel-Junge, Kommentar zum IHKG, Einf. A. II 5.

39 Vgl. die ausführlichen Angaben über das Kammerrecht in den Zonen und Berlin bei Frentzel-Jäkel-Junge, Kommentar zum IHKG, 2. Aufl., S. 18-34.

40 So Krieger, GRUR 1957, 198.

41 § 27a, Abs. 1, S. 1 UWG i. d. F. v. 1940.

42 Vgl. BT-Drs. 2/1478.

43 Wie zuvor, Anlage 2.

damit diesbezüglich die Rechtseinheit im gesamten Bundesgebiet wieder hergestellt würde. Durch die Wiedererrichtung der Einigungsstellen sollte die Gerichtsbarkeit jedoch nicht ausgeschaltet oder eingeengt werden, da ihre Aufgaben wesentlich von denen der Gerichte abweichen würden; Aufgabe der Einigungsstelle sei ausschließlich die außergerichtliche Beilegung der Rechtsstreitigkeiten[44]. Zwar hätten auch die Gerichte die Aufgabe, in jeder Lage des Verfahrens auf eine gütliche Beilegung des Rechtsstreits hinzuwirken[45], jedoch wäre die Wahrnehmung dieser Aufgabe durch ein vorausgegangenes Einigungsstellenverfahren nicht ausgeschlossen.

Durch das Gesetz zur vorläufigen Regelung des Rechts der Industrie- und Handelskammer vom 18. 12. 1956[46] ist sodann die Rechtseinheit auf dem Gebiet des Kammerwesens wieder hergestellt worden.

3. Die Gesetzesänderungen nach 1956

Auf dieser Grundlage konnte bereits in dem darauffolgenden Jahr das Einigungsstellenverfahren durch das Gesetz vom 11. 3. 1957[47] neu geregelt, inhaltlich ergänzt und verbessert werden; durch diese Novelle hat § 27a UWG im wesentlichen seine derzeitige Fassung erhalten.

Eine bedeutende Änderung, die sich auch auf das Einigungsstellenverfahren ausgewirkt hat, hat das UWG durch die Novelle von 1965 erfahren[48]; mit der Erweiterung des § 13 UWG durch Abs. 1a ist die Aktivlegitimation von Verbraucherverbänden für wettbewerbsrechtliche Unterlassungklagen eingeführt worden. Wegen der Verweisung in § 27a Abs. 3 UWG auf § 13 UWG waren nunmehr auch Verbraucherverbände berechtigt, die Einigungsstelle anzurufen. Bereits anläßlich dieser Novelle ist die Ansicht vertreten worden, daß das Verfahren „nicht so recht für die Unterlassungsklage von Verbraucherverbänden passe“[49].

Eine wesentliche Neuerung für das Verfahren vor der Einigungsstelle brachte schließlich Art. 1, Nr. 11 des Änderungsgesetzes vom 26. 6. 1969[50] durch die Einfügung des § 27a, Abs. 10 UWG. Mit dieser Vorschrift wurde ausgeschlossen, daß, während ein Einigungsstellenverfahren anhängig war, die Zulässigkeit der beanstandeten Werbung in einem Feststellungsverfahren vor den ordentlichen Gerichten festgestellt werden konnte. Damit wurde verhindert, daß die Ausspra-

---

44 Wie zuvor, Anlage 3.

45 Vgl. §§ 296, Abs. 1, 349, Abs. 1, 495, Abs. 2, ZPO.

46 BGBl. I, 920.

47 BGBl. I, 172.

48 Gesetz zur Änderung des Gesetzes gegen den unlauteren Wettbewerb, des Warenzeichengesetzes und des Gebrauchsmustergesetzes vom 21. 7. 1965 (BGBl. I, 625).

49 Tetzner, NJW 1965, 1944, 1946.

50 BGBl. I, 633.

che vor der Einigungsstelle durch Anrufung des Gerichts mit einer negativen Feststellungsklage vermieden werden konnte.

Durch das Kostenermächtigungs-Änderungsgesetz vom 23. 6. 1970[51] erfolgte eine Änderung des § 21a, Abs. 11 UWG dahingehend, daß nunmehr Gebühren für das Einigungsstellenverfahren nicht mehr erhoben werden durften; das Recht, die Auslagen erstattet zu verlangen, wurde hiervon nicht berührt.

Eine weitere, aber lediglich begriffliche Änderung erfuhr § 21a UWG durch Art. 5 EGStGB[52]; demgemäß ist § 27a UWG in Abs. 5 und Abs. 11 den neuen Bezeichnungen angepaßt worden.

4. Die Rechtslage nach der UWG Novelle vom 25. 7. 1986[53]

Bereits seit dem Jahre 1982 hatte sich die Bundesregierung mit einer Änderung wettbewerbsrechtlicher Vorschriften zugunsten der Verbraucher befaßt[54]. Für sie sollte im UWG u. a. ein Schadensersatzanspruch (§ 13a, Abs. 2) und ein Rücktrittsrecht (§ 13b) eingefügt werden. Diese Erwägungen zur Aufnahme eines Verbraucherschutzrechtes in das UWG geht zurück auf die breitgeführte Schutzzieldiskussion in den 70er Jahren, als Verbraucherpolitik aktuell war[55]. Die daraus folgende UWG-Reformdiskussion[56] wollte die fehlenden zivilrechtlichen Sanktionen von UWG-Verstößen durch die Einführung von Schadensersatzansprüchen schaffen; die Reform scheiterte trotz mehrerer Regierungsentwürfe[57] am Widerstand der FDP[58].

Die UWG-Novelle hat mit den Reformüberlegungen der 70er Jahre nur wenig gemeinsam; von den diskutierten Rücktritts- und Schadensersatzsanktionen ist lediglich das Rücktrittsrecht des Abnehmers übriggeblieben (§ 13a), das jedoch nicht an einen Verstoß gegen die §§ 1 oder 3 UWG anknüpft, sondern an einen Verstoß gegen § 4 UWG.

---

51 BGBl. I, 805, 808, Art. 8, Abs. 4.

52 BGBl. 1974 I, S. 469/574, Art. 134 Nr. 14 —, wonach Rechtsnachteile, die nicht bei Straftaten angedroht werden, nicht als Freiheits-, Haft-, Ordnungs- oder Geldstrafen bezeichnet werden dürfen.

53 BGBl. I, 1169.

54 Gesetzentwurf der Bundesregierung vom 1. 6. 1982, BT-Drs. 9/1707.

55 Vgl. z. B. Baumbach / Hefermehl, Wettbewerbsrecht, 14. Aufl. 1983, Einleitung UWG Rdnrn. 40 ff.; Schricker, RabelsZ 40 (1976), 535 ff.; Lehmann GRUR 1977, 580 ff.; Claus Ott, in: Festschrift für Raiser, 1974, S. 428 ff.; Reich / Tonner / Wegener, Verbraucher und Recht, 1976, S. 90 ff.; Thiedig, Suggestivwerbung und Verbraucherschutz, 1973, S. 75 ff.

56 z. B. v. Falckenstein, WRP 1978, 510 ff.; Lehmann, BB 1981, 1717 ff.; Mertens, ZHR 139 (1975), 438 ff.; Reich-Micklitz, Verbraucherschutz in der Bundesrepublik Deutschland, 1980, Rd. Nr. 123; Tielmann ZHR 141 (1977), 32 ff.

57 BT-Drs. 8/2145 v. 1978; BT-Drs. 9/1707 v. 1982.

58 Tonner, NJW 1987, 1922.

Dementsprechend ist auch die sachliche Zuständigkeit der Einigungsstelle um die Geltendmachung der in § 13a UWG normierten Verbraucheransprüche erweitert worden. Soweit sich damit der Aufgabenbereich der Einigungsstelle verändert hat, ergibt sich dies ausdrücklich aus der Neufassung der Legaldefinition der Einigungsstelle, die nun nicht mehr für die Beilegung von Wettbewerbsrechtsstreitigkeiten in der gewerblichen Wirtschaft (§ 27a, Abs. 1 a. F.), sondern von „bürgerlichen Rechtsstreitigkeiten, in denen ein Anspruch aufgrund dieses Gesetzes geltend gemacht wird" (§ 27a n. F.), zuständig ist.

Da durch die Änderung des § 27a, Abs. 3 UWG die Einigungsstellen auch bei bürgerlichen Rechtsstreitigkeiten aus § 13a UWG angerufen werden können, sind nicht nur Gewerbetreibende und Verbände, sondern auch die Abnehmer selbst befugt, die Einigungsstelle wegen der ihnen persönlich zustehenden Rechte anzurufen. Dies ist auch durch die Neufassung des § 27a, Abs. 2 UWG klargestellt worden, der ausdrücklich die Anrufung der Einigungsstelle durch einen Verbraucher oder einen Verbraucherverband regelt und für diesen Fall eine paritätische Verteilung der Beisitzerstellen auf Gewerbetreibende und Verbraucher vorsieht, während es in den übrigen Fällen bei der Besetzung mit mindestens zwei sachverständigen Gewerbetreibenden verbleibt.

Da sich das Schutzobjekt des UWG insofern gewandelt hat, als nicht mehr der einzelne Kaufmann, sondern der Werttbewerb als Institution geschützt werden soll, und es sich zum anderen einem Interessenpluralismus geöffnet hat, in dem sowohl die Interessen der Mitbewerber und der Allgemeinheit als auch der Verbraucher berücksichtigt werden sollen, ist es systematisch nicht zu beanstanden, daß das Einigungsstellenverfahren auch den Verbrauchern zugänglich gemacht worden ist. Diese Öffnung des Verfahrens durchbricht die geschichtliche Entwicklung der Einigungsstelle, da sie damit von einem Streitbeilegungsgremium der Kaufmannschaft zu einer allgemeinen Schlichtungsstelle der Industrie- und Handelskammer umgeformt worden ist. Weder den Begründungen des Regierungsentwurfes noch der Stellungnahme des Bundesrates[59] war zu entnehmen, daß das Verhältnis der Kaufmannschaft zu „ihrer" Einigungsstelle und die sich aus den Änderungen ergebenden Umwälzungen berücksichtigt worden wäre. Auch der Deutsche Industrie- und Handelstag hat sich mit dieser Problematik nicht auseinandergesetzt, sondern sich darauf beschränkt, die Befürchtung zu äußern, hier werde die Anrufung einer Kammerinstitution durch Letztverbraucher mit präjudizierender Wirkung für andere Kammereinrichtungen kodifiziert.

---

[59] BRat-Drs. 60/82.

Zweiter Teil

Die rechtliche Struktur der Einigungsstelle

I. Die Errichtung der Einigungsstelle

Die gesetzliche Grundlage für die Errichtung der Einigungsstelle findet sich in § 27a, Abs. 1, S. 1 UWG. Danach sind die Landesregierungen verpflichtet, bei den Industrie- und Handelskammern „Einigungsstellen zur Beilegung von bürgerlichen Rechtsstreitigkeiten, in denen ein Anspruch aufgrund dieses Gesetzes geltend gemacht wird (Einigungsstellen)“[1], zu errichten; ein Ermessensspielraum steht den Länderregierungen nicht mehr zu[2]. Zur Umsetzung haben die Länder aufgrund des § 27a, Abs. 11 UWG teilweise Durchführungsverordnungen (DVO) erlassen[3], die im wesentlichen inhaltlich übereinstimmen[4].

Die Geschäfte der Einigungsstelle werden von der Industrie- und Handelskammer, und zwar meist von deren Rechtsabteilung betreut[5]. Dennoch besteht eine volle Selbständigkeit gegenüber dieser Körperschaft; dies gilt auch für den Fall, daß der Vorsitzende der Einigungsstelle zugleich Funktionsträger der Kammer ist.

---

1 Bis zur UWG-Novelle von 1986 hatte die Legaldefinition folgenden Wortlaut: „Einigungsstellen zur Beilegung wettbewerbsrechtlicher Streitigkeiten in der gewerblichen Wirtschaft“.

2 Die Errichtung der Einigungsstellen wurde erst mit der UWG-Novelle von 1957 (BGBl. I, S. 172) obligatorisch.

3 *Baden-Württemberg* v. 9. 2. 1987 (GBl., S. 64, ber. S. 158); *Bayern* v. 11. 9. 1958, GVBl., S. 252; *Berlin* v. 29. 7. 1958, GVBl., S. 732, geändert durch VO v. 4. 12. 1974 (GVBl., S. 2785) und v. 28. 10. 1987 (GVBl., S. 2577); *Bremen* v. 16. 2. 1988 (GBl., S. 17); *Hamburg* v. 27. 1. 1959 (HambSLR, 44-b), geändert d. VO v. 23. 12. 1986 (GVBl., S. 368); *Hessen* v. 13. 12. 1959 (GVBl., S. 3), geändert d. VO v. 16. 12. 1974 (GVBl. I, S. 672) und v. 7. 4. 1987 (GVBl. I, S. 59); *Niedersachsen* v. 16. 12. 1958 (GVBl. Sb. I, S. 496); *Nordrhein-Westfalen* v. 15. 4. 1958 (GVBl., S. 141); *Rheinland-Pfalz* v. 2. 5. 1988 (GVBl., S. 102); *Saarland* v. 21. 1. 1988 (Amtsbl., S. 89); *Schleswig Holstein* v. 28. 6. 1958 (GVBl., S. 223).

4 So auch Baumbach / Hefermehl, Wettbewerbsrecht, Rdnr. 2 zu § 27a UWG.

5 Die Geschäftsverteilung innerhalb der Industrie- und Handelskammern ist nicht gesetzlich geregelt; sie obliegt den Geschäftsführern der Kammern in eigener Verantwortung.

II. Das Wesen der Einigungsstelle

Die Einigungsstelle ist ihrem Wesen nach unabhängige Gütestelle (Schiedsstelle)[6]; sie ist damit den nicht gesetzlich geregelten Schlichtungsstellen der Handels- und Handwerkskammern vergleichbar[7], aber auch den gesetzlich geregelten Gütestellen, wie z. B. der Einigungsstelle nach § 76 BetrVG. Auf der anderen Seite ist die Einigungsstelle abzugrenzen gegenüber den Schiedsgerichten i. S. d. §§ 1027 ff. ZPO und den Schiedsgutachtern. Diese sind voll und ganz dem Parteiwillen unterworfen, da durch den Schiedsgerichts- bzw. Schiedsgutachtervertrag sowohl die Geltung als auch die Besetzung und das Verfahren der Schiedsgerichte von den Parteien bestimmt werden[8].

III. Die Aufsicht über die Einigungsstelle

Die Einigungsstelle unterliegt nicht der Aufsicht durch die Industrie- und Handelskammer. Die jeweilige Kammer ist lediglich die organisatorische Einheit, bei der die Einigungsstelle angesiedelt ist; ebenso wie die Kammer selbst untersteht sie aber der Aufsicht durch die Landesregierung[9]. Die Aufsicht ist eine reine Rechtsaufsicht, wie sie auch über die Industrie- und Handelskammern besteht.

Bei ihren „Entscheidungen" ist die Einigungsstelle nur an Recht und Gesetz gebunden. Die Aufsicht beschränkt sich daher wie auch bei den Gerichten darauf, für einen geordneten Gang der Rechtspflege Sorge zu tragen; in die Rechtspflege selbst darf die Aufsicht nicht eingreifen. Die Einigungsstelle ist daher grundsätzlich selbständig gegenüber dem Staat.

IV. Die Aufgabe der Einigungsstelle

1. Die Aufgabe in formeller Hinsicht

Gemäß § 27a, Abs. 6, S. 1 UWG hat die Einigungsstelle einen gütlichen Ausgleich anzustreben. Anders als bei den Zivilgerichten (vgl. § 279 ZPO) soll nicht im Rahmen des Verfahrens auch eine gütliche Beilegung des Rechtsstreits angestrebt werden, sondern ist der Ausgleich das eigentliche Ziel des Einigungsstellenverfahrens. Dieses Ziel wird durch einen Vergleich im weiteren Sinne erreicht; dadurch soll der Rechtsfrieden nicht nur wiederhergestellt, sondern er soll —

---

[6] So schon Hammann, Die Einigungsämter, S. 6 für die Rechtslage im Jahr 1936.

[7] Vgl. Miletzki, Formen der Konfliktregelung im Verbraucherrecht, S. 34 ff.

[8] Preibisch, Außergerichtliche Vorverfahren in Streitigkeiten der Zivilgerichtsbarkeit, S. 42.

[9] Und zwar der Aufsicht durch die Verwaltung, der auch die Aufsicht über die Kammern obliegt; in Berlin daher der Aufsicht durch den Senator für Wirtschaft.

zumindest für den konkreten Streit und zwischen den Parteien — auch für die Zukunft gesichert werden.

Aus dieser Aufgabe folgt, daß es das wesentliche Bestreben der Einigungsstelle sein muß, die Parteien von ihrer Auffassung, bzw. der der Kaufmannschaft, zu überzeugen. Um den Parteien ihre Rechtsauffassung zu vermitteln und eine Einigung herbeizuführen, kann die Einigungsstelle ihnen einen schriftlich begründeten Einigungsvorschlag unterbreiten [10], also die — in der Form — unmittelbare Vorstufe zu einem Urteil, das sie nicht befugt ist zu fällen. Dagegen hat ein ordentliches Gericht nicht die Möglichkeit, einen solchen begründeten Vorschlag in schriftlicher Form zu unterbreiten [11]; es kann, sofern es eine Einigung für möglich hält, — wie sich aus § 27a, Abs. 10, S. 1 UWG ergibt —, den Parteien lediglich aufgeben, die Einigungsstelle anzurufen.

2. Die Aufgabe in materieller Hinsicht

Aufgabe der Einigungsstelle im materiellen Sinne ist es, wettbewerbsrelevantes Verhalten zu beurteilen. Dies folgt nicht aus ihrer Aufgabe, einen gütlichen Ausgleich anzustreben; dazu wäre sie auch in der Lage, ohne das wettbewerbsrelevante Verhalten der Parteien zu würdigen. Die Aufgabe, das wettbewerbsrelevante Verhalten zu beurteilen, folgt vielmehr einerseits aus der Geschichte der Einigungsstelle als Schiedsgericht, zum anderen aus der in § 27a, Abs. 6, S. 2 UWG normierten Möglichkeit, den Parteien einen schriftlichen, mit Gründen versehenen Einigungsvorschlag zu machen. Dazu ist sie nur in der Lage, wenn sie den Sachverhalt selbst beurteilt und auswertet. Damit sie diese Aufgabe bewältigen kann, soll der Vorsitzende, der die Befähigung zum Richteramt haben muß [12], auf dem Gebiet des Wettbewerbsrechts erfahren [13] und die Beisitzer sollen sachverständige Gewerbetreibende sein.

---

[10] § 27a, Abs. 6, S. 2 UWG.

[11] Die Offenbarung, daß sich ein Gericht vor Beendigung der mündlichen Verhandlung eine fest Überzeugung gebildet hat, kann zu einem Ablehnungsantrag wegen Besorgnis der Befangenheit führen.

[12] § 27a, Abs. 2, S. 1 UWG

[13] § 27a, Abs. 2, S. 2 UWG

Dritter Teil

Das Verfahren vor der Einigungsstelle

I. Die Verfahrensvoraussetzungen

1. Die formellen Voraussetzungen

a) Die Errichtung der Einigungsstelle

Voraussetzung für ein Verfahren vor der Einigungsstelle ist, daß diese bei der Industrie- und Handelskammer eingerichtet worden ist. Während bis zur Normierung des Verfahrens durch § 27a UWG die Einigungsstellen auf freiwilliger Basis als „freiwillige Einigungsämter" bestanden, wurde ihre Errichtung durch § 27a, Abs. 1 UWG obligatorisch. In allen Bundesländern haben die Landesregierungen bei den Industrie- und Handelskammern Einigungsstellen errichtet; zwar wurde nicht bei jeder Industrie- und Handelskammer[1] und erst recht nicht bei jeder ihrer Zweigstellen eine Einigungsstelle geschaffen; sie sind jedoch so häufig[2], daß fast in jeder größeren Stadt das Verfahren betrieben werden kann.

b) Die Bestellung der Mitglieder der Einigungsstelle

(1) Die Qualifikation der Mitglieder der Einigungsstelle

Der Besetzung der Einigungsstelle kommt für die Erfüllung der ihr gestellten Aufgabe eine besondere Bedeutung zu. Bei der Fassung von § 27a, Abs. 2 UWG ist der Gesetzgeber in Anlehnung an die bisherige Praxis davon ausgegangen, daß ihre Mitglieder sowohl über juristischen Sachverstand verfügen als auch das persönliche und kaufmännische Ansehen der Parteien genießen müssen.

Der Vorsitzende und seine Stellvertreter bedürfen gemäß § 27a, Abs. 2, S. 1 UWG der Befähigung zum Richteramt[3]. Damit soll der juristische Sachverstand gewährleistet sein, der für eine qualifizierte Meinungsbildung in Wettbewerbsfragen unabdingbar ist. Gerade die fortschreitende Ausbildung wettbewerbsrelevan-

---

1 Insofern nicht zutreffend Baumbach / Hefermehl, Wettbewerbsrecht, Rdnr. 2 zu § 27a UWG.

2 Siehe Anhang V.

3 Nach § 5 RichterG.

ten Richterrechts (case law) im Hinblick auf die Definition des Begriffs der Sittenwidrigkeit fordert wettbewerbsspezifisches Juristenwissen; dies wird nunmehr ausdrücklich von dem Vorsitzenden gefordert[4].

Die Beisitzer sollen sachverständige Gewerbetreibende sein, die im Bezirk der Einigungsstelle tätig sind[5]; weitere Anforderungen müssen sie nicht erfüllen. Die in der Literatur aufgestellte Forderung, die Einigungsstelle habe eine „Vereinigung der besten und tüchtigsten Persönlichkeiten, die Rechtskenntnisse und Sachkunde, Unparteilichkeit und Billigkeitsgefühl mitbringen, zu sein"[6], entspringt der Geschichte der Einigungsstelle als freiwillige Schlichtungsstelle der Kaufmannschaft, die nur aufgrund ihrer natürlichen Autorität tätig werden und Erfolge erzielen konnte. Da die Einigungsstelle nur vermitteln kann, sind diese Qualitäten fast unabdingbare Voraussetzung der für jede Schlichtungsstelle unverzichtbaren Überzeugungskraft.

Mit der Novellierung des UWG im Jahre 1986 sind gemäß § 27a, Abs. 2, S. 1 UWG auch Verbraucher als Mitglieder der Einigungsstelle zu bestimmen. Auch an deren Sachkunde und persönliches Ansehen sind hohe Anforderungen zu stellen, sollen die Einigungsbemühungen zwischen Kaufleuten und Verbrauchern nicht aussichtslos sein.

(2) Das Verfahren zur Bestellung der Mitglieder der Einigungsstelle

Nach § 3, Abs. 1 BlnDVO[7] ernennt die Industrie- und Handelskammer den Vorsitzenden und seine(n) Stellvertreter nach Anhörung der Handwerkskammer; im Regelfall wird er auch nur ernannt werden, wenn die Handwerkskammer ihre Zustimmung erteilt. Die Industrie- und Handelskammer kann die Ernennung auch widerrufen[8]. Damit ist garantiert, daß der Vorsitzende nicht nur über die fachliche Qualifikation, sondern auch über das Vertrauen der Kaufmannschaft verfügt.

Die kaufmännischen Beisitzer werden in einer für das Kalenderjahr aufzustellenden Liste zusammengefaßt, aus welcher der Vorsitzende die Beisitzer für das jeweilige Verfahren auswählt (§ 27a, Abs. 2, S. 3 UWG). Die Aufstellung einer Liste, in der eine Vielzahl von Gewerbetreibenden als mögliche Beisitzer geführt werden, ermöglicht es, sie unter Berücksichtigung der speziellen in dem jeweiligen Verfahren anhängigen Probleme auszuwählen. Idealerweise sollten sämtliche in der Liste aufgeführten Personen sowohl die Sachkunde über die Wettbewerbs-

---

4 § 27a, Abs. 2, S. 2 UWG.

5 § 4, Abs. 1 BlnDVO.

6 So Hammann, Die Einigungsämter, S. 20.

7 Verordnung zur Durchführung des Einigungsstellenverfahrens nach § 27a UWG des Landes Berlin.

8 § 3, Abs. 2 BlnDVO.

problematik als auch eine besondere Erfahrung in ihrem Berufszweig haben; dies sollte es ermöglichen, zumindest einen Kaufmann aus dem betroffenen Gewerbezweig zum Beisitzer zu berufen.

Bei der Bestellung der Beisitzer von der Verbraucherseite sind die Vorschläge der mit öffentlichen Mitteln geförderten Verbraucherzentralen zu berücksichtigen.

c) Die Zuständigkeit der Einigungsstelle

(1) Die funktionelle Zuständigkeit

Die Einigungsstelle kann gemäß ihrer formellen Aufgabe[9] nur zur Aussprache mit dem Gegner über den Streitfall angerufen werden. Es ist fraglich, ob dies ein Erfordernis der sachlichen Zuständigkeit oder des Rechtsschutzbedürfnisses ist oder ob es die funktionelle Zuständigkeit berührt. Da die Gerichte zwar auch gem. § 279 ZPO die Aufgabe haben, in jeder Verfahrenslage auf eine gütliche Einigung hinzuwirken, nicht aber mit dem ausschließlichen Ziel angerufen werden können, eine Aussprache mit dem Gegner herbeizuführen, spricht dieses Erfordernis das Verhältnis zwischen der Einigungsstelle und den Gerichten an und gehört damit zur funktionellen Zuständigkeit.

Unabhängig von dieser Einordnung wird durch den Wortlaut der Vorschrift klargestellt, was der Antragsteller von einem Einigungsstellenverfahren zu erwarten hat: Nicht die „Verurteilung“ des Gegners durch eine Mißbilligung seines Verhaltens oder daß auf ihn eingewirkt wird, eine Unterlassungserklärung abzugeben, sondern die Möglichkeit, persönlich mit dem Gegner unter beratender Mitwirkung der Einigungsstelle ein Gespräch zu führen. Das Einigungsstellenverfahren setzt daher einen zur Aussprache, d. h. zum Austausch von Argumenten bereiten Antragsteller voraus[10]. Ist der Antragsteller nicht zur Aussprache bereit, sondern erhofft er sich durch die Anrufung der Einigungsstelle andere Ergebnisse, so hat er das falsche Verfahren gewählt.

(2) Die sachliche Zuständigkeit

§ 27a, Abs. 3, S. 1 UWG bestimmt, daß die Einigungsstellen „bei bürgerlichen Rechtsstreitigkeiten aus §§ 13 und 13a[11], . . . soweit die Wettbewerbshand-

---

[9] Vgl. oben 2. Teil, Ziff. IV. 1.

[10] Dieselbe Bereitschaft muß bei dem Gegner nicht gerade vorhanden sein, weshalb er auch zwangsweise geladen werden kann.

[11] Der Gesetzestext ist ungenau, da die §§ 13 und 13a UWG die Aktivlegitimation regeln und nicht Anspruchsgrundlagen erhalten. Für welche Ansprüche die Einigungsstelle zuständig ist, ergibt sich aus § 27a, Abs. 1 UWG, wonach „die Einigungsstelle zur

lungen den geschäftlichen Verkehr mit dem letzten Verbraucher betreffen", angerufen werden können; soweit die Einigungsstellen bei sonstigen bürgerlichen Rechtsstreitigkeiten aus §§ 13 und 13a UWG angerufen werden, können sie gem. § 27a, Abs. 3, S. 2 UWG nur mit Zustimmung des Gegners tätig werden. Darüberhinaus sind sie auch für bürgerliche Rechtsstreitigkeiten aus der Verordnung zum Schutze der Wirtschaft (ZugabeVO)[12] und aus dem Gesetz über Preisnachlässe (RabattG)[13] zuständig[14/15].

Die Zuständigkeit wird darüberhinaus durch die gerichtliche Anordnung gemäß § 27a, Abs. 10 UWG, die Eignungsstelle anzurufen, begründet[16]. Die Anordnung wirkt zuständigkeitsbegründend, da die Einigungsstelle auch bei objektiver Unzuständigkeit verpflichtet ist, tätig zu werden. Diese Besonderheit folgt daraus, daß § 27a, Abs. 10, S. 3 UWG für den Fall der gerichtlichen Anordnung eine Vorschrift[17] für nicht anwendbar erklärt, die der Einigungsstelle die Möglichkeit eröffnet, die Einleitung von Verhandlungen abzulehnen, wenn sie den Anspruch für unbegründet oder sich für unzuständig hält.

(a) Bürgerliche Rechtsstreitigkeiten

Gem. § 27a, Abs. 1 UWG ist die Einigungsstelle nur für bürgerliche Rechtsstreitigkeiten zuständig, also weder für die Durchführung öffentlich-rechtlicher noch strafrechtlicher Verfahren.Diese Tatsache schließt nicht aus, daß sie sich mit Tatbeständen zu befassen hat, die auch strafrechtlich relevant sind. Schon aufgrund der im UWG normierten Strafvorschriften ist die Überschneidung unvermeidlich. Mit den über § 13 UWG erfaßten Wettbewerbshandlungen nach §§ 4, 6, 12 UWG werden zugleich Straftatbestände verwirklicht, ohne daß damit die Zuständigkeit der Einigungsstelle ausgeschlossen wäre. Die Einigungsstelle kann allerdings nur die zivilrechtlichen Ansprüche zum Gegenstand der Verhandlung machen, nicht aber eine Einigung über die strafrechtliche Schuld herbeiführen oder eine Strafe verhängen[18].

Dementsprechend wird durch den Vergleich vor der Einigungsstelle der Strafverfolgungsanspruch des Staates nicht berührt. Die Zuständigkeit der Einigungsstelle wird in diesen Fällen, wie sich aus dem Bezug auf § 13 UWG ergibt,

---

Beilegung von Wettbewerbsstreitigkeiten" (§ 27a UWG a. F.), bzw. von „bürgerlichen Rechtsstreitigkeiten, in denen ein Anspruch aufgrund des UWG geltend gemacht wird", angerufen werden kann.

12 Vom 9. 3. 1932, RGBl. I, S. 121.

13 Vom 25. 11. 1933 (RGBl. I, S. 1011) i. d. F. v. 11. 3. 1957 (BGBl. I, S. 626).

14/15 Gem. § 2 des Gesetzes über das Zugabewesen v. 12. 5. 1933 (RGBl. I, S. 264), neugefaßt durch das Gesetz vom 11. 3. 1957 (BGBl. I, S. 172).

16 Ebenso Baumbach / Hefermehl, Kommentar zum UWG, Rdnr. 5 zu § 27a UWG.

17 § 27a, Abs. 8 UWG.

18 Anders noch die Praxis der freiwilligen Einigungsämter, die eine Buße gegen den unlauter Werbenden verhängten; vgl. Derenberg, MuW 1933, S. 178.

begründet, weil auch ein Individualinteresse durch die Wettbewerbshandlung berührt ist: auf den Strafanspruch des Staates kann aber grundsätzlich im Wege einer Individualvereinbarung kein Einfluß genommen werden[19].

In der Praxis ist die Abgrenzung von bürgerlich-rechtlichen zu strafrechtlichen Streitigkeiten ohne Bedeutung; der Verfasser hat während seiner Tätigkeit für die Einigungsstelle bei der Industrie- und Handelskammer zu Berlin den Wunsch nach einer Bestrafung des Unterlassungsschuldners niemals feststellen können.

Streitigkeiten mit den Verwaltungsbehörden z. B. über die Zulässigkeit von Räumungsverkäufen nach § 8 UWG fallen ebenfalls nicht in die Zuständigkeit der Einigungsstelle und können vor ihr nicht verhandelt werden, da sie dem öffentlichen Recht zugeordnet sind.

(b) Nach § 13 UWG

Nach § 27a UWG ist die Zuständigkeit auf Streitigkeiten aus §§ 13 und 13a UWG begrenzt. Die Fälle des § 13 UWG sind diejenigen, in denen grundsätzlich ein über das Interesse des Einzelnen hinausgehendes Allgemeininteresse vorliegt, also in denen eine Zuwiderhandlung gegen die Bestimmungen der §§ 1, 3, 4, 6-6e, 7, 8 und 12 UWG geltend gemacht wird. Allerdings ist es nicht erforderlich, daß im Einzelfall auch eine Verletzung der Allgemeininteressen gegeben ist; es genügt vielmehr, wenn sich die geltend gemachten Ansprüche unmittelbar aus diesen Vorschriften ergeben, wenn auch die einzelne Streitsache für die Allgemeinheit ohne Interesse ist[20].

Die Zuständigkeit der Einigungsstelle wird durch die Verweisung auf Vorschriften (§§ 13 und 13a UWG) geregelt, welche die regelmäßige Klagebefugnis bis an die Grenze zur Popularklage ausweiten[21]. Die Erweiterung der Zuständigkeit über die Individualinteressen hinaus ist verständlich und steht im Einklang mit der Aufgabe der Einigungsstelle, nicht nur eine Einigung zwischen streitenden Parteien herbeizuführen, sondern zugleich auch die Mißbilligung der Kaufmannschaft zum Ausdruck zu bringen[22]. Im übrigen gehört es zur Aufgabe der Industrie- und Handelskammer, der die Einigungsstelle angegliedert ist, auf die Wahrung von Anstand und Sitte des ehrbaren Kaufmanns hinzuwirken[23] und damit Allgemeininteressen wahrzunehmen.

---

19 Die Staatsanwaltschaft hat also die Einigung vor der Einigungsstelle bei der Verfolgung der Tat unberücksichtigt zu lassen; ein vor der Einigungsstelle geschlossener Vergleich ist insbesondere niemals ein Verfahrenshindernis. Die Staatsanwaltschaft kann und sollte eine Einigung aber im Rahmen der Opportunitätsprüfung berücksichtigen.

20 So auch Hammann, Die Einigungsämter, S. 13.

21 Reimer, Wettbewerbs- und Warenzeichenrecht, Kap. 107, Anm. 19; Hadding, JZ 1970, S. 307; dagegen bejaht R. Isay, Das Recht am Unternehmen, S. 60 den Popularklagecharakter der Vorschrift.

22 So u. a. v. Thenen, GRUR 1937, S. 109.

23 § 1, Abs. 1 IHKG.

Nicht ohne weiteres folgerichtig ist es, daß Wettbewerbshandlungen, die ausschließlich das Einzelunternehmen berühren, von der Zuständigkeit der Einigungsstelle ausgeschlossen und damit den ordentlichen Gerichten vorbehalten sein sollen[24]. So wird von Röttger[25] und Hecht[26] zu Recht darauf hingewiesen, daß die Verweisung auf § 13 UWG den gesetzgeberischen Zweck, die Klagebefugnis zu erweitern, in ihr Gegenteil verkehre. Richtig ist, daß über den Verweis auf § 13 UWG nicht nur die Zuständigkeit der Einigungsstelle bestimmt, sondern auch die Aktivlegitimation auf die in § 13 genannten Personen und Verbände erweitert wird[27]. Es kann aber aus dem Vergleich zum gerichtlichen Verfahren gefolgert werden, daß eine Kammerinstitution — und als solche muß die Einigungsstelle schon aus ihrer Geschichte heraus verstanden werden — nicht als der geeignete Ort angesehen wird, um reine Individualinteressen notfalls zwangsweise zur Aussprache zu bringen. Der Gegner wäre nämlich im gerichtlichen Verfahren weder zum Erscheinen gezwungen noch überhaupt verpflichtet, sich vertreten zu lassen, sofern er bereit ist, ein Versäumnisurteil gegen sich ergehen zu lassen; auch besteht in diesen Fällen grundsätzlich keine Veranlassung für die Kaufmannschaft, eine Mißbilligung auszusprechen.

Etwas anderes gilt nur dann, wenn neben Individualansprüchen auch die öffentlichen Interessen verletzt sind, indem z. B. eine Handlung nach den §§ 14-20 UWG zugleich sittenwidrig ist und damit den Tatbestand des § 1 erfüllt[28]. Unzweifelhaft sind in diesen Fällen die in § 13 UWG genannten Personen und Verbände für den ordentlichen Rechtsweg auch dann aktivlegitimiert, wenn zusätzlich der Tatbestand des § 1 UWG gegeben ist[29]. Wird aber § 13 UWG so weit verstanden und damit das Allgemeininteresse auch bei sittenwidriger Verletzung von Individualrechten anerkannt, so ist nicht einzusehen, weshalb die zuständigkeitsbegründete Verweisung über § 27a, Abs. 3 UWG zu einem anderen Ergebnis führen sollte. Der Ausschluß dieser Fälle aus der Zuständigkeit der Einigungsstelle läßt sich weder mit dem Wortlaut des § 27a UWG noch mit seinem gesetzespolitischen Zweck vereinbaren[30].

Der Einwand, daß die Einigungsstelle dann für fast jeden Wettbewerbsverstoß zuständig sei, trifft das Problem nicht. Die Zuständigkeit ist in diesen Fällen berechtigterweise begründet, weil das Allgemeininteresse bei sittenwidrigen Wettbewerbsverstößen grundsätzlich berührt ist[31]. Deshalb ist auch der Hinweis

---

24 So Derenberg, MUW 1933, S. 179; Müller, Ministerialblatt für Wirtschaft und Arbeit 1935, Nr. 7, S. 137 ff., IV.

25 Röttger, GRUR 1935, S. 76 ff.

26 Hecht, Wirtschaftsblätter der Industrie- und Handelskammer zu Berlin 1935, Heft 12, S. 795 f.

27 So auch Hammann, Die Einigungsämter, S. 13; Röttger, GRUR 1935, S. 76 ff.

28 A. A. Baumbach / Hefermehl, Wettbewerbsrecht, Rdnr. 3 zu § 27a UWG, da ja gerade die Sittenwidrigkeit der Handlung das Allgemeininteresse begründe.

29 RGZ 79, S. 321, 327.

30 Ebenso Krieger, GRUR 1957, S. 202.

verfehlt, daß die Zuständigkeit der Einigungsstelle in diesen Fällen davon abhänge, ob die Wettbewerbshandlung sittenwidrig oder nur objektiv Unrecht ist. Einen überzeugenden Einwand gegen die Zuständigkeit der Einigungsstelle für alle Verstöße gegen § 1 UWG gibt es nicht; auch ist eine Überlastung der Einigungsstelle nicht zu befürchten.

(c) Nach § 13a UWG

Mit der UWG-Novelle von 1986[32] ist mit § 13a UWG ein Rücktrittsrecht für die durch eine irreführende Werbung getäuschten Abnehmer geschaffen worden. Da nunmehr auch § 27a, Abs. 3 UWG auf diese Vorschrift verweist, ist die Zuständigkeit der Eignungsstelle auf Rechtsstreitigkeiten, in denen diese Ansprüche geltend gemacht werden, erweitert worden.

Im Gegensatz zu den in § 13 UWG erwähnten Ansprüchen handelt es sich bei dem Rücktrittsrecht und den daraus folgenden Rückgewähransprüchen um Individualrechte; zwar werden auch in diesen Fällen durch den Verstoß gegen § 4 UWG Allgemeininteressen berührt, diese sind jedoch nur mittelbar Gegenstand des Einigungsstellenverfahrens. Das Rücktrittsrecht steht nur dem einzelnen Vertragspartner zu, der durch die unwahre Werbeangabe zur Abnahme, d. h. zum Vertragsabschluß, bestimmt worden ist.

Der Wortlaut der Vorschrift scheint dem Abnehmer lediglich ein Rücktrittsrecht zu gewähren, dessen Rechtsfolgen sich nach dem AbzG richten (§ 13a, Abs. 3, S. 1 UWG). Danach könnten vor der Einigungsstelle nur das Rücktrittsrecht und die gegenseitigen, aus dem Rückgewährschuldverhältnis folgenden Ansprüche geltend gemacht werden; Schadenersatzansprüche fielen, da sie sich nicht unmittelbar aus § 13a UWG ergeben, nicht in die Zuständigkeit der Einigungsstelle.

Diese Eingrenzung der Zuständigkeit wäre jedoch nicht mit der für Schadensersatzansprüche von Kaufleuten geltenden Zuständigkeit aus § 13a, Abs. 6 UWG zu vereinbaren, so daß die Zuständigkeit auch für gegebenenfalls von Verbrauchern geltend gemachte Schadensersatzansprüche zu bejahen ist.

(d) Nach den wettbewerbsrechtlichen Nebengesetzen

Die Zuständigkeit der Einigungsstelle ist bereits unmittelbar durch § 2 des Gesetzes über das Zugabewesen vom 12. 5. 1933 (ZugabeVO)[33] und durch § 13 RabattG vom 25. 11. 1933[34] gegeben. Durch diese Vorschriften sind die Eini-

[31] Vgl. Baumbach / Hefermehl, Wettbewerbsrecht, Rdnr. 41 f. Einl. UWG, m. w. Nachw.

[32] vom 25. 7. 1986, BGBl. I, S. 1169.

[33] RGBl. I, S. 264.

gungsstellen auch für bürgerliche Rechtsstreitigkeiten aus der ZugabeVO und aus dem RabattG für zuständig erklärt worden. Da beide Vorschriften einen ausdrücklichen Hinweis auf die ursprüngliche Fassung des § 27a UWG enthielten, hat das Gesetz zur Änderung wirtschafts-, verbraucher-, arbeits- und sozialrechtlicher Vorschriften von 1986 auch insoweit die Zuständigkeit der Einigungsstelle erweitert.

Wegen der ausdrücklichen Verweisung auf die Zuständigkeit der Einigungsstelle für diese Verfahren kann nur zweifelhaft sein, in welchem Umfang die Einigungsstelle zur Schlichtung von Wettbewerbsstreitigkeiten nach der ZugabeVO zuständig ist. Die ZugabeVO bezieht sich im Gegensatz zum RabattG nicht nur auf den geschäftlichen Verkehr mit dem letzten Verbraucher, sondern erfaßt die Werbung mit Zugaben auf sämtlichen Wirtschaftsstufen. § 27a UWG begründet dagegen grundsätzlich nur eine Zuständigkeit der Einigungsstelle für Wettbewerbshandlungen im geschäftlichen Verkehr mit dem letzten Verbraucher. Es dürfte daher davon auszugehen sein, daß der Umfang dieser Zuständigkeit durch die Einbeziehung der ZugabeVO nicht auf die dem geschäftlichen Verkehr mit dem letzten Verbraucher vorgeordneten Wirtschaftsstufen ausgedehnt werden sollte. Die Verweisung auf § 27a UWG in § 2 des Gesetzes über das Zugabewesen ist also dahin zu verstehen, daß die Einigungsstellen für die Behandlung von Verstößen gegen die ZugabeVO nur insoweit zuständig sind, als es sich hierbei um den geschäftlichen Verkehr mit dem letzten Verbraucher handelt[35].

(e) Streitigkeiten aus dem Bereich des geschäftlichen Verkehrs mit dem letzen Verbraucher

§ 27a, Abs. 3 UWG unterscheidet eine originäre und eine gewillkürte Zuständigkeit der Einigungsstelle; ohne die Zustimmung des Gegners ist die Einigungsstelle nur für Wettbewerbsverstöße zuständig, die den Verkehr mit dem letzten Verbraucher betreffen.

Ursprünglich lautete die Formulierung dahin, daß die Wettbewerbshandlung den „Einzelverkauf an den letzen Verbraucher" betreffen mußte. Hinter dieser Regelung stand möglicherweise die Absicht, Herstellern und Großhändlern eine (notfalls zwangsweise) Ladung vor die Einigungsstelle zu ersparen[36]. Diesem Zweck wäre die Formulierung allerdings ebensowenig wie die neue Fassung gerecht geworden. Wettbewerbshandlungen von Großhändlern und Herstellern fallen damals wie heute in die Zuständigkeit der Einigungsstelle, sofern sie nur irgendwie, also auch mittelbar, den privaten Verbraucher tangieren[37]. Mit der

---

34 RGBl. I, S. 10

35 So auch Reimer / Krieger, Zugabe- und Rabattrecht, zu § 1 ZugabeVO, S. 25

36 So Hammann, Die Einigungsämter, S. 16.

37 A. A. Tetzner, Kommentar zum UWG, Rdnr. 10 zu § 27a UWG.

Erweiterung auf den geschäftlichen Verkehr sind nicht mehr nur Verkaufsgeschäfte zuständigkeitsbegründend, sondern jede Tätigkeit, die irgendwie der Förderung eines beliebigen Geschäftszwecks dient[38], im Gegensatz zur rein privaten oder amtlichen Betätigung[39]. Der Verkauf von Waren oder Leistungen oder auch nur die Förderung desselben ist daher für die Begründung der Zuständigkeit der Einigungsstelle nicht mehr erforderlich.

Die Einschränkung der Zuständigkeit auf den geschäftlichen Verkehr ist ohne weiteres einsichtig, da rein private oder amtliche Handlungen zwar wettbewerblich relevant sein können[40], aber regelmäßig nicht das Allgemeininteresse berühren.

Die Zuständigkeit ist nur für Wettbewerbshandlungen im Verkehr mit dem letzten Verbraucher begründet. Die Beschränkung auf die letzte Wirtschaftsstufe könnte ihren Sinn darin haben, daß die Erweiterung der Zuständigkeit nicht mehr als mit den regionalen Aufgaben der Einigungsstelle vereinbar angesehen wurde[41]. Ferner droht die Verrohung allgemeiner Wettbewerbssitten weniger bei Verstößen in vorgelagerten Stufen, da Verstöße gegenüber letzten Verbrauchern meist eine größere Werbewirkung haben und wegen der den Mitbewerbern drohenden Absatzeinbußen in besonderem Maß zur Nachahmung auffordern. Möglicherweise ist der Gesetzgeber auch davon ausgegangen, daß bei Wettbewerbsverstößen in den vorgelagerten Wirtschaftsstufen eine gütliche Einigung weniger aussichtsreich ist und deshalb als zuständigkeitsbegründendes Merkmal die Zustimmung des Gegners vorliegen muß[42].

Letzter Verbraucher ist bei einem Kaufgeschäft der Abnehmer, der die gekaufte Ware nicht mehr umsetzt[43]. Diese dem RabattG entnommene Definition vermag eine eindeutige Hilfe für die Zuständigkeitsbestimmung der Einigungsstelle nicht zu sein. Anders als beim RabattG richtet sich die Vielzahl der nach dem UWG, insbesondere § 1 UWG unterfallenden Verstöße nicht auf einen konkreten Geschäftsabschluß, so daß sich schwerlich bestimmen läßt, ob die Interessen eines Letzverbrauchers berührt sind. In den meisten Fällen läßt sich jedoch aufgrund der Wettbewerbshandlung beurteilen, ob sie darauf abzielt, eine umsatzsteigernde Wirkung gerade auch im Handel mit dem letzten Verbraucher zu erreichen. So fällt jede Werbung, mit der sich ein Hersteller an das Publikum wendet, z. B. durch Annoncen, Werbespots, Warenausstattung etc. in die Zuständigkeit der Einigungsstelle, und zwar auch dann, wenn der Werbende nicht unmittelbar in

---

38 Baumbach / Hefermehl, Wettbewerbsrecht, Einl. zum UWG, Rdnr. 159.

39 BGH GRUR 1953, S. 293, 294; 1960, S. 384, 386; 1964, S. 208, 209.

40 Soweit eine Körperschaft des öffentlichen Rechts in Erfüllung einer ihr gesetzlich auferlegten Pflicht handelt, mangelt es nach OLG Karlsruhe WRP 1983, S. 223 bereits an einem Handeln zum Zwecke des Wettbewerbs.

41 So Krieger, GRUR 1957, S. 203.

42 Wie zuvor.

43 Baumbach / Hefermehl, Wettbewerbsrecht, Rdnr. 12 zu § 1 RabattG.

geschäftlichen Kontakt mit den letzten Verbrauchern tritt. Dies hatten schon Hammann[44], Derenberg[45] und Müller[46] so gesehen, weshalb die jetzige Fassung von § 27a, Abs. 3 UWG nicht zuletzt auch der Klarstellung dient.

(f) Folgen der Überschreitung der sachlichen Zuständigkeit

Nach Baumbach / Hefermehl sind Amtshandlungen der Einigungsstelle wirkungslos, wenn sie außerhalb der Zuständigkeitsregelung des § 27a, Abs. 3 UWG vorgenommen werden[47]. Dem kann so allgemein nicht zugestimmt werden. Zwar ist die Einigungsstelle nicht zum Tätigwerden außerhalb ihrer Zuständigkeit verpflichtet, jedoch kann sie mit Zustimmung der Parteien ebenso außerhalb ihrer Zuständigkeit tätig werden, wie sie auch nach Ansicht von Baumbach / Hefermehl unter den Voraussetzungen des § 1027 ZPO als Schiedsgericht tätig werden kann[48]; ein Vergleich, der vor einer Einigungsstelle geschlossen wurde, die ihre Zuständigkeit überschritten hat, bleibt ebenfalls gemäß §§ 794, 797a ZPO wirksam. Demnach sind Amtshandlungen, welche die Einigungsstelle außerhalb ihrer Zuständigkeit vornimmt, nur insoweit unwirksam, als sie hoheitliche Befugnisse ausübt, also das persönliche Erscheinen anordnet oder ein Ordnungsgeld gegen eine nicht erschienene Partei festsetzt.

(3) Die örtliche Zuständigkeit

Für die örtliche Zuständigkeit der Einigungsstelle verweist § 27a, Abs. 4 UWG auf § 24 UWG. Diese Vorschrift enthält eine Sonderregelung in Wettbewerbssachen. Nach § 24, Abs. 1 UWG sind ausschließliche Gerichtsstände der Gerichtsstand der gewerblichen Niederlassung des Beklagten, hilfsweise sein Wohnsitz oder Aufenthaltsort, und nach Abs. 2 der Gerichtsstand des „Tatortes".

(a) Der Gerichtsstand des Tatortes

Mit Einfügung des Gerichtsstandes des Tatortes im Jahre 1969[49] ist die Zuständigkeit der Einigungsstelle wesentlich erweitert worden. Bis dahin war die Einigungsstelle am Begehungsort auch dann nicht zuständig, wenn die Zuständigkeit des ordentlichen Gerichts nach § 32 ZPO gegeben war[50]. Die Zuständigkeit der

---

44 Die Einigungsämter, S. 17.
45 MuW 1933, 179.
46 MinBl. f. Wirtschaft und Arbeit Nr. 7, Ziff. IV, 2.
47 Baumbach / Hefermehl, Wettbewerbsrecht, Rdnr. 12 zu § 26a UWG.
48 Wie zuvor.
49 Durch Art. 1, Nr. 8 des Gesetzes zur Änderung des UWG vom 26. 6. 1969, BGBl. I, S. 633.
50 OLG Hamm, WRP 1964, 320.

Einigungsstelle konnte nicht über § 32 ZPO begründet werden, da nur Ansprüche aus dem UWG vor der Einigungsstelle verhandelt werden konnten. Die Zuständigkeitsregelung des § 24 a. F. UWG beruhte auf dem „gesunden Gedanken"[51], daß jeweils das Gericht entscheiden soll, welches die nötigen Kenntnisse der örtlichen Verhältnisse und Gebräuche besitzt; nach der Begründung zu § 2, Abs. 4 UWG (i. d. F. v. 1896) sollte mit der Beschränkung auf den Ort der Niederlassung einer Häufung von Prozessen bei verschiedenen Gerichten vorgebeugt werden[52]. Für die Zuständigkeit der ordentlichen Gerichte beschränkte die Rechtsprechung die Anwendung von § 24 a. F. UWG auf die Fälle, in denen der Anspruch ausschließlich auf das UWG gestützt war. Bei Anwendung der §§ 823 ff. BGB kam § 32 ZPO zum Zuge, was bei allen Eingriffen in den eingerichteten und ausgeübten Gewerbebetrieb der Fall war[53].Diese Rechtsprechung berücksichtigte und normierte der § 24 n. F. und eröffnete damit auch den Verbänden die Möglichkeit der Klageerhebung an dem Gerichtsstand des Tatortes. Vorher war dies nur möglich, wenn die Wettbewerbshandlung zugleich auch gegen Vorschriften des RabattG oder der ZugabeVO verstoßen hatte[54]. Für die Einigungsstelle wurde die erweiterte Zuständigkeit einhellig[55] mit der weiteren Begründung verneint, daß der Gegner nur vor „seiner Einigungsstelle" mit dem von ihm begangenen Wettbewerbsverstoß konfrontiert werden sollte. Da § 27a, Abs. 4 UWG ohne jede Einschränkung auf § 24 UWG verweist, ist nunmehr gemäß Abs. 2 dieser Vorschrift auch die Einigungsstelle am Begehungsort örtlich zuständig.

(b) Überschneidende Zuständigkeit

Nach der erweiterten Zuständigkeit können verschiedene Einigungsstellen für ein und denselben Wettbewerbsverstoß zuständig sein; wurde der Verstoß durch eine überregionale Werbung begangen, können sogar sämtliche Einigungsstellen zuständig sein. Sind verschiedene Einigungsstellen von unterschiedlichen Antragsstellern angerufen worden, so treten „Rechtshängigkeitsprobleme" nicht auf. Jeder Antragsteller verfolgt eigene Ansprüche auch dann, wenn die Wettbewerbshandlung identisch ist.

Die Regelung des § 261, Abs. 3, Ziff. 1 ZPO findet keine Anwendung. Zum einen ist es fraglich, inwieweit Vorschriften der ZPO auf das Einigungsstellenverfahren angewendet werden können, wenn dies nicht ausdrücklich bestimmt ist[56].

---

[51] So Hammann, Die Einigungsämter, S. 20.

[52] Baumbach / Hefermehl, Wettbewerbs- und Warenzeichenrecht, 2. Aufl., Rdnr. 1 zu § 24 UWG.

[53] So die Rspr. zu § 24 a. F., — BGHZ 15, 333, 335 (Gema); BGH GRUR 1955, 101 (Blitzableiter); 1964, 567, 568 (Lavamat I); RG GRUR 1939, 407, 409.

[54] BGH GRUR 1956, 279 (Olivin); Weber in GRUR 1962, 135.

[55] Vgl. Hammannn, Die Einigungsämter, S. 18 f.

[56] Wie z. B. in § 27a, Abs. 1 (Ablehnung), Abs. 5 (Zwangsgeld), Abs. 7 (Vollstreckung aus Vergleich).

Zum anderen ist dieselbe Streitsache nur dann mehrmals rechtshängig, wenn es sich um dieselben Parteien handelt. Eine Einigungsstelle müßte ihre Zuständigkeit demnach nur dann verneinen, wenn das Verfahren bereits vor einer anderen Einigungsstelle von denselben Parteien anhängig gemacht wurde; anderenfalls sind mehrere Einigungsstellen nebeneinander für die Beurteilung eines Wettbewerbsverstoßes zuständig.

Lediglich ein bereits vor einer Einigungsstelle zusammengekommener Vergleich — oder die Abgabe einer strafbewehrten Unterlassungserklärung — könnte die Wiederholungsgefahr beseitigen und damit den Unterlassungsanspruch, der vor einer anderen Einigungsstelle geltend gemacht wird, unbegründet werden lassen. Werden vor einer Einigungsstelle mehrere Anträge von verschiedenen Antragstellern wegen einer Wettbewerbshandlung gestellt, so kann die Einigungsstelle diese Verfahren zusammenfassen und einheitlich verhandeln. In diesem Zusammenhang stellt sich die Frage der Zumutbarkeit für den werbenden Unternehmer, vor mehreren Einigungsstellen wegen derselben Wettbewerbshandlung erscheinen zu müssen. Diese Frage berührt jedoch nicht die Zuständigkeit der Einigungsstelle, sondern die Frage der Zulässigkeit der zwangsweisen Ladung[57]. Gelten für das Urteilsverfahren keine Einschränkungen[58] und werden mithin sich widersprechende Urteile in Kauf genommen, so gilt dies erst recht für die Eignungsstelle, die lediglich auf eine Einigung hinwirken kann.

2. Die materiellen Voraussetzungen des Einigungsstellenverfahrens

a) Antragstellung

Das Verfahren setzt eine „Anrufung" voraus[59]; es wird nicht von Amts wegen betrieben. Die Anträge sind schriftlich mit Begründung, also der Darlegung des Streitfalles und der Zuständigkeit der Einigungsstelle, in dreifacher Ausfertigung unter Bezeichnung der Beweismittel und unter Beifügung etwa vorhandener Urkunden[60] bei der Geschäftsstelle der Einigungsstelle einzureichen oder dort zu Protokoll zu erklären. Entspricht der Schriftsatz nicht den formellen Erfordernissen der DVO, so kann und sollte bereits die Geschäftsstelle der Einigungsstelle den Antragsteller darauf hinweisen und ihm aufgeben, die Mängel zu beheben. Diese Aufgabe übernimmt im allgemeinen die „geschäftsführende" Industrie-

---

57 Vgl. Hammann, Die Einigungsämter, S. 20; a. A. Müller, MinBl. f. Wirtschaft und Arbeit Nr. 7, Ziff. IV, 2, der in diesen Fällen das zuständige Einigungsamt durch die Dienstaufsichtsbehörde bestimmen lassen will.

58 Die doppelte Rechtshängigkeit ist nach § 261, Abs. 3 Ziff. 1 ZPO nur gegeben, wenn dieselben Parteien den Rechtsstreit führen, nicht aber wenn verschiedene Antragsteller bzw. Kläger denselben Antragsgegner bzw. Beklagten wegen desselben Sachverhalts in Anspruch nehmen.

59 § 27a, Abs. 3 UWG.

60 § 5 BlnDVO.

und Handelskammer gem. § 1, Abs. 4 IHKG i. V. m. § 1, S. 3 BlnDVO. Kommt der Antragsteller dieser Aufforderung nicht nach, so hat der Vorsitzende die Durchführung des Verfahrens abzulehnen.

Die gerichtliche Verfügung, die Einigungsstelle anzurufen[61], ist nur an die Parteien gerichtet und stellt keine Anrufung der Einigungsstelle durch das Gericht dar.

b) Partei- und Prozeßfähigkeit der Parteien

Parteifähig ist nur, wer berechtigt ist, die Einigungsstelle anzurufen. Weder das UWG noch die DVO regeln, wer zur Antragstellung berechtigt ist; § 27a, Abs. 3 UWG bestimmt lediglich die sachliche Zuständigkeit, also die Art der Ansprüche, über welche die Einigungsstelle verhandeln kann. Es besteht allerdings Einigkeit, daß die Verweisung auf §§ 13 und 13a UWG in § 27a, Abs. 3 UWG im weiteren Sinne nicht nur eine Rechtsfolge-, sondern eine Rechtsgrundverweisung ist, was zur Folge hat, daß die nach §§ 13 und 13a UWG klagebefugten Personen zugleich für das Einigungsstellenverfahren parteifähig sind. Dies ist nicht selbstverständlich, da § 27a, Abs. 1 UWG ohne Einschränkung bestimmt, daß die Einigungsstellen zur Beilegung von bürgerlichen Rechtsstreitigkeiten errichtet werden sollen. Über § 13, Abs. 1a können daher auch Verbraucherverbände, die anders als die Verbände zur Förderung der gewerblichen Interessen nach § 13, Abs. 1 UWG unzweifelhaft nicht der gewerblichen Wirtschaft zugeordnet sind, und über § 13a UWG Verbraucher die Einigungsstelle anrufen. Damit ist die Institution, die als freiwilliges Einigungsamt errichtet und konzipiert war, d. h. als sachverständiges Einigungsgremium der Wirtschaft, in ein Gremium umgewandelt worden, das sich auch mit Ansprüchen von Personen, die der Kaufmannschaft nicht angehören, auseinanderzusetzen hat.

Dies hat jedoch nicht zur Folge, daß jeder, der wegen einer wettbewerbswidrigen Handlung vor den ordentlichen Gerichten klagen kann, auch befugt ist, die Einigungsstelle anzurufen. § 13 erweitert zwar die Klagebefugnis auf nicht unmittelbar Verletzte und läßt die Verbandsklage zu. Jedoch können darüber hinaus auch andere, z. B. Verbraucher, die ordentlichen Gerichte anrufen, wenn sich ihre Aktivlegitimation aus allgemeinen Vorschriften (Vertrags- oder Deliktsrecht) ergibt. Die gleichzeitige Verletzung wettbewerbsrechtlicher Vorschriften schließt ihre Klagebefugnis nicht aus[62].

Dies gilt nicht für die Einigungsstelle, da sie ausschließlich für Ansprüche aus §§ 13 und 13a UWG zuständig ist und somit lediglich die aus der Verletzung bestimmter wettbewerblicher Vorschriften Aktivlegitimierten vor der Einigungs-

---

[61] Nach § 27a, Abs. 10 UWG.

[62] So auch Hammann, Die Einigungsämter, S. 28.

stelle parteifähig sind. Darüber hinaus gilt § 50 ZPO, wonach jede rechtsfähige Person parteifähig ist und der nicht rechtsfähige Verein verklagt werden kann.

Hinsichtlich der Prozeßfähigkeit ergeben sich aus der Stellung und den Aufgaben der Einigungsstelle keine Besonderheiten; es gilt daher § 52 ZPO. Wenn es unterschiedliche Voraussetzungen für den Abschluß von Verträgen und für den Abschluß von Vergleichen gäbe, müßte die Prozeßfähigkeit für die Einigungsstelle dahingehend lauten, daß nur derjenige prozeßfähig ist, der die Fähigkeit besitzt, Vergleiche zu schließen.

c) Prozeßführungsbefugnis

Das im Rahmen der Prozeßführungsbefugnis auftretende Problem der gewillkürten Prozeßstandschaft, also das Auseinanderfallen von Sach- und Prozeßführungsbefugnis, ist in der Praxis der Einigungsstelle ohne Bedeutung. Will ein Wettbewerber selbst nicht als Antragsteller auftreten und fordert er deshalb einen nach § 13, Abs. 2 UWG klagebefugten Verband dazu auf, so liegt eine Prozeßbestandschaft nicht vor. Zwar wird der Verband vor allem im Interesse seiner Mitglieder tätig, hat aber neben dem Wettbewerber selbst die Sachbefugnis und klagt aus eigenem Recht, da § 13, Abs. 1 UWG einen Fall der gesetzlichen Prozeßstandschaft darstellt[63].

d) Postulationsfähigkeit

Grundsätzlich besitzt jede prozeßfähige, also rechtsfähige Person auch die Postulationsfähigkeit[64].Weder § 27a UWG noch die DVO enthalten Bestimmungen über die Vertretung der Parteien vor der Einigungsstelle. Danach könnte eine Analogie zum Zivliprozeß naheliegen. Wie sich aus § 57, Abs. 1 ZPO ergibt, sind mit Ausnahme des Anwaltsprozesses (§ 78 ZPO) alle prozeßfähigen Personen auch vertretungsberechtigt. Fraglich ist daher, ob das Einigungsstellenverfahren insoweit dem Verfahren vor den Landgerichten gleichzustellen ist.

Aus der Zusammensetzung der Einigungsstelle ergibt sich Gegenteiliges nicht. Die Besetzung der Einigungsstelle mit einem Juristen und mindestens zwei Beisitzern aus der Kaufmannschaft oder den Verbraucherkreisen (§ 27a, Abs. 2, S. 1 UWG) entspricht der Besetzung der Kammer für Handelssachen (§ 105, Abs. 1 GVG). Danach könnten in Analogie zu den für die Kammer für Handelssachen geltenden Vorschriften ausschließlich Anwälte postulationsfähig sein.

Diese Analogie verbietet sich jedoch sowohl nach der Entstehungsgeschichte der Einigungsstelle als auch nach dem Sinn des Verfahrens. Ein Verfahren, das

---

63 So Hadding, JZ 1970, 305; M. Wolf, BB 1971, 1293.

64 Thomas-Putzo, Anm. II vor § 78 ZPO.

die Aussprache zum Zwecke der gütlichen Beilegung von Streitigkeiten vorsieht, muß den Parteien den unmittelbaren Zugang eröffnen, da mit dem Erfordernis, Dritte einzuschalten, nicht nur der Zugang zum Verfahren erschwert, sondern eine höhere Konfliktstufe erreicht wird. Ferner stellt der Anwaltszwang eine Einschränkung der Rechte der Parteien dar, so daß er schon in Hinblick auf Art. 2 GG einer gesetzlichen Grundlage bedürfte.

Aufgrund des Tribunalcharakters der Einigungsstelle[65] war es 1937 bereits fraglich, ob sich die Parteien oder zumindest der Antragsgegner überhaupt — auch anwaltlich — vertreten lassen konnten. Bei den Einigungsämtern in Berlin waren Rechtsanwälte als Vertreter stets zugelassen, dagegen bestand bei der Industrie- und Handelskammer zu Köln die Auffassung, daß sich Kaufleute nur unter Kaufleuten aussprechen sollten[66]. Unzweifelhaft ist eine ersetzende Vertretung für den Fall, daß der Vorsitzende das persönliche Erscheinen angeordnet hat, nicht zulässig. Die vordringliche Aufgabe der Einigungsstelle ist es, die Parteien in der Aussprache von der Ansicht der Einigungsstelle zu überzeugen und damit die Streitigkeiten beizulegen. Da bei der ersetzenden Vertretung der eigentlich Verantwortliche nicht zugegen ist, kann die Einigungsstelle auf ihn keinen Einfluß nehmen; sie kann ihm nicht vor Augen führen, „daß die Kaufmannschaft sein Verhalten mißbilligt".

Dennoch ist die Vertretung vor der Einigungsstelle grundsätzlich zulässig, da die Parteien nicht erscheinen müssen, sofern nicht ihr persönliches Erscheinen angeordnet wird. Dies ergibt sich aus § 8, Abs. 1 BlnDVO, der es im Wege des Umkehrschlusses zuläßt, daß die einfache Ladung nur dem Vertreter, nicht aber (auch) der Partei zugestellt wird.

Wünschenswert wäre es sicherlich, wenn nur persönlich und fachlich qualifizierte Personen als Vertreter zugelassen würden. Fraglich ist aber, ob die Einigungsstelle das Recht hat, ungeeignete Vertreter zurückzuweisen. Bei entsprechender Anwendung des § 157 ZPO wäre dies möglich. Danach wären zum einen die Personen ausgeschlossen, die, ohne Rechtsanwälte zu sein, fremde Rechtsangelegenheiten vor der Einigungsstelle geschäftsmäßig betreiben, aber vor allem nach Abs. 2 der Vorschrift „ungeeignete" Personen, denen es an der Fähigkeit zum geeigneten Vortrag mangelt. Da weder die Bestimmungen des UWG nach der DVO pauschal auf die ZPO verweisen, dürfte eine entsprechende Anwendung ausgeschlossen sein.

Allerdings ist die Verhandlung nicht öffentlich (§ 6, Abs. 1, S. 2 BlnDVO), und der Vorsitzende kann Dritte nur bei Vorliegen eines berechtigten Interesses zulassen. Es ist daher schon in diesem Zusammenhang zu prüfen, ob Vertreter

---

65 V. Thenen, GRUR 1937, S. 109, spricht von „berufserzieherischen Gründen", aus denen der Kaufmann der „Peinlichkeit" einer mündlichen Verhandlung ausgesetzt werden soll.

66 V. Thenen, GRUR 1937, S. 109.

Dritte i. S. d. Vorschrift sind. Obwohl der Vertreter nicht Partei ist, ist er unmittelbar am Verfahren Beteiligter, so daß er nicht als Dritter zu behandeln ist. Der Vorsitzende hat daher einen bevollmächtigten Vertreter grundsätzlich zuzulassen.

II. Die Durchführung des Verfahrens vor der Einigungsstelle

1. Die Anwendbarkeit der ZPO auf das Verfahren vor der Einigungsstelle

Weder § 27a UWG noch die DVO regeln die Durchführung des Verfahrens im einzelnen; eine allgemeine Verweisung auf die ZPO enthalten die Regelungen ebenfalls nicht. Im Gegenteil läßt die teilweise Verweisung in § 27a UWG auf einzelne Vorschriften der ZPO[67] den Schluß zu, daß die ZPO im übrigen nicht zwingend zur Anwendung gelangt.

§ 27a läßt sich jedoch entnehmen, daß die Einigungsstelle grundsätzlich und sofern keine anderen Vorschriften — z. B. der DVO — entgegenstehen, den Verfahrensablauf nach eigenem Ermessen frei gestalten kann. So weist die Vorschrift teilweise die Einigungsstelle an, nach den Bestimmungen der ZPO zu verfahren, ohne die entsprechenden Vorschriften zu bezeichnen[68]. Sinn und Zweck des Verfahrens verbieten es, das Verfahren strikt nach den Vorschriften der ZPO durchzuführen. Die Einigungsstelle muß im Hinblick auf ihre rein vermittelnde Aufgabe in der Lage sein, flexibel den Erfordernissen des Einzelfalls zu genügen. Ihre Grenzen findet sie in den rechtstaatlichen Grundsätzen; insbesondere ist das Recht auf rechtliches Gehör zu beachten. Für die Einigungsstellenverhandlung versteht sich dies von selbst; so hat z. B. der Vorsitzende im Rahmen des Vorverfahrens gem. § 7 BlnDVO darauf zu achten, daß der Antragsgegner die Antragsschrift spätestens mit der Ladung zugestellt erhält. Hieraus folgt, daß das Verfahren nur insoweit an die Bestimmungen der ZPO gebunden ist, als auf sie ausdrücklich verwiesen wird; im übrigen können die Bestimmungen der ZPO jedoch entsprechend angewandt werden, sofern sie der besonderen Aufgabe der Einigungsstelle nicht widersprechen.

2. Die Einleitung des Verfahrens

Mit der Antragstellung, die — obwohl sie auch zu Protokoll der Geschäftsstelle erklärt werden kann — üblicherweise durch Einreichung schriftlich begründeter Anträge erfolgt[69], wird die Einigungsstelle angerufen. Die Geschäftsstelle infor-

---

67 Vgl. § 27a, Abs. 2, S. 5 und S. 6, Abs. 5 und Abs. 7, S. 2 UWG.

68 So in § 27a, Abs. 7 und Abs. 9 UWG.

69 § 5 BlnDVO.

miert hiervon den Vorsitzenden der Einigungsstelle, der nunmehr das Erforderliche veranlaßt, damit die Verhandlung durchgeführt werden kann.

a) Die Wirkungen der Anhängigkeit des Verfahrens

Mit der Aufrufung der Einigungsstelle ist das Verfahren anhängig; hiermit sind im Gegensatz zum gerichtlichen Verfahren Rechtsfolgen verbunden, die dort so oder anders erst mit der Rechtshängigkeit eintreten.

Gem. § 27a, Abs. 9, S. 1 UWG wird die Anrufung in materieller Sicht der Klageerhebung gleichgestellt, indem sie wie diese die Verjährung unterbricht. Die Verjährung wird nicht nur dadurch unterbrochen, daß der Anspruchsteller (Unterlassungsgläubiger), sondern auch dadurch, daß der Antragsgegner (Unterlassungsschuldner) die Einigungsstelle anruft, da anders als § 209, Abs. 1 BGB die Vorschrift eine diesbezügliche Einschränkung nicht enthält[70]. Wegen der kurzen Verjährungsfrist für Unterlassungs- und Schadensersatzansprüche aus dem UWG[71] ist es von Bedeutung, ob die Anrufung der An- oder der Rechtshängigkeit gleichzusetzen ist. Da für das Verfahren die Vorschriften der ZPO nicht unmittelbar anwendbar sind, gilt § 270, Abs. 3 ZPO nicht, so daß für die Unterbrechung der Verjährung die Zustellung der Antragsschrift erforderlich wäre. Daraus kann gefolgert werden, daß bereits die Einreichung der Anträge die Verjährung unterbricht; anderenfalls würde die Verjährung der vor der Einigungsstelle geltend gemachten Ansprüche in einem späteren Verfahrensstadium eintreten als bei der Anrufung der ordentlichen Gerichte. Die Geschäftsstelle der Einigungsstelle hat daher den Eingang der Antragsschrift besonders zu vermerken und den Parteien mitzuteilen. Die damit eingetretene Unterbrechung der Verjährung dauert gem. § 27a, Abs. 9, S. 2 UWG fort, bis das Verfahren beendet ist.

Seit der Einführung von § 27a, Abs. 10, S. 4 UWG[72] hat die Anhängigkeit des Verfahrens eine der Rechtshängigkeit im prozessualen Sinn vergleichbare Wirkung. Der Anspruchsgegner ist gehindert, die negative Feststellungsklage zu erheben; er kann sich dadurch dem Verfahren nicht mehr entziehen und den Antragsteller dem Prozeßrisiko eines Gerichtsverfahrens aussetzen. Umgekehrt kann jedoch der Anspruchsteller in zulässiger Weise Klage erheben oder den Antrag auf Erlaß einer einstweiligen Verfügung einreichen, auch wenn der Anspruchsgegner die Einigungsstelle bereits angerufen hat[73].

---

[70] So auch OLG Koblenz, NJW-RR 1989, 38.

[71] Die Verjährungsfrist beträgt gem. § 21 UWG sechs Monate ab Kenntnis des Wettbewerbsverstoßes.

[72] Durch das Gesetz zur Änderung des Gesetzes gegen den unlauteren Wettbewerb vom 26. 6. 1969, BGBl. I, S. 634.

[73] So Teolitzky, Kap. 42, Rdnr. 13, S. 253 m. w. N.; OLG Koblenz, NJW-RR 1989, 38, 39 hält diese Ansicht nicht für unzweifelhaft.

b) Die Folgen der Rechtshängigkeit

Weitere Folgen, insbesondere die Begründung einer Einrede gegen die Klage vor dem ordentlichen Gericht, die Beschränkung der Möglichkeit zur Antragsänderung oder eine Festigung der Zuständigkeit hat auch die eine Rechtshängigkeit begründete Zustellung der Antragsschrift nicht[74]. Auch die Bereitschaft des Gegners, an einem Einigungsverfahren mitzuwirken, räumt weder die Wiederholungsgefahr aus, noch steht sie der Einleitung eines einstweiligen Verfügungsverfahrens entgegen[75]. Schon aus praktischen Überlegungen wird der Antragsteller aber davon absehen, den zur Aussprache bereiten Antragsgegner in einem einstweiligen Verfügungsverfahren oder vor einer anderen, ebenfalls zuständigen Einigungsstelle wegen der selben Handlung „anzuklagen".

3. Die Berufung der Einigungsstelle

Mit Eingang der Anträge bei der Geschäftsstelle der Einigungsstelle ist das Verfahren anhängig. Die Geschäftsstelle übernimmt nun ähnlich der Geschäftsstelle der ordentlichen Gerichte die Zustellung an die Parteien und benachrichtigt die Einigungsstelle. Da die Einigungsstelle als solche nicht dauernd besteht, sondern für jeden Fall gesondert zusammentritt, hat die Geschäftsstelle zuerst den Vorsitzenden der Einigungsstelle vom Eingang des Antrags zu benachrichtigen. Dieser bestimmt, ob er selbst oder für den Fall, daß er verhindert ist, sein Stellvertreter den Vorsitz führt. Eine Geschäftsverteilung, aus der sich die zuständigen Mitglieder der Einigungsstelle ermitteln ließe, gibt es nicht, da die Einigungsstelle grundsätzlich als solche berufen ist.

a) Die Berufung der Beisitzer

Der Vorsitzende bzw. sein Stellvertreter bestimmen nach Durchsicht der Anträge unter Berücksichtigung der Parteien und des Streitgegenstandes die Beisitzer für den jeweiligen Streitfall (§ 27a, Abs. 2, S. 3 UWG). Wegen der fehlenden Zwangsmittel zur Durchsetzung der Ansicht der Einigungsstelle im Hinblick auf den Streitgegenstand ist sie auf die persönliche Autorität ihrer Mitglieder angewiesen. Der Vorsitzende sollte also die Beisitzer nicht nur nach ihrem Sachverstand auswählen, sondern auch berücksichtigen, ob sie den Parteien bekannt sind und von ihnen als ehrbare Kaufleute geachtet werden.

Das Gesetz bestimmt, daß die Berufung der Beisitzer im „Einvernehmen" mit den Parteien erfolgen soll (§ 27a, Abs. 2, S. 4 UWG). Es empfiehlt sich daher für den Vorsitzenden, zuerst die Beisitzer zu informieren, den Termin für die

---

74 Hammann, Die Einigungsämter, S. 28, 30.

75 OLG Stuttgart, WRP 1980, 508 f.

Einigungsstellenverhandlung abzusprechen und danach mit den Parteien Rücksprache zu halten, ob sie Einwendungen gegen die Wahl der Beisitzer haben. Bei dieser Vorgehensweise wird es nicht zu der in § 27a, Abs. 2, S. 5 und S. 6 UWG vorgesehenen Ausschließung oder Ablehnung von Mitgliedern der Einigungsstelle kommen können.

b) Die Ablehnung von Mitgliedern der Einigungsstelle

Nach § 27a, Abs. 2, S. 5 UWG gelten für die Ausschließung und Ablehnung von Mitgliedern der Einigungsstelle die §§ 41 bis 44 ZPO mit Ausnahme von § 44, Abs. 1 ZPO, der die Anbringung des Ablehnungsgesuchs regelt, entsprechend. Statt der Einigungsstelle entscheidet das zuständige Landesgericht, und zwar dessen Kammer für Handelssachen oder, falls eine solche fehlt, die an ihrer Stelle zuständige Zivilkammer (§ 27a, Abs. 2, S. 6 UWG).

Die Entscheidung, mit der das Landgericht das Gesuch auf Ablehnung eines Richters zurückweist, kann mit der sofortigen Beschwerde gem. § 46, Abs. 2 ZPO angefochten werden[76].

Ein Beisitzer kann frühestens wegen Besorgnis der Befangenheit abgelehnt werden, wenn er für einen konkreten Streitfall berufen ist[77]. Die Ausschließungs- und Ablehnungsgründe sind mit denen des ordentlichen Verfahrens identisch; sie erlangen wegen der beruflichen und sachlichen Nähe, welche die Mitglieder der Einigungsstelle zu dem Streitfall haben können, allerdings eine besondere Bedeutung:

Die gewerblichen Mitglieder der Einigungsstelle sind entweder als Kaufleute oder Handwerker tätig. Sie stehen, sofern sie derselben Branche angehören wie eine der Parteien, mit dieser in einem Wettbewerbsverhältnis. Als Gewerbetreibende werben sie selbst und können daher ein besonderes Interesse daran haben, daß die Einigungsstelle eine bestimmte Form der Werbung für zulässig oder für unzulässig erachtet. Dies alles ist eher als bei einem unabhängigen Richter geeignet, die Besorgnis der Befangenheit i. S. v. § 42 ZPO zu begründen. Das Wettbewerbsverhältnis zwischen einem Beisitzer und einer der Parteien allein begründet die Besorgnis der Befangenheit nicht, da vor allem ein Beisitzer aus demselben Wettbewerbszweig zu einer qualifizierten Beurteilung der Sittenwidrigkeit der angegriffenen Wettbewerbshandlung fähig ist, und zwar auch, weil er durch sein Votum sein eigenes Wettbewerbsverhalten mitbestimmt[78].

---

76 OLG Frankfurt, WRP 1969, 387 f.

77 Wie zuvor.

78 A. A. LG Frankfurt, WRP 1969, 367 f., wonach ein Grund für die Besorgnis der Befangenheit eines Beisitzers grundsätzlich schon dann gegeben ist, wenn nicht auszuschließen ist, daß dessen Unternehmen mit dem eines Beteiligten wettbewerbsrechtlich zusammentrifft.

Der Vorsitzende sollte jedoch, soweit nur irgend möglich, auch die unbegründete Ablehnung eines Beisitzers oder seiner selbst berücksichtigen, weil nur das unumschränkte Vertrauen in die Integrität der Mitglieder der Einigungsstelle zu einer Annahme der Einigungsvorschläge und damit zu einem Vergleich führen kann. Die Bedeutung des Ablehnungsrechts ist aber gering; aus der Praxis ist für den untersuchten Zeitraum ein solcher Fall nicht bekannt.

Fraglich ist, ob die Einigungsstelle als solche wegen der Besorgnis der Befangenheit abgelehnt werden kann, wenn die IHK mittelbar oder unmittelbar an dem Verfahren beteiligt ist. Dies ist z. B. der Fall, wenn die Zentrale zur Bekämpfung des unlauteren Wettbewerbs e. V., zu deren Mitgliedern die Industrie- und Handelskammern gehören, die Einigungsstelle anruft. Das LG Stuttgart[79] hat die Tatsache der Mitgliedschaft ausreichen lassen, um in Hinblick auf das Vorschlagsrecht der IHK und die Unterstützung, welche die IHK der Einigungsstelle gewährt, die Besorgnis der Befangenheit für gerechtfertigt zu halten. Diese Argumentation verkennt jedoch die Stellung der Einigungsstelle im Verhältnis zu der IHK und übersieht die entgegenstehenden Entscheidungen, welche der Gesetzgeber hierzu getroffen hat.

Die IHK war und ist grundsätzlich insofern mittelbar an dem Verfahren beteiligt, als zumindest eine der Parteien als Kaufmann (Zwangs-) Mitglied der IHK ist. Diese Verbindung vermag die Besorgnis der Befangenheit stärker zu begründen, als die Mitgliedschaft der IHK in einem Wettbewerbsverein. Der Gesetzgeber hat dies bei der Angliederung der Einigungsstelle an die IHK bewußt in Kauf genommen und anläßlich der UWG-Novelle von 1986 bestätigt, indem er Verbrauchern das Recht eröffnet hat, die Einigungsstelle gegen Mitglieder der IHK anzurufen. In Hinblick hierauf können aus dem Aufgabenbereich der IHK entspringende mittelbare Beziehungen der IHK zu Verfahrensbeteiligten nicht die Besorgnis der Befangenheit gegenüber der Einigungsstelle als solcher begründen. Es ist jedoch angebracht, den Vorsitzenden der Einigungsstelle nicht mit einem bei der IHK beschäftigten, sondern mit einem von ihr unabhängigen Juristen zu besetzen, da anderenfalls die Besorgnis der Befangenheit ihm gegenüber bestehen könnte.

4. Die Vorprüfung des Begehrens

In Vorbereitung der Einigungsstellenverhandlung hat der Vorsitzende den Antrag darauf zu prüfen, ob er zulässig und schlüssig ist. Hält er den Antrag unter allen Umständen für unzulässig oder den geltend gemachten Anspruch für unbegründet, kann er anregen, daß die Einigungsstelle die Einleitung von Einigungsverhandlungen ablehnt (§ 27a, Abs. 8 UWG). Sinn der Vorschrift ist es,

---

[79] AnwBl. 1989, 675.

die Einigungsstelle nicht in eine Verhandlung zu zwingen, wenn deren Mitglieder selbst der Auffassung sind, daß eine Einigung schon deshalb aussichtslos ist, weil der Antragsteller offensichtlich Ansprüche nicht hat oder aber die Einigungsstelle nicht zuständig ist.

Fraglich ist, ob der Vorsitzende die Entscheidung darüber, ob der Antrag unzulässig ist, weil die angerufene Einigungsstelle nicht zuständig ist, allein treffen kann. Dafür spricht, daß er sich ausschließlich um eine Rechtsfrage außerhalb des materiellen Wettbewerbsrechts handelt[80] und er — neben seinem Stellvertreter — der einzige Jurist innerhalb der Einigungsstelle ist. Dagegen bedarf die Beurteilung der offensichtlichen Unbegründetheit notwendigerweise der Mitwirkung durch die Beisitzer, weil es um eine wettbewerbsrechtliche Beurteilung geht; wo ein Jurist den Antrag für unbegründet halten kann, mag der Kaufmann möglicherweise ein sittenwidriges Handeln erkennen. Eine entsprechende Zuständigkeitsverteilung gilt auch für die von der Besetzung her ähnliche Kammer für Handelssachen; nach § 349, Abs. 2, S. 1 und S. 2 ZPO ist der Vorsitzende allein zuständig für die Entscheidung über die Zuständigkeit bzw. Zulässigkeit der Klage, nicht jedoch zur Entscheidung von Fragen befugt, welche die Begründetheit des Anspruchs betreffen.

Diese Arbeitsteilung kann jedoch für die Einigungsstelle wegen der Fassung des § 27a UWG nicht zugelassen sein. Die Vorschrift unterscheidet im einzelnen zwischen den Befugnissen der Einigungsstelle[81] und denen des Vorsitzenden[82]. Aus der Tatsache, daß in § 27a, Abs. 8 UWG die Einigungsstelle als solche angesprochen ist, folgt daher, daß der Vorsitzende nur gemeinsam mit seinen Beisitzern über die Ablehnung nach § 27a, Abs. 8 UWG entscheiden kann[83].

In diesen Fällen ist allerdings eine mündliche Einigungsverhandlung nicht erforderlich. Die Entscheidung über die Ablehnung der Einleitung von Einigungsverhandlungen kann auch im Beschlußwege ergehen. Insbesondere wenn die Einigungsstelle nicht dauerhaft besetzt ist, kann der Vorsitzende sein Votum für eine Ablehnung den Beisitzern zur Kenntnis geben und die Abstimmung schriftlich durchführen lassen; die Entscheidung ist unanfechtbar[84].

---

80 So Hammann, Die Einigungsämter, S. 31 in Hinblick auf § 6, Abs. 2 der Preußischen DVO.

81 Vgl. z. B. § 27a, Abs. 6 UWG.

82 Vgl. § 27a, Abs. 5 UWG.

83 Im Hinblick auf bestehende Zweifel an seiner Auffassung hat auch Hammann, Die Einigungsämter, S. 32, empfohlen, die „Vorentscheidung über die Zuständigkeit wenigstens in zweifelhaften Fällen" durch die vollständig besetzte Einigungsstelle bestätigen zu lassen.

84 Baumbach / Hefermehl, Wettbewerbsrecht, Rdnr. 10 zu § 27a UWG.

5. Die Vorbereitung der mündlichen Verhandlung

a) Die Terminbestimmung

Kommt der Vorsitzende im Rahmen der Vorprüfung zu dem Ergebnis, daß ein Ablehnungsgrund nicht vorliegt, so hat er die Einigungsverhandlungen einzuleiten. Weder die DVO noch § 27a UWG enthalten Vorschriften über die Art des Vorverfahrens, also ob, um in der Terminologie des ZPO zu sprechen, ein schriftliches Vorverfahren zulässig bzw. angebracht oder ob ein früher erster Termin anzuberaumen ist.

Theoretisch wäre es denkbar, den Antragsgegner zugleich mit der Zustellung der Antragsschrift zur Erwiderung aufzufordern. Ein die eigentliche Verhandlung vorbereitender Schriftwechsel ist jedoch nur sinnvoll, wenn entweder der Sachverhalt klärungsbedürftig oder aber zu erwarten ist, daß der zum ersten Mal mit der Auffassung der Wettbewerbswidrigkeit seines Verhaltens konfrontierte Antragsgegner sich allein dadurch zu einem Vergleich bestimmen läßt. — Gegenüber den Anfängen des Einigungsstellenverfahrens steht heute die juristische Subsumtion der Wettbewerbshandlung im Vordergrund; die Tatsachen sind meist unstreitig. Da allein der einmalige Wettbewerbsverstoß die Wiederholungsgefahr indiziert[85], kann sich der Antrag auch nicht dadurch erledigen, daß der Antragsgegner erklärt, er werde in Zukunft die beanstandete Werbung unterlassen. Vor allem im Hinblick auf die der Anrufung der Einigungsstelle meist vorangegangene Abmahnung war dem Antragsgegner meist die Möglichkeit gegeben, durch Abgabe der geforderten Unterlassungserklärung den Unterlassungsanspruch zu erfüllen.

Auch die Eilbedürftigkeit, die nach § 25 UWG vorausgesetzt wird und die den Antrag auf Erlaß einer einstweiligen Verfügung zuläßt, verbietet es, ein schriftliches Vorverfahren, das zu einer Verzögerung der eigentlichen Aussprache führen würde, durchzuführen. Im Hinblick auf den Regelfall, nämlich den Antrag auf Erlaß einer einstweiligen Verfügung nach erfolgloser Abmahnung, und die damit verbundene Straffung des Verfahrens, ist die kurzfristige Anberaumung eines „frühen" Verhandlungstermins geboten. § 7 BlnDVO schreibt eine Ladungsfrist von mindestens drei Tagen vor, die aber durch den Vorsitzenden verlängert oder abgekürzt werden kann (§ 7, S. 2 BlnDVO). In der Praxis hat die Ladungsfrist für die Terminierung keine Bedeutung; maßgeblich für die Terminierung ist zuallererst die Verfügbarkeit des Vorsitzenden und der Beisitzer. Meist können Verhandlungstermine nicht innerhalb von 3 Tagen nach Eingang der Antragsschrift anberaumt werden, da die Einigungsstelle nicht als präsentes Gremium geführt wird. Im Hinblick auf die Übung in der gerichtlichen Praxis, Wettbewerbsstreitigkeiten grundsätzlich als eilbedürftig anzusehen und das Ver-

---

85 Ständige Rechtsprechung, BGH GRUR 1955, 342, 345 (Holländische Obstbäume); 1959, 544, 547 (Modenschau).

fahren ohne mündliche Verhandlung durchzuführen, muß das Einigungsstellenverfahren so kurzfristig als möglich anberaumt werden, um als eine Alternative zum gerichtlichen Verfahren angenommen werden zu können. Die in § 7 BlnDVO vorgesehene dreitägige Ladungsfrist sollte daher der Normalfall für die Zeit zwischen Antragstellung und mündlicher Verhandlung sein.

b) Die Ladung der Parteien

Die Ladung der Parteien zum Termin ist obligatorisch (§ 7, S. 1 BlnDVO); eine „Entscheidung" ohne mündliche Verhandlung kommt mit Ausnahme der Ablehnung der Einigungsstellenverhandlungen (§ 27a, Abs. 8 UWG) nicht in Betracht, da die Einigungsstellenverhandlung die Aussprache der Parteien und der Einwirkung der Einigungsstelle auf die Parteien dient. Zu unterscheiden ist die Ladung von der Anordnung des persönlichen Erscheinens; mit der Ladung erhält die Partei die Möglichkeit zu erscheinen, dagegen ist sie zum Erscheinen verpflichtet, wenn dies „angeordnet" worden ist.

c) Die Anordnung des persönlichen Erscheinens

Um die Anordnung durchsetzen zu können, gibt § 27a UWG der Einigungsstelle „Zwangsmittel" an die Hand; das Motiv dafür war, daß die Parteien zu einer grundsätzlichen, den Streitfall bereinigenden Aussprache auch gegen ihren Willen an den Verhandlungstisch gebracht werden sollten. Man war sich zumindest zu der Zeit, als der Einigungsstelle diese Befugnis verliehen wurde[86], nicht einig, ob die Parteien grundsätzlich[87] oder nur dann zwangsweise geladen werden sollten, wenn die so herbeigeführte Aussprache zu einer gütlichen Einigung führen kann[88], oder ob hiervon ganz abgesehen werden sollte[89]. Der Ansicht von Krieger[90] ist im Hinblick darauf beizupflichten, daß es die Aufgabe der Einigungsstelle ist, eine gütliche Einigung herbeizuführen und nicht ein „Tribunal" abzuhalten. Die Anordnung des persönlichen Erscheinens einer Partei auch gegen ihren Willen dient allein dem Zweck, die wettbewerbsrechtliche Streitigkeit gütlich beizulegen, um eine gerichtliche Auseinandersetzung zu vermeiden.

---

[86] Durch die VO des Reichspräsidenten vom 9. 3. 1932, RGBl. I, 121, 124, mit der das Einigungsstellenverfahren gesetzlich geregelt wurden, wurde ihr auch dieses Zwangsmittel gewährt.

[87] So Hammann, Die Einigungsämter, S. 37.

[88] Differenzierter Krieger, GRUR 1957, 204.

[89] So Hecht, GRUR 1937, 846, weil es auf eine „vertrauensvolle Aussprache ankomme".

[90] GRUR 1957, 204.

(1) Die Voraussetzungen

Weder § 27a UWG noch die DVO stellen Voraussetzungen für die Anordnung des persönlichen Erscheinens auf; sie liegt daher im pflichtgemäßen Ermessen der Einigungsstelle. Voraussetzung ist auch nicht, wie bei § 141, Abs. 1, S. 1 ZPO, daß das persönliche Erscheinen der Sachaufklärung dienen muß. Meist ist der Sachverhalt in Wettbewerbsstreitigkeiten nicht aufklärungsbedürftig, sondern unstreitig. Die Einigungsstelle wird daher von ihrer Aufgabe ausgehend prüfen müssen, inwieweit das persönliche Erscheinen den „gütlichen Ausgleich" (§ 27a, Abs. 6, S. 1 UWG) fördert.

Die Anordnung selbst darf keinen Strafcharakter haben; eine Anordnung aus diesem Grund wäre ermessensfehlerhaft. Fraglich ist, inwieweit Kriterien der Zumutbarkeit[91] berücksichtigt werden müssen. Teilweise nehmen die DVOen auf § 141 ZPO Bezug und erklären sie für analog anwendbar[92], teilweise wird nichts darüber ausgesagt[93]. Im Gegensatz zu der Frage, inwieweit die persönlich geladene Partei zur Sachaufklärung beitragen kann, ist die Frage der Zumutbarkeit im Hinblick auf die weitgespannte örtliche Zuständigkeit der Einigungsstelle von großer Bedeutung. Die Zumutbarkeit muß im Lichte der Aufgaben und Befugnisse der Einigungsstelle gesehen werden[94]. Es ist unangemessen, eine Partei zum Erscheinen zu zwingen, wenn die daraus für sie entstehenden Nachteile größer sind als die mit der Erfüllung des geltend gemachten Anspruchs verbundenen. Es darf auch nicht übersehen werden, daß die Einigungsstelle ein Ergebnis, also den gütlichen Ausgleich, nicht erzwingen kann. Sie kann und darf das persönliche Erscheinen daher nur anordnen, soweit es geeignet scheint, einen gütlichen Ausgleich zu fördern. Allerdings ist es dabei unerheblich, ob die geladene Partei erklärt hat, sie lehne einen Einigungsversuch schlechthin ab, da auch in diesem Fall nicht ausgeschlossen ist, daß sie sich durch eine eindringliche Belehrung durch die Einigungsstelle zu einem Vergleich bereitfinden wird[95].

Zweifelhaft ist, ob hinsichtlich der Zumutbarkeitskriterien Unterschiede zu machen sind zwischen Wettbewerbern und den nach § 13 aktivlegitimierten Vereinen. Soweit ihre Aktivlegitimation sowie die Betroffenheit ihrer Mitglieder[96] außer Frage stehen, wird es auf das persönliche Erscheinen des Vorsitzenden nicht ankommen. In diesen Fällen wird es auch genügen, wenn ein zum Vortrag

---

91 Vgl. § 141, Abs. 1, S. 2 ZPO.

92 So § 6, Abs. 2 BayerDVO.

93 Vgl. § 5, Abs. 7 BlnDVO.

94 Dagegen vertritt Baumbach / Hefermehl, Wettbewerbsrecht, Rdnr. 13 zu § 27a UWG, die Ansicht, daß sich die Zumutbarkeitserwägungen aus der analogen Anwendung von § 141 ZPO ergäben.

95 So auch OLG Hamm, WRP 1984, 336.

96 Vgl. hierzu Baumbach / Hefermehl, Wettbewerbsrecht, Rdnr.52, zu § 13 UWG m. w. Nachw.

befähigter und zum Vergleich bevollmächtigter Vertreter auftritt. Bei überregional Werbenden ist dagegen nur darauf abzustellen, inwieweit ihre Anwesenheit geeignet ist, ihre Einigungsbereitschaft zu fördern.

(2) Die zu beachtenden Förmlichkeiten

Der Vorsitzende hat seit 1940[97] gem. § 27a, Abs. 5 UWG anstelle des Einigungsamtes die Befugnis, das persönliche Erscheinen einer Partei anzuordnen. Entsprechend § 141, Abs. 2, S. 1 ZPO ist die Partei gem. § 7, Abs. 1 BlnDVO selbst zu laden, wenn ihr persönliches Erscheinen angeordnet ist; entgegen § 141, Abs. 2, S. 2 ZPO ist ihr die Ladung auch dann selbst zuzustellen, wenn sie einen Vertreter bestellt hat. In der Ladung ist die Partei auf die Folgen ihres Ausbleibens hinzuweisen.

(3) Die Zwangsmittel

Bei unentschuldigtem Ausbleiben der persönlich geladenen Partei kann die Einigungsstelle gemäß § 27a, Abs. 5, S. 2 UWG ein Ordnungsgeld festsetzen. Das Ordnungsgeld ist in angemessener Höhe zu bestimmen und kann von 5,– bis 1 000,– DM betragen[98]. Entgegen der zu § 141, Abs. 3 ZPO[99] herrschenden Ansicht[100] ist die Vorschrift nicht deshalb systemwidrig, weil die Einigungsstelle weder ein Urteil sprechen kann, noch die geladene Partei zum Vergleichsabschluß verpflichtet ist. Obwohl die Parteien nicht einmal dazu verpflichtet sind, sich auf die Einigungsverhandlung einzulassen[101], soll — um die Aufgabe der Einigungsstelle zu fördern, eine gütliche Einigung herbeizuführen, — auf die Parteien ein Erscheinenszwang ausgeübt werden; denn auch einer lediglich anwesenden Partei, die sich nicht äußert, kann durch die Einigungsstelle die Notwendigkeit einer Regelung vermittelt werden. Da die Parteien nicht gezwungen sind, sich in der mündlichen Verhandlung zu vergleichen, sondern den mit Gründen versehenen Einigungsvorschlag abwarten können, ist den Parteien Gelegenheit gegeben, sich nach der Einigungsstellenverhandlung unter Wahrung des „Gesichts" der Ansicht der Einigungsstelle anzuschließen und auf den vorgeschlagenen Vergleich einzugehen. Aus diesen Gründen kann ein Ordnungsgeld auch gegen eine Partei, deren persönliches Erscheinen angeordnet worden ist, wegen unentschuldigten Ausbleibens festgesetzt werden, wenn sie erklärt hat, sie lehne einen Einigungsvergleich schlechthin ab[102].

---

97 Vgl. VO zur Änderung des UWG vom 8. 3. 1940, RGBl. I, S. 480 f.

98 Art. 6, Abs. 1 EGStGB 1974.

99 § 6, Abs. 1 BayerDVO erklärt § 141 ZPO für analog anwendbar.

100 Vgl. u. a. Thomas / Putzo, Anm. 5 zu § 141 ZPO.

101 Krieger, GRUR 1957, 204.

102 OLG Hamm WRP 1984, 336; Krieger, GRUR 1957, 203.

Nur die Einigungsstelle als solche und nicht allein der Vorsitzende kann gegen die nicht erschienene Partei das Ordnungsgeld festsetzen. Die Mitglieder der Einigungsstelle haben über die Festsetzung des Ordnungsgeldes und über dessen Höhe abzustimmen und einen entsprechenden Beschluß zu verkünden. Die Ordnungsgelder werden sodann wie Beiträge der Industrie- und Handelskammer eingezogen und beigetrieben; sie verbleiben gemäß § 8, Abs. 2 BlnDVO der Kammer. Wegen des mit dem Einstellungsverfahren verbundenen Aufwands steht das Ordnungsgeld der Kammer zu, deren Einigungsstelle das Ordnungsgeld festgesetzt hat. Dies gilt auch dann, wenn die nicht erschienene Partei ihren Sitz in einem anderen Kammerbezirk hat und die dortige Kammer die Ordnungsgelder im Wege der „Amtshilfe" beizutreiben hat.

(4) Die Rechtsbehelfe

Nur gegen die Anordnung des persönlichen Erscheinens und die Festsetzung eines Ordnungsgeldes, nicht aber gegen andere Entscheidungen der Einigungsstelle, die das Verfahren betreffen[103], ist ein Rechtsbehelf gegeben. In beiden Fällen ist dies die sofortige Beschwerde gem. § 27a, Abs. 5, S. 3 UWG an die zuständige Kammer für Handelssachen; das Verfahren richtet sich nach den für die sofortige Beschwerde geltenden Vorschriften des § 577 ZPO. Die Beschwerde ist jedoch entgegen §§ 569, 577 ZPO nicht bei der Einigungsstelle, sondern nur bei dem Landgericht, also dem Beschwerdegericht, einzulegen.

Die Beschwerde hat grundsätzlich, da sie ein Rechtsbehelf ist, keine aufschiebende Wirkung; die Parteien bleiben daher zum persönlichen Erscheinen bzw. zur Zahlung des Ordnungsgeldes verpflichtet. § 27a, Abs. 5, S. 3 UWG enthält insoweit keine Bestimmung und verweist im übrigen auf die Vorschriften der ZPO über die Beschwerde. Nach § 572, Abs. 1 ZPO hat die Beschwerde nur in den Fällen der §§ 380, 390, 409, 613, 656, 678 ZPO aufschiebende Wirkung, nicht aber in dem Fall der Anordnung des persönlichen Erscheinens analog § 141 ZPO.

Es bleibt der Einigungsstelle aber unbenommen, in entsprechender Anwendung von § 572, Abs. 2 ZPO die Vollziehung des Beschlusses auszusetzen. Dieses Recht wird der Einigungsstelle nicht dadurch genommen, daß die Beschwerde nur bei dem Landgericht eingelegt werden kann, da das Anordnungsrecht zugleich auch das Recht zur Aussetzung der eigenen Anordnung beinhaltet. Das Beschwerdegericht kann jedoch seinerseits im Wege der einstweiligen Anordnung gem. § 572, Abs. 3 ZPO i. V. m. § 27a, Abs. 5, S. 3 UWG die Vollziehung der angefochtenen Entscheidung aussetzen.

---

103 Gegen die Entscheidung des Vorsitzenden über die Kostentragungspflicht ist ebenfalls die Beschwerde an die KfH zugelassen.

Soweit über die Beschwerde ohne mündliche Verhandlung (gem. § 573, Abs. 1 ZPO) entschieden wird, besteht vor dem Landgericht kein Anwaltszwang. Sowohl die Beschwerde selbst als auch weitere schriftliche Erklärungen können daher gem. § 573, Abs. 2, S. 2 ZPO zu Protokoll der Geschäftsstelle erklärt werden. Hält das Landgericht die Beschwerde für zulässig und begründet, z. B. weil dem Beschwerdeführer das persönliche Erscheinen nicht zuzumuten ist oder er der Anordnung ohne Verschulden nicht Folge leisten konnte, hebt es die Anordnung oder den Beschluß der Einigungsstelle auf und entscheidet selbst, falls es die Einigungsstelle nicht nach § 575 ZPO anweist[104], entweder — nach gewissen Weisungen — in der Sache zu entscheiden oder zur Ausführung der getroffenen Entscheidung erforderliche Anweisungen oder eine bestimmte Maßnahme zu treffen.

Die weitere Beschwerde gegen eine die Beschwerde zurückweisende Entscheidung des Landgerichts ist grundsätzlich gemäß § 568, Abs. 2 ZPO unzulässig. Nur wenn die Entscheidung des Landgerichts einen neuen selbständigen Beschwerdegrund enthält, ist die weitere Beschwerde zulässig. Der wichtigste Fall ist der, in dem die Beschwerde als unzulässig verworfen wird, weil z. B. die Beschwerdefrist nach § 577, Abs. 2 ZPO nicht eingehalten worden ist oder neue, den Beschwerdeführer schlechter stellende Gründe angegeben worden sind.

Hebt dagegen das mit der sofortigen Beschwerde angerufene Landgericht den Ordnungsgeldbeschluß auf, so steht weder der Industrie- und Handelskammer noch dem Gegner ein Beschwerderecht zu[105].

d) Die Ladung von Zeugen und Sachverständigen

§ 27a, Abs. 5 UWG ist zu entnehmen, daß die Einigungsstelle das Erscheinen anderer Personen als der Parteien nicht anordnen kann; ebenfalls kann sie gegen diese Personen Ordnungsstrafen nicht festsetzen. Die Einigungsstelle kann jedoch Zeugen und Sachverständige vernehmen, die freiwillig vor ihr erscheinen; sie kann sie nicht zwangsweise laden. Es bleibt ihr aber vorbehalten, mit diesen Personen Kontakt aufzunehmen und sie zu bitten, vor der Einigungsstelle zu erscheinen. Den Parteien steht es frei, zu einer Einigungsstelle Zeugen oder Sachverständige zu stellen, die von der Einigungsstelle gehört werden sollen[106].

---

104 BGH NJW 1969, 1253.

105 OLG Hamm WRP 1987, 187; 1989, 190; OLG Frankfurt GRUR 1988, 150.

106 Krieger, GRUR 1957, 204.

6. Die mündliche Einigungsstellenverhandlung

Über den Gang der Verhandlung — genauer: die Aussprache — enthält das UWG keine Bestimmungen. § 27a, Abs. 6 UWG gibt der Einigungsstelle lediglich ihre Aufgabe vor, an der sich auch die Verhandlung auszurichten hat. Ohne dies besonders zu erwähnen, geht auch das UWG davon aus, daß die mündliche Verhandlung das Kernstück des Einigungsstellenverfahrens ist[107]; die Durchführungsverordnungen bestimmen durch Verweisung auf § 126, Abs. 1 ZPO, daß die Verhandlung mündlich durchzuführen ist; einige Besonderheiten sind in den Durchführungsverordnungen geregelt.

a) Das Gebot der Nichtöffentlichkeit

Für die ordentlichen Gerichte bestimmt § 169 GVG, daß die Verhandlung öffentlich ist; das Gegenteil regelt § 6, Abs. 1, S. 2 BlnDVO für die Verhandlung vor der Einigungsstelle. Diese Abweichung ist zulässig, da das GVG nur für die ordentlichen Gerichte gilt[108], zu denen die Einigungsstelle nicht zählt[109]. Damit wird der Kaufmannschaft die Möglichkeit gegeben, Streitigkeiten unter sich offen zu erörtern, ohne um ihren Ruf in der Öffentlichkeit besorgt sein zu müssen. Die Einigungsstelle kann dies dazu nutzen, das Verhalten einer Partei in der Verhandlung — erforderlichenfalls auf das Schärfste — zu mißbilligen, ohne daß diese „um ihr Gesicht zu wahren", opponieren müßte. Ein öffentliches Verfahren ist auch nicht erforderlich, da das Öffentlichkeitsprinzip dem Gedanken der allgemeinen Rechtssicherheit entspringt, der diejenigen Verfahrensarten beherrscht, die eine in Ausübung rechtsprechender Gewalt gefällte Entscheidung über den Streitgegenstand zum Ziel haben.

Anderen als den unmittelbar am Verfahren Beteiligten kann der Vorsitzende gem. § 6, Abs. 1, S. 3 BlnDVO die Anwesenheit gestatten, wenn ein berechtigtes Interesse an ihrer Teilnahme besteht. Dies kann sowohl ein Interesse der Parteien, der Einigungsstelle als auch der zuzulassenden Personen sein. Neben Referendaren, Zeugen und Sachverständigen kommen hierfür insbesondere Vertreter der Kammern, der Verbände zur Förderung gewerblicher Interessen usw. in Betracht. Bevollmächtigte Vertreter der Parteien müssen grundsätzlich zugelassen werden[110].

---

107 Dies folgt zumindest aus der mit Zwangsgewalt ausgestatteten Befugnis des Vorsitzenden, das persönliche Erscheinen der Parteien anzuordnen.

108 Thomas-Putzo, Vorbemerkung vor § 1 GVG.

109 § 12 GVG; darüberhinaus ist die Einigungsstelle kein Gericht, da sie nicht mit Entscheidungsbefugnis ausgestattet ist.

110 Siehe oben, 2 d).

b) Die Geheimhaltungspflicht

Die Mitglieder der Einigungsstelle sind gem. § 9, Abs. 2 BlnDVO zur Geheimhaltung über die Beratung und Abstimmung verpflichtet; darüberhinaus und im Verhältnis zur ordentlichen Gerichtsbarkeit ist bemerkenswert, daß der Vorsitzende auch die übrigen bei der Verhandlung Anwesenden, insbesondere also die Parteien und ihre Vertreter, zur Geheimhaltung verpflichten kann[111]. Dies ist jedoch gegen den Willen dieser Personen nicht möglich, da die Verpflichtung mangels gesetzlicher Grundlagen und einer Strafandrohung nur vertraglich vereinbart werden kann.

c) Die Verhandlungsleitung

Durch die Verweisung auf § 136 ZPO übertragen die DVO dem Vorsitzenden die Verhandlungsführung. Ihm obliegt die formelle und sachliche Prozeßleitung. Seine Stellung ist weitgehend selbständig; er untersteht weder der Aufsicht der Einigungsstelle noch der der Industrie- und Handelskammer. Gemäß § 136 ZPO, Abs. 1 ZPO eröffnet und leitet er die Verhandlung. Es bleibt ihm wegen des Fehlens eines Verweises auf § 137 ZPO überlassen, ob er die mündliche Verhandlung dadurch einleitet, daß er die Parteien die Anträge stellen läßt oder ob er selbst den Sachverhalt darstellt und die Streitpunkte mit den Parteien erörtert. Häufig wird der Vorsitzende die mündliche Verhandlung durch eine eigene Sachverhaltsdarstellung einleiten, da den etwa gestellten Anträgen wegen der fehlenden Entscheidungsbefugnis der Einigungsstelle keine Bedeutung zukommt.

Die Verhandlungsführung muß geeignet sein, die Einigung der Parteien zu fördern; soweit es erforderlich ist, hat der Vorsitzende Sachaufklärung zu betreiben, indem er die Parteien zu einer vollständigen Erklärung über alle erheblichen Tatsachen veranlaßt und gegebenenfalls die von den Parteien für streitige Behauptungen angetretenen Beweise erhebt. Soweit Sachverständige und Zeugen benannt sind, hat er sie anzuhören, wenn sie — freiwillig — erschienen sind[112].

Der Vorsitzende hat im Hinblick auf den angestrebten Vergleichsabschluß eine besondere Aufgabe. Einerseits muß er die schwierige Rolle des Vermittlers übernehmen, andererseits aber auch beurteilen können, wenn eine Einigung in der Verhandlung keine oder kaum Aussicht auf Erfolg hat. Besonders im letzteren Fall kann die Einigungsstelle den Parteien gemäß § 27a, Abs. 6, S. 2 einen schriftlichen, mit Gründen versehenen Einigungsvorschlag unterbreiten. Dieser bietet sich immer dann an, wenn sich die Parteien in der mündlichen Verhandlung vor allem aus emotionellen Gründen oder wegen rechtlicher Zweifel nicht einigen können.

---

[111] § 6, Abs. 3 BlnDVO.

[112] § 6, Abs. 2, S. 1 BlnDVO.

Die Einigungsstelle kann den Parteien auch mündlich einen Einigungsvorschlag unterbreiten; hierbei haben die Beisitzer eine besondere Bedeutung. Sie repräsentieren einerseits die Kaufmannschaft, die aufgrund der kaufmännischen Gepflogenheiten und des „gesunden Menschenverstandes" die Zulässigkeit einer Werbung in einer für die Parteien besonders verständlichen Weise beurteilen können. Der Vorsitzende hat sie allerdings auch mit den rechtlichen Fragen im Zusammenhang mit dem Streitfall vertraut zu machen, da ohne deren Kenntnis — zumindest heute — Rechtsansichten in Wettbewerbssachen, die vor Gerichten Bestand haben könnten, nicht zu vertreten sind. Es ist daher empfehlenswert, daß der Vorsitzende die Beisitzer bereits vor der Verhandlung mit der Streitfrage und den sich daraus ergebenden Rechtsproblemen bekannt macht.

d) Die Meinungsbildung innerhalb der Einigungsstelle

Die Durchführungsverordnungen sehen vor, daß die Beschlüsse der Einigungsstelle mit Stimmenmehrheit gefaßt werden[113]. Da die Einigungsstelle Beschlüsse i. S. d. ZPO — mit Ausnahme der Anordnung des Ordnungsgeldes gemäß § 27a, Abs. 5, S. 2 UWG nicht fassen kann, ist die Formulierung mißverständlich; gemeint ist allgemein die Art, in welcher der interne Meinungsbildungsprozeß der Einigungsstelle stattzufinden hat.

Nach Klärung des Sachverhaltes und Anhörung der Parteien sollte sich die Einigungsstelle zur Beratung zurückziehen. Dies ist nicht nur aus optischen Gründen geboten, sondern bei jeder Verhandlung zu empfehlen, deren Ergebnis nicht völlig eindeutig ist. Im Rahmen der Beratung hat sich die Einigungsstelle über ihr weiteres Vorgehen klar zu werden, insbesondere darüber, ob und welcher Einigungsvorschlag den Parteien unterbreitet und ob er erforderlichenfalls begründet werden soll. Diese Fragen sind durch Abstimmung zu klären; ergibt sich ausnahmsweise keine Mehrheit, sondern Stimmengleichheit, so entscheidet die Stimme des Vorsitzenden[114].

In diesem Zusammenhang stellt sich die Frage, ob die überstimmten Mitglieder der Einigungsstelle einen abweichenden Vorschlag unterbreiten können, ähnlich dem abweichenden Votum der überstimmten Richter des BVerfG. Eine Regelung enthalten weder das UWG noch die Durchführungsverordnungen. § 1 BlnDVO ist zu entnehmen, daß die Einigungsstelle geschlossen auftreten soll, um ihrem Vorschlag den entsprechenden Nachdruck zu verleihen. Im Hinblick auf die Aufgabe der Einigungsstelle, eine Einigung herbeizuführen, kann es jedoch sinnvoll sein, wenn den Parteien auch ein abweichender Vorschlag unterbreitet wird;

---

113 § 1 BlnDVO.

114 § 9, Abs. 1, S. 2 BlnDVO; das Problem kann sich aber nur ergeben, wenn die Einigungsstelle ausnahmsweise mit einer geraden Anzahl von Personen besetzt ist oder sich ein Mitglied der Einigungsstelle der Stimme enthält.

dies gäbe ihnen die Möglichkeit, zwischen zwei Vorschlägen zu wählen. Vorteilhaft wären mehrere Einigungsvorschläge jedoch nur, wenn sie die Wahrscheinlichkeit für eine Einigung erhöhen würden. Dies kann jedoch nur bei Einigungsvorschlägen der Fall sein, denen im wesentlichen eine gleichartige Beurteilung der Rechtslage zugrundeliegt.

Die Form der Abstimmung ist nicht geregelt; es muß der jeweiligen Einigungsstelle überlassen bleiben, ob sie ein offenes Gespräch mit offener Abstimmung oder eine geheime Abstimmung bevorzugt. In jedem Fall haben die Mitglieder der Einigungsstelle gemäß § 9, Abs. 2 BlnDVO über die Beratung und im Falle der offenen Abstimmung auch über die Stimmabgabe Stillschweigen zu bewahren.

e) Das Verhandlungsprotokoll

Über die Verhandlung der Einigungsstelle ist gemäß § 10, Abs. 1, S. 1 BlnDVO eine Niederschrift zu fertigen; hierzu kann sich der Vorsitzende der Hilfe eines Schriftführers bedienen[115]. Das Protokoll hat die in § 160, Abs. 1, S. 1-4, Abs. 2, Abs. 3, S. 1 bzw. 6 ZPO vorgeschriebenen Angaben zu enthalten. Weitere Protokollinhalte waren wegen der Art des Einigungsstellenverfahrens in die Vorschrift nicht aufzunehmen[116]. Zwar schreibt die Bestimmung nicht vor, daß die Parteianträge, die mündlichen Sachverhaltsergänzungen, Antragsänderungen, Aussagen von Zeugen und Sachverständigen in die Niederschrift aufgenommen werden müssen. Die Aufnahme dieser Tatsachen, die allerdings in Einigungsstellenverfahren nicht allzu häufig vorkommen dürften und deshalb auch nicht in § 10 BlnDVO genannt sind, ist aber empfehlenswert, um den Gang der Verhandlung im Zweifelsfall dokumentieren zu können.

Da die Förmlichkeiten im Einigungsstellenverfahren von untergeordneter Bedeutung sind, hat das Verhandlungsprotokoll — anders als das gerichtliche Protokoll[117] — nicht die Aufgabe, ausschließlichen Beweis für die Beachtung von Förmlichkeiten zu erbringen. Die Bedeutung des Protokolls liegt allgemein in der Dokumentation des Einigungsstellenverfahrens und der Fixierung des im Verfahren verhandelten Sachverhalts. Bedeutung kann das Protokoll vor allem in einem späteren gerichtlichen Verfahren erlangen, wenn z. B. über die Pflicht zur Kostentragung gestritten wird, sofern eine Partei die Bereitschaft erklärt hat, sich zu einigen, und die andere Partei darauf nicht eingegangen ist[118]. — Der begründete Einigungsvorschlag sollte, da er einen erheblichen Teil der Bemühungen der Einigungsstelle um einen gütlichen Ausgleich darstellt, als Anlage zu

---

[115] § 10, Abs. 2 BlnDVO.

[116] Vgl. § 10, Abs. 1, S. 2 BlnDVO.

[117] § 165 ZPO.

[118] Eine Frage, die gem. § 93 ZPO bei sofortigem Anerkenntnis in einem nachfolgenden Verfahren vor den ordentlichen Gerichten von Bedeutung ist.

dem Protokoll genommen werden. Der Vergleich selbst ist nicht in das Protokoll aufzunehmen, da er gem. § 27a, Abs. 7 UWG in einem besonderen Schriftstück niedergelegt werden muß.

7. Der begründete Einigungsvorschlag

Im Rahmen der Einigungsverhandlungen ist die Einigungsstelle nach § 27a, Abs. 6 UWG ermächtigt, den Parteien einen schriftlichen, mit Gründen versehenen Einigungsvorschlag zu machen. Sie ist hierzu in Fällen, die keine tatsächlichen und rechtlichen Schwierigkeiten bieten, auch ohne Durchführung einer mündlichen Verhandlung berechtigt. Einen solchen Einigungsvorschlag darf die Einigungsstelle jedoch im Hinblick auf die verjährungsunterbrechende Wirkung des Verfahrens nur solange unterbreiten, als die Einigungsverhandlung nicht bereits als gescheitert anzusehen und das Verfahren beendet ist.

Die Bundesregierung hatte in dem Regierungsentwurf zur Neufassung des § 27a UWG [119] vorgeschlagen, die Einigungsstellen für den Fall des Nichtzustandekommens eines Vergleichs zwischen den Parteien zu ermächtigen, sich gutachterlich über den Streitfall zu äußern. Gegen diese Vorschrift wurden jedoch in der parlamentarischen Beratung des Entwurfs Bedenken geäußert. Diese wurden insbesondere damit begründet, daß nicht ausgeschlossen werden könne, daß die Einigungsstelle aufgrund des einseitigen Vorbringens einer Partei — wenn z. B. der Antragsgegner sich auf die Verhandlung vor der Einigungsstelle nicht einlasse — eine gutachterliche Äußerung abgebe. Da dies als unerwünscht angesehen wurde, wurde die Einigungsstelle nicht zur Abgabe gutachterlicher Äußerungen ermächtigt. Die Einigungsstelle kann daher ihre Auffassungen über die Streifälle nur in Form des schriftlichen Einigungsvorschlages zum Ausdruck bringen.

Dieser Einigungsvorschlag und seine Begründung dürfen jedoch nach der ausdrücklichen Bestimmung des § 27a, Abs. 3 UWG nur mit Zustimmung der Parteien veröffentlicht werden. Diese Vorschrift soll einer mißbräuchlichen Auswertung eines Einigungsvorschlages vorbeugen. Die Verwendung des schriftlichen, mit Gründen versehenen Einigungsvorschlages in einem gerichtlichen Verfahren ist jedoch zulässig.

8. Die Beendigung des Verfahrens

Die gütliche Einigung der Parteien, die von der Einigungsstelle anzustreben ist, kann auf mehrere Arten erfolgen; durch Zurücknahme des Antrags, wenn der Antragsteller seine Erfolgsaussichten gering einschätzt, durch Anerkenntnis

---

[119] Regierungsentwurf eines Gesetzes zur Änderung des Gesetzes gegen den unlauteren Wettbewerb, des Gesetzes über das Zugabewesen und des Rabattgesetzes, BR-Drs. 2/1478.

des geltend gemachten Anspruchs durch den Antragsgegner, wenn dieser Einwendungen gegen den Anspruch nicht (mehr) hat, sowie durch einen Vergleich. Läßt sich eine gütliche Einigung nicht erzielen, so wird das Verfahren durch die Feststellung beendet, daß ein Vergleich nicht zustande gekommen ist.

a) Die Verfahrensbeendigung durch Rücknahme des Antrags

Mit der Rücknahme des Antrages auf Durchführung des Einigungsstellenverfahrens sind in der Praxis Probleme nicht verbunden. Der Antrag wird meist dann zurückgenommen, wenn der Antragsteller ein weiteres Interesse an der Durchführung des Verfahrens nicht mehr hat. Dies kann der Fall sein, wenn der Antragsgegner nach Einreichung des Antrags den geltend gemachten Anspruch anerkannt und eine strafbewehrte Unterlassungserklärung abgegeben hat oder der Antragsteller in einem gleichzeitig anhängig gemachten einstweiligen Verfügungsverfahren einen obsiegenden Beschluß erstritten oder aber erkannt hat, daß sein Antrag unbegründet ist. Die Voraussetzungen für die Rücknahme des Antrages können in jedem Verfahrensstadium eintreten und berechtigen den Antragsteller zur Antragsrücknahme, ohne daß es der Zustimmung des Antraggegners bedarf, und zwar auch für den Fall, daß bereits eine Verhandlung vor der Einigungsstelle stattgefunden hat. Dies folgt daraus, daß § 27a UWG zwar in Abs. 9, S. 5 die Rechtsfolgen der Rücknahme der Anrufung der Einigungsstelle regelt, hierfür jedoch Voraussetzungen nicht aufstellt und auch nicht auf § 269 ZPO verweist. Da das Einigungsstellenverfahren nur insoweit den Regelungen der ZPO unterliegt, als auf diese Bezug genommen wird, bedarf die Rücknahme der Anrufung auch nach Eintritt in die Einigungsstellenverhandlung nicht der Zustimmung des Gegners.

Die Rücknahme bedarf mangels entsprechender Bestimmungen nicht der für die Anrufung der Einigungsstelle vorgeschriebene Form; sie kann daher auch mündlich gegenüber der Einigungsstelle erklärt werden. Wird die Anrufung in der Verhandlung zurückgenommen, ist die Rücknahme in die gem. § 10 BlnDVO zu fertigende Niederschrift aufzunehmen. Wird die Rücknahme außerhalb der Verhandlung gegenüber der Geschäftsstelle der Einigungsstelle erklärt, so empfiehlt es sich aus Beweisgründen, hierüber eine Niederschrift zu den Verfahrensakten zu nehmen. In allen Fällen ist dem Antragsgegner unverzüglich von der Rücknahme der Anrufung Kenntnis zu geben. Nach der Rücknahme des Antrages hat die Einigungsstelle das Verfahren einzustellen, da eine für ihren Fortgang wesentliche Voraussetzung entfallen ist[120].

Als Rechtsfolge der Rücknahme entfällt die mit der Anrufung der Einigungsstelle eingetretene Unterbrechung der Verjährung wie bei der Rücknahme einer

---

[120] So auch Hammann, Die Einigungsämter, S. 51.

Klage gem. § 269, Abs. 3 ZPO; die Unterbrechung der Verjährung gilt dann gemäß § 27a, Abs. 9, S. 5 UWG als nicht erfolgt.

b) Die Verfahrensbeendigung durch Vergleich

Der Vergleich ist die bedeutendste Art, das Verfahren zu beenden. Obgleich der Vergleich nach der Legaldefinition in § 779 BGB ein gegenseitiges Nachgeben erfordert, werden die Rücknahme des Antrages und das Anerkenntnis vielfach ebenfalls in der Form eines Vergleichs gefaßt, sind aber als Erledigungen zu behandeln, da durch sie der Rechtsstreit und damit das Verfahren ohne gegenseitiges Nachgeben beendet wird. Nur selten werden neben der streitigen Frage, ob die konkrete Werbung zulässig ist, auch Fragen der Zulässigkeit der künftigen Werbung, der Gewährung einer Aufbrauchfrist oder der Kostenübernahme durch den Vergleich geregelt. Im folgenden werden jedoch alle zweiseitigen Rechtsgeschäfte als Vergleich bezeichnet, da auf sie die Vorschriften über Vergleiche anzuwenden sind.

(1) Die Bindung der Einigungsstelle an den Vergleichswillen der Parteien

In der Literatur ist teilweise umstritten, inwieweit die Einigungsstelle einen Vergleich protokollieren darf, der inhaltlich von den Vorstellungen der Einigungsstelle abweicht[121]. § 27a, Abs. 7 UWG enthält keine entsprechenden Ge- oder Verbote; ein formelles Hindernis, jeden Vergleich aufzunehmen, besteht also nicht; auch aus der Aufgabe der Einigungsstelle folgt nicht, welche Art von Vergleich bzw. gütlicher Einigung die Einigungsstelle anzustreben hat. Unzweifelhaft dürfte aber sein, daß die Einigungsstelle versuchen sollte, einen Konsens herbeizuführen, der nach ihrer freien Überzeugung der Sach- und Rechtslage entspricht. Zu Recht weist Hammann[122] darauf hin, daß die Einigungsstelle auch die Aufgabe hat, auf die Einhaltung der guten Sitten im Wettbewerb hinzuwirken. Die Einigungsstelle sollte daher die Verhandlung frühzeitig auf das eigentliche Problem hinlenken und die Ansichten der Parteien nur als Anregung gelten lassen. Die Parteien sind aber grundsätzlich nicht gehindert, einen von den Vorstellungen der Einigungsstelle abweichenden Vergleich zu schließen. Denn auch im Einigungsstellenverfahren ist dieser in erster Linie ein materielles Rechtsgeschäft, das zur Disposition der Parteien steht. Nur soweit der Vergleich sittenwidrig ist, muß die Einigungsstelle ihre Mitwirkung am Vergleichsschluß versagen[123].

---

121 Krieger, GRUR 1957, 203.

122 Hammann, Die Einigungsämter, S. 4.

123 A. M. Becker, BB 1950, 173, der die Auffassung vertritt, daß die Einigungsstellen „ohne Rücksicht auf die Lauterkeit oder Unlauterkeit einer einzelnen Wettbewerbshand-

Da der Vergleich Außenwirkungen nur insoweit entfaltet, als sich der Werbende verpflichtet, eine bestimmte Werbung zu unterlassen, besteht auch nicht die Gefahr, daß ein Vergleich, der eine nach Ansicht der Einigungsstelle unzulässige Werbung für zulässig erklärt, zu einer Verrohung der wettbewerblichen Sitten im Zuständigkeitsbereich der Einigungsstelle führen kann. Dagegen soll die Einigungsstelle nicht an einem Vergleich mitwirken, der eine zulässige Werbung untersagt, wenn dies zu einer kartellrechtlich bedenklichen Beschränkung des Wettbewerbs führen würde; sie würde sich damit dazu mißbrauchen lassen, den lediglich unbequemen Wettbewerb einzuschränken[124].

(2) Die Form des Vergleichsabschlusses

Wegen der Bedeutung des Vergleichs und der Möglichkeit, aus ihm zu vollstrecken, stellt § 27a, Abs. 7 UWG strenge Formvorschriften auf, wie sie entsprechend für einen gerichtlichen Vergleich gelten[125]. Allerdings darf der Vergleich nicht in das Verhandlungsprotokoll aufgenommen, sondern muß gemäß § 27a, Abs. 7, S. 1 UWG in einem besonderen Schriftstück niedergelegt werden. Die Vergleichsurkunde muß das Datum der Verhandlung, die Parteien und die Mitglieder der Einigungsstelle bezeichnen; die Mitglieder der Einigungsstelle und die Parteien müssen den Vergleich unterschreiben.

(3) Der Inhalt des Vergleichs

Da aus dem Vergleich die Zwangsvollstreckung stattfindet, muß die Vereinbarung einen vollstreckungsfähigen Inhalt haben; sie muß demnach so bestimmt sein, daß die Zwangsvollstreckung aus dem Vergleich möglich ist. Fraglich ist, ob für den Fall der Übernahme einer Unterlassungsverpflichtung durch eine Partei die Androhung eines Ordnungsgeldes gemäß § 890, Abs. 1 und 2 ZPO enthalten sein kann. Nach der überwiegenden Ansicht[126] kann die Androhung nicht in einen Vergleich aufgenommen werden; dies gilt ebenso für den vor der Einigungsstelle geschlossenen Vergleich. Zwar ist die Einigungsstelle eine offizielle Gütestelle i. S. v. § 794 ZPO, aus deren Vergleichen die Zwangsvollstreckung stattfindet, jedoch sind diese nicht mit einem Urteil gleichzusetzen. Der Vergleich vor der Einigungsstelle entspricht vielmehr dem gerichtlichen Vergleich. Dies folgt schon aus der Gleichstellung in § 794, Abs. 1, Ziff. 1 ZPO. Die Androhung der Ordnungsstrafe kann daher nur von dem Prozeßgericht des ersten Rechtszuges erlassen werden.

---

lung durch Herausarbeitung der von dem Gewerbe selbst erkannten Grundsätze eine regulierende Wirkung" ausüben könnten.

[124] So v. Thenen, GRUR 1937, 110; Krieger, GRUR 1957, 203.

[125] Vgl. z. B. Thomas / Putzo, Anm. 1 zu § 794 ZPO.

[126] Schröder, NJW 1969, 1285; Karlsruher Justiz 1975, 229; a. A. Haase, NJW 1969, 23; LG Berlin MDR 1967, 134.

Die Parteien können aber, wie in einem außergerichtlichen Vergleich, eine bestimmte „Strafe“ in Gestalt einer Vertragsstrafe nach § 339, S. 2 BGB für den Fall der Zuwiderhandlung vereinbaren, für die dann die allgemeinen Regeln gelten.

(4) Die Zwangsvollstreckung aus dem Vergleich

§ 27a, Abs. 7, S. 2 UWG bestimmt, daß aus dem Vergleich die Zwangsvollstreckung stattfindet. Zwischen den Parteien entfaltet der Vergleich seine materiellen Wirkungen bereits mit der Unterzeichnung, einer Vollstreckungsklausel und Zustellung bedarf es für seine Wirksamkeit daher nicht. Soll aus dem Vergleich eine bestimmte Leistung — wie z. B. auf Ersatz von Anwaltskosten — vollstreckt werden, so ist der Vergleich mit einer Vollstreckungsklausel zu versehen. Zuständig für die Erteilung der Vollstreckungsklausel ist der Urkundsbeamte der Geschäftsstelle des für den Sitz der Einigungsstelle örtlich zuständigen Amtsgerichts[127]. Gem. § 797a, Abs. 4 ZPO kann die Landesjustizverwaltung den Vorsitzenden der Einigungsstelle ermächtigen, die Vollstreckungsklausel für die vor der Einigungsstelle geschlossenen Vergleiche selbst zu erteilen. Enthält der Vergleich eine Bedingung, wie z. B. ein Vertragsstrafeversprechen für den Fall der Zuwiderhandlung gegen ein Unterlassungsversprechen, so darf der Vergleich nur hinsichtlich der unbedingten Leistung mit einer Vollstreckungsklausel versehen werden. Soll wegen einer Zuwiderhandlung gegen eine Unterlassungsverpflichtung aus der Vertragsstrafeklausel vollstreckt werden, so bedarf es eines gesonderten Titels, dem der Gerichtsvollzieher entnehmen kann, daß die Vertragsstrafe verwirkt ist. Für die Erteilung der Vollstreckungsklausel folgt daraus:

Die Unterlassungsverpflichtung selbst ist sofort mit Abschluß des Vergleichs wirksam, ohne daß es einer Vollstreckungsklausel bedürfte. Das Vertragsstrafeversprechen ist als solches nicht vollstreckungsfähig und kann daher nicht mit einer Vollstreckungsklausel versehen werden. Als vollstreckungsfähig gelten nur solche Titel, aus denen sich die unbedingte Leistungsverpflichtung selbst ergibt. Die Fälligkeit der Vertragsstrafe kann dagegen nur aus außerhalb des Vergleichs liegenden Umständen, insbesondere dem Verhalten des Unterlassungsschuldners nach Abschluß des Vergleichs, ermittelt werden. Aus § 726 ZPO, der entsprechend anwendbar ist, ergibt sich, daß die Vertragsstrafeklausel nicht mit der Vollstreckungsklausel versehen werden darf, solange nicht die Zuwiderhandlung gegen das Unterlassungsversprechen nachgewiesen ist. Daraus folgt allerdings nicht, daß die Parteien gehindert wären, in den Vergleich ein Vertragsstrafeversprechen aufzunehmen; sie müssen sich lediglich darüber im klaren sein, daß aus diesem Teil des Vergleichs nicht ohne weiteres vollstreckt werden kann.

Fraglich ist allerdings, unter welchen Voraussetzungen die Vollstreckungsklausel nach §§ 724, 726 ZPO für ein Vertragsstrafeversprechen erteilt werden

[127] § 27a, Abs. 7, S. 2, 2. HS UWG i. V. m. § 797a, Abs. 1 ZPO.

kann. Die Vorschrift läßt den Nachweis des Bedingungseintritts durch Vorlage öffentlicher und öffentlich beglaubigter Urkunden zu. Für den wichtigen Fall des Verstoßes gegen das Unterlassungsversprechen durch Fortsetzung einer bestimmten Werbung, insbesondere in den Medien, ist die Vorschrift nicht anwendbar. Obwohl z. B. Zeitungen jedermann zugänglich und damit öffentlich sind, sind sie keine öffentlichen Urkunden. Unter diese fallen nur Urkunden, die von einer öffentlichen Behörde innerhalb ihrer Amtsbefugnisse[128] ausgefertigt sind. Der Gläubiger ist in diesen Fällen daher darauf angewiesen, den Verstoß gegen das Unterlassungsversprechen entweder im Beweissicherungsverfahren feststellen zu lassen, oder er muß aus dem Vergleich auf Zahlung der Vertragsstrafe klagen und damit einen neuen vollstreckbaren Titel schaffen. Die Beweislast für die Verwirkung der Vertragsstrafe trägt in jedem Fall der Gläubiger.

Enthält der Vergleich eine Unterlassungserklärung, ohne daß sich der Schuldner zugleich für den Fall der Zuwiderhandlung zur Zahlung einer Vertragsstrafe verpflichtet hätte, so erfolgt die Zwangsvollstreckung nach § 890 ZPO.

c) Die Verfahrensbeendigung ohne Einigung

Kommt ein Vergleich nicht zustande und steht dies nach Überzeugung der Einigungsstelle fest, ist das Verfahren ebenfalls beendet. Bei der Beendigung durch Vergleich steht der Zeitpunkt des Verfahrensendes fest, da der Zeitpunkt des Vergleichsabschlusses gemäß § 27a, Abs. 7, S. 1 UWG in dem Vergleich angegeben werden muß.

Es bedarf jedoch auch im Falle des Scheiterns der Einigungsbemühungen der Feststellung des Zeitpunktes der Verfahrensbeendigung. Da durch die Anrufung der Einigungsstelle die Verjährung in gleicher Weise wie durch Klageerhebung unterbrochen wird[129] und bis zur Beendigung des Verfahrens fortdauert[130], ist das Ende des Verfahrens festzustellen, um den erneuten Beginn des Laufs der Verjährungsfrist festzulegen[131].

Hat die Einigungsstelle den Parteien einen begründeten Einigungsvorschlag unterbreitet und ihnen aufgegeben, innerhalb einer bestimmten Frist dem vorgeschlagenen Vergleich zuzustimmen, so kann und soll sie zweckmäßigerweise sofort in den Vorschlag aufnehmen, daß das Verfahren mit Ablauf der gesetzten Frist beendet ist, wenn die Parteien nicht bereits zuvor dem Vorschlag zugestimmt haben.

---

[128] Vgl. § 415 ZPO.
[129] § 27a, Abs. 9, S. 4 UWG.
[130] § 27a, Abs. 9, S. 2 UWG.
[131] § 27a, Abs. 9, S. 3 UWG.

9. Die Kosten des Verfahrens

a) Die Entstehung der Kosten

§ 27a UWG trifft keine dem GKG vergleichbare Kostenregelung; mit § 27a, Abs. 11 UWG werden die Landesregierungen aber ermächtigt, Bestimmungen über die Erhebung von Auslagen zu treffen. Von dieser Ermächtigung haben alle Landesregierungen Gebrauch gemacht. So bestimmt beispielsweise § 12, Abs. 2 BlnDVO, daß die der Kammer entstandenen Auslagen nach § 11 BlnDVO, also die Vergütung der Einigungsstellenmitglieder und die Entschädigung von Zeugen und Sachverständigen zu ersetzen sind. Während in Bremen und Bayern darüberhinaus Gebühren erhoben werden, sind die Verfahren in den übrigen Ländern gebührenfrei.

(1) Die Auslagen

Dem Vorsitzenden kann die Kammer für ihre Tätigkeit eine Vergütung gewähren. Diese ist im Regelfall so gering[132], daß sie weniger als Vergütung, denn als Auslagenersatz anzusehen ist. Die Tätigkeit des Vorsitzenden kann daher als ehrenamtlich bezeichnet werden. Die Beisitzer können nur Auslagenersatz erhalten, der von ihnen häufig jedoch nicht beansprucht wird. Da Zeugen und Sachverständige nur in den seltensten Fällen gehört werden, beschränken sich die Auslagen der Kammer meist auf die Vergütung des Vorsitzenden. § 12, Abs. 2 BlnDVO schreibt zwingend vor, daß die Auslagen der Kammer, soweit sie nicht die Vergütung des Vorsitzenden betreffen, von den Parteien der Kammer zu ersetzen sind. Die Feststellung der zu ersetzenden Auslagen obliegt dem Vorsitzenden. Gegen seine Entscheidung ist die sofortige Beschwerde an die Kammer für Handelssachen gegeben. Daneben werden von den Einigungsstellen in Bremen und Bayern Gebühren verlangt, die 10,– bis 200,– DM betragen können[133].

(2) Die Nebenkosten des Verfahrens

Jedoch entstehen den Parteien durch das Einigungsstellenverfahren auch „außergerichtliche" Kosten, soweit sie sich eines Rechtsanwaltes bedient haben. Gerade diese Kosten sind in Wettbewerbsstreitigkeiten nicht unerheblich und erschweren die gütliche Einigung der Parteien häufig.

---

132 Sie beträgt z. B. in Berlin 200,– DM und in Bremen 100,– DM für jedes Verfahren.

133 § 8 BayerDVO.

(b) Die Höhe der „außergerichtlichen“ Kosten

Das Einigungsstellenverfahren ist bis auf die Auslagen und eventuell erhobenen Gebühren kostenlos, soweit die Parteien anwaltliche Hilfe nicht in Anspruch nehmen. Die Höhe der Kosten des Einigungsstellenverfahrens ist daher fast ausschließlich von der Beteiligung von Rechtsanwälten abhängig. Für jeden am Verfahren beteiligten Rechtsanwalt können bis zu zwei Gebühren nach § 65 BRAGO entstehen, eine gem. Abs. 1, Ziff. 4 der Vorschrift für die Mitwirkung am Verfahren[134] und eine weitere gemäß Abs. 2 der Vorschrift für den Fall, daß eine Einigung erzielt wird; eine Verhandlungs- oder Beweisgebühr steht dem im Einigungsstellenverfahren tätigen Rechtsanwalt nicht zu.

Die Höhe der Gebühren richtet sich, da der wettbewerbsrechtliche Abwehranspruch vermögensrechtlicher Natur ist, nach dem wirtschaftlichen Wert des geltend gemachten Anspruchs[135]. Der Streitwert ist nach § 3 ZPO frei zu schätzen. Maßgebend ist der Verkehrswert, den der streitige Anspruch im Wettbewerb hat, nicht aber das sachliche Interesse des Klägers an der Leistung[136]; gewöhnlich ist der Umsatz des Klägers, soweit er beeinträchtigt sein kann, maßgeblich, und zwar ist der Jahresumsatz[137], nicht der Reingewinn der Streitwertbemessung zugrunde zu legen[138].

Dagegen ist nicht auf das Interesse des Verletzers abzustellen, insbesondere nicht auf seinen bisherigen Umsatz; hieraus ergeben sich lediglich Rückschlüsse auf das Interesse des Verletzten an der Beseitigung des Eingriffs. Der Streit- bzw. Geschäftswert liegt daher selbst bei einfach gelagerten Wettbewerbsverstößen von Kleingewerbetreibenden meist über 10.000,— DM.

c) Verteilung der Kosten

Gem § 12, Abs. 3, S. 1 BlnDVO hat die Einigungsstelle auch eine gütliche Einigung über die durch das Verfahren entstandenen Kosten anzustreben. Kommt eine Einigung über die Kosten des Einigungsstellenverfahrens, also über die Auslagen und eventuell geforderten Gebühren nicht zustande, so entscheidet der Vorsitzende über die Verteilung dieser Kosten gem. § 12, Abs. 4 BlnDVO nach freiem Ermessen. Gegen seine Entscheidung ist ebenfalls die sofortige Beschwerde statthaft[139]. Da hiermit ein besonderes Kostenfestsetzungsverfahren normiert ist, kann die mit den Kosten des Verfahrens belastete Partei sie nicht vom Gegner

---

[134] Diese Gebühr wird gem. § 65, Abs. 3 BRAGO auf ein nachfolgendes Verfahren vor den ordentlichen Gerichten nicht angerechnet.

[135] BGHZ 14, 72 (74) Autostatt; BGH GRUR 1966, 102 mit Anm. Bussmann.

[136] RGZ GRUR 1932, 1132; OLG Karlsruhe GRUR 1953, 143.

[137] OLG München GRUR 1957, 148; OLG Düsseldorf GRUR 1950, 2524.

[138] So OLG Frankfurt GRUR 1954, 227.

[139] § 12, Abs. 4 BlnDVO.

erstattet verlangen; einer entsprechenden Klage würde das Rechtsschutzbedürfnis fehlen[140].

Entgegen der Ansicht von Melullis[141] kann die Einigungsstelle eine Entscheidung darüber, wer die außerhalb des Verfahrens entstandenen Kosten zu tragen hat, nicht treffen; aus dem Zusammenhang von § 27a, Abs. 11 UWG ergibt sich, daß ihr diese Befugnis ausschließlich für ihre Gebühren und die ihr zu ersetzenden Auslagen zusteht. Im übrigen wäre eine entsprechend weite Auslegung der die Kostenverteilung regelnden Durchführungsverordnung nicht vom Wortlaut des § 27a, Abs. 11 UWG gedeckt und entbehrte daher der erforderlichen gesetzlichen Grundlage.

Zwar bestimmt § 12, Abs. 4, S. 2 BlnDVO, daß jede Partei die ihr entstandenen Kosten selbst zu tragen hat; dies ist jedoch nicht zwingend. Diese Bestimmung soll die Einigungsstelle von einer Entscheidung bzw. der Notwendigkeit, eine Einigung über die Kostentragung herbeizuführen, entbinden. Die Parteien sind hierdurch aber nicht gehindert, sich über die Kosten einverständlich — auch anders als von der Einigungsstelle vorgeschlagen — zu einigen.

Im Hinblick auf die Höhe der bei anwaltlicher Vertretung entstehenden Parteikosten ist es empfehlenswert, daß die Einigungsstelle versucht, auch über die Kostentragungspflicht eine Vereinbarung zwischen den Parteien herbeizuführen. Dabei darf allerdings nicht übersehen werden, daß eine Einigung über die Kostentragung nicht erforderlich ist, um die Wiederholungsgefahr auszuschalten. Verweigert der Unterlassungsschuldner die Übernahme der Kosten und ist er ansonsten bereit, sich in einem Vergleich zu unterwerfen und eine strafbewehrte Unterlassungserklärung abzugeben, so darf der Gläubiger den angebotenen Vergleich nicht deshalb ablehnen, weil der Gegner sich nicht zugleich verpflichtet, die Kosten zu tragen; tut er dies dennoch, so fehlt ihm für ein folgendes gerichtliches Verfahren das Rechtsschutzbedürfnis[142].

d) Die Betreibung der Verfahrenskosten

Die festgesetzten Gebühren und Auslagen werden von der Industrie- und Handelskammer wie Beiträge eingezogen[143]. Ist der Kostenschuldner nicht im Gebiet der Industrie- und Handelskammer ansässig, deren Einigungsstelle das Verfahren durchgeführt hat, so sind die Kosten von der für seinen Geschäftssitz zuständigen Kammer beizutreiben; auch in diesem Fall stehen sie der Kammer zu, deren Einigungsstelle das Verfahren durchgeführt hat.

---

140 OLG München WRP 1977, 819.

141 Wettbewerbsrechtliche Prozeßpraxis, Ziff. 3.1.3.6.2.

142 OLG Hamm WRP 1982, 233 ff.

143 § 12, Abs. 6 i. V. m. § 8, Abs. 2, S. 2 BlnDVO.

III. Die Einigungsstelle als Schiedsgericht

Die Einigungsstellen sind zu der Zeit, als ihr Verfahren noch nicht normiert war, und auch nach Einfügung des § 27a UWG in das Gesetz gegen den unlauteren Wettbewerb im Jahre 1932 vielfach nicht als Schlichtungsstellen, sondern als Schiedsgerichte tätig gewesen, durch die der Streitfall mit bindender Wirkung für die Parteien und unter Ausschluß des ordentlichen Rechtsweges entschieden wurden[144].

1. Die Zulässigkeit der schiedsgerichtlichen Tätigkeit

Gegen die schiedsgerichtliche Tätigkeit der Einigungsstellen ist dann nichts einzuwenden, wenn die Parteien, ohne daß ihnen dies von der Einigungsstelle nahegelegt worden ist, von sich aus vereinbaren, daß die Rechtsstreitigkeit durch die Einigungsstelle als Schiedsgericht entschieden werden soll.

Entgegen der Ansicht von Tetzner[145] kann die Einigungsstelle als solche zum Schiedsrichter im Sinne der §§ 1025 ff. ZPO berufen sein. Es genügt nämlich, daß das Schiedsgericht eindeutig bestimmt werden kann. Diese Bestimmbarkeit ist ausreichend dadurch gewährleistet, daß der Vorsitzende der Einigungsstelle feststeht und dieser berechtigt ist, die für die Schiedsgerichtsverfahren zu berufenden Beisitzer auszuwählen. Liegt eine entsprechende Vereinbarung vor, wird man nämlich durch die zulässige Auslegung des Parteiwillens zu dem Ergebnis kommen müssen, daß die Einigungsstelle in der Besetzung, in der sie auch für ein Verfahren nach § 27a UWG tätig werden würde als Schiedsgericht tätig werden soll. Als Schiedsrichter sind daher neben dem Vorsitzenden die Beisitzer berufen, die von dem Vorsitzenden für den Streitfall gemäß § 27a, Abs. 2, S. 3 UWG ausgewählt werden.

Voraussetzung für die Wirksamkeit der Schiedsgerichtsvereinbarung ist jedoch, daß die Parteien berechtigt sind, über den Gegenstand des Streites einen Vergleich zu schließen. Bei den in die Zuständigkeit der Einigungsstelle fallenden wettbewerbsrechtlichen Streitigkeiten kann dies jedoch fraglich sein. Soweit durch einen Vergleich in die Rechte Dritter eingegriffen würde, wären die Parteien materiell nicht in der Lage, sich in wirksamer Weise über den Streitgegenstand zu vergleichen. Die Besonderheit der wettbewerbsrechtlichen Konflikte besteht darin, daß durch den Wettbewerbsverstoß im Regelfall nicht allein ein Mitbewerber Unterlassungsgläubiger geworden ist, sondern sämtliche Mitbewerber und die in § 13 und § 13a UWG genannten Vereine und Verbände aktivlegitimiert sind. Eine vergleichsweise Regelung zwischen dem Unterlassungsgläubiger und

---

144 Vgl. hierzu v. Thenen, GRUR 1937, 107 f.; Röttger, GRUR 1935, 76.

145 Kommentar zum UWG, Anm. 22 zu § 27a.

einem Unterlassungsschuldner berührt aber die Ansprüche der anderen Unterlassungsgläubiger nur dann, wenn mit der zwischen den Parteien getroffenen Vereinbarung zugleich die Wiederholungsgefahr ausgeräumt wird. Diese wettbewerbsrechtliche Besonderheit beschränkt allerdings nicht das Recht der Parteien, über den Gegenstand des Streites einen Vergleich zu schließen, sondern begrenzt lediglich die Wirkung dieses Vergleiches im Regelfall auf das zwischen den Parteien bestehende Rechtsverhältnis.

Fraglich ist darüberhinaus, ob die Einigungsstelle von sich aus anregen kann, als Schiedsgericht tätig zu werden. Wie bereits oben ausgeführt, ist es vor 1945 nicht unüblich gewesen, daß sie von sich aus die Parteien aufgefordert hat, die Einigungsstelle als Schiedsgericht anzuerkennen und sich dem Spruch des Einigungsamtes zu unterwerfen. Nach der Ansicht von Krieger[146] soll diese Vorgehensweise mit dem Sinn und Zweck der in § 27a UWG vorgesehenen Regelung nicht zu vereinbaren sein. Ihm ist darin beizupflichten, daß die Vorschrift vorsieht, daß den Parteien Gelegenheit zu einer gütlichen Aussprache über den Streitfall vor einem unabhängigen Gremium gegeben werden soll, um sie der Notwendigkeit einer sofortigen Anrufung der Gerichte zu entheben. Dagegen würde das Einigungsamt, wenn es die Parteien auffordern würde, es als Schiedsgericht anzuerkennen, darauf hinwirken, daß es nicht als Schlichtungsstelle, sondern anstelle der ordentlichen Gerichte zur Entscheidung berufen sein soll. Becker[147] vertritt dagegen die Ansicht, die Einigungsstelle hätte die Aufgabe, Schiedssprüche zu fällen; er verkennt damit ihr Wesen. Denn auch bei den begründeten Einigungsvorschlägen handelt es sich nicht um Schiedssprüche, sondern um Schlichtungsversuche. Die Einigungsstellen können daher grundsätzlich nur aufgrund einer von den Parteien getroffenen Schiedsvereinbarung als Schiedsgerichte tätig werden und dürfen ihrerseits die Parteien nicht auffordern, sie als Schiedsgericht anzuerkennen[148].

2. Die Form der Schiedsgerichtsvereinbarung

Die Schiedsgerichtsvereinbarung muß in den Fällen, in denen sie nicht für beide Parteien ein Handelsgeschäft im Sinne des § 343 HGB darstellt und nicht beide Parteien Vollkaufleute im Sinne der §§ 1 ff. HGB sind, gemäß § 1027 ZPO in einer besonderen Urkunde schriftlich niedergelegt werden. Die Einhaltung dieser Formvorschrift ist von der Einigungsstelle von Amts wegen zu beachten. Aber auch in den Fällen, in denen die Schiedsgerichtsvereinbarung für beide Parteien ein Handelsgeschäft ist und beide Parteien Vollkaufleute sind, kann

---

146 GRUR 1957, 207; ebenso Baumbach / Hefermehl, Wettbewerbsrecht, Rdnr. 1 zu § 27a UWG.

147 BB 1950, 173, 174.

148 Ebenso Krieger, GRUR 1957, 207 f.

nach § 1027, Abs. 2 ZPO jede Partei verlangen, daß die Schiedsgerichtsvereinbarung in einer schriftlichen Urkunde niedergelegt wird. Ist dies der Fall, so kann die Einigungsstelle nur dann als Schiedsgericht tätig werden, wenn ihr diese schriftliche Schiedsgerichtsvereinbarung vorgelegt wird. Zwar ist das Verfahren auch dann zulässig, wenn sich beide Parteien unwidersprochen in der schiedsgerichtlichen Verhandlung zur Hauptsache eingelassen haben [149]; die Einigungsstelle sollte jedoch zur eigenen Absicherung darauf dringen, daß ihr eine schriftliche Schiedsgerichtsvereinbarung vorgelegt wird.

3. Die Durchführung des Schiedsgerichtsverfahrens

Haben die Parteien die Anrufung der Einigungsstelle als Schiedsgericht wirksam vereinbart, so wird die Einigungsstelle nicht mehr im Rahmen des § 27a UWG, sondern aufgrund der allgemeinen Vorschriften der §§ 1025 ff. tätig [150] und darf im Rahmen dieser Tätigkeit die ihr nach § 27a UWG zustehenden Befugnisse nicht ausüben. Sie darf also in ihrer Eigenschaft als Schiedsgericht weder das persönliche Erscheinen der Parteien anordnen noch gegen eine unentschuldigt ausbleibende Partei eine Ordnungsstrafe festsetzen. Im übrigen ist das Verfahren — soweit die Parteien nichts abweichendes vereinbart haben — wie das gesetzlich geregelte Einigungsstellenverfahren durchzuführen; die Einigungsstelle hat jedoch zu beachten, daß sie nunmehr vorrangig die Aufgabe hat, einen Schiedsspruch zu fällen, nicht aber, eine Aussprache zum Zwecke einer gütlichen Einigung herbeizuführen.

---

[149] § 1027, Abs. 1, S. 2 ZPO.

[150] Melullis, Wettbewerbsrechtliche Prozeßpraxis, Ziff. 3.1.3.1.

Vierter Teil

Die Anrufung der Einigungsstelle im System der Gläubigerhandlungen zur Lösung wettbewerbsrechtlicher Konflikte

Voraussetzung für einen wettbewerbsrechtlichen Konflikt ist ein Handeln einer Person, das von einem Betroffenen als „unlauterer Wettbewerb" empfunden wird. Die Handlung, die als wettbewerbsrelevant angesehen wrid, kann in einem Tun oder Unterlassen bestehen. Die Konfliktlage, die dadurch entsteht, setzt objektiv weder ein wettbewerbswidriges Verhalten noch ein Wettbewerbsverhältnis zwischen den Konfliktparteien voraus. Die Konfliktlage entsteht durch die subjektive Einschätzung einer Partei, — sei sie Mitbewerber oder ein anderer nach §§ 13, 13a UWG Aktivlegitimierter —, daß eine Handlung begangen wurde, die wenn auch nicht ausschließlich, so doch zugleich die Regeln des fairen Wettbewerbs verletzt und durch ihn im weitesten Sinne in seinen Rechten betroffen hat. Dagegen ist die objektive Wettbewerbswidrigkeit allein für die Zulässigkeit bzw. Begründetheit des wettbewerbsrechtlichen Vorgehens von Bedeutung; sie ist nicht Voraussetzung für die Konfliktlage und steht auch nicht in einem Zusammenhang mit ihr, so daß auch umgekehrt ein objektiv wettbewerbswidriges Verhalten nicht notwendigerweise einen wettbewerbsrechtlichen Konflikt zur Folge hat.

I. Die möglichen Gläubigerhandlungen

Der Betroffene hat verschiedene Möglichkeiten, auf den von ihm empfundenen Wettbewerbsverstoß zu reagieren; er hat insbesondere die Wahl, tätig zu werden oder die Sache auf sich beruhen zu lassen, also untätig zu bleiben. Für welche dieser beiden Möglichkeiten er sich entscheidet, ist vor allem davon abhängig, welcher der drei Hauptgruppen von Gläubigern — Mitbewerber, Wettbewerbsverein oder Verbraucher — er angehört.

1. Die Untätigkeit des Gläubigers und ihre Gründe

Der Gläubiger, der einen Wettbewerbsverstoß vermutet, kann aus mehreren Gründen untätig bleiben. Häufig beruht die Untätigkeit darauf, daß eine Konfliktlage im tatsächlichen Sinne nicht gegeben ist, wenn z. B. der Wettbewerbsverstoß nicht von einem unmittelbaren Mitbewerber begangen wurde und der Betroffene durch den Wettbewerbsverstoß daher Nachteile für sich nicht befürchtet. In diesem Fall gehört der potentielle Kontrahent zu keiner der oben genannten Gruppen, auch wenn er im rechtlichen Sinne Mitbewerber[1] oder Verbraucher[2] ist.

Weitere Gesichtspunkte, die den Betroffenen veranlassen können, untätig zu bleiben, auch wenn er für sich Nachteile durch die Wettbewerbshandlung befürchtet, sind

a) die Unkenntnis über die Möglichkeiten, den Konflikt zu regeln[3];

b) eine Schwellen- bzw. Kostenangst hinsichtlich der Inanspruchnahme Dritter;

c) das Vertrauen darauf, daß Dritte die Konfliktsituation ebenso empfinden wie der Betroffene und an seiner Stelle in eigenem Interesse, aber damit zugleich für den Betroffenen, tätig werden;

d) Nachteile, die sich daraus ergeben können, daß ein Mitbewerber, mit dem man in Geschäftsbeziehungen steht, ein Vorgehen als Angriff werten und mit Sanktionen beantworten könnte;

e) die Furcht vor Selbstschädigung, wenn der Betroffene selbst gleiche oder ähnliche Wettbewerbshandlungen wie den als sittenwidrig empfundenen Verstoß begeht (unclean hand).

Die zu lit. a) bis c) genannten Gründe sind vorwiegend bei der Gruppe der Verbraucher, aber auch bei den Mitbewerbern anzutreffen; die zu lit. c) und d) genannten Gründe ausschließlich bei der Gruppe der Mitbewerber. Lediglich die Angst vor der Kostentragunspflicht (lit. b) ist auch bei der dritten Gruppe, den sog. Wettbewerbsvereinen, ein möglicher Grund für ihre Untätigkeit.

Eine wettbewerbsrechtliche Besonderheit stellt der unter lit. c) genannte Grund dar. Durch Wettbewerbshandlungen sind üblicherweise eine unüberschaubare Anzahl von natürlichen und juristischen Personen betroffen und zugleich aktiv legitimiert; die Konfliktbeziehungen sind häufig — anders als dies bei nichtwettbewerbsrechtlichen Konflikten im zivilrechtlichen Bereich der Fall ist — nicht abschließend darstellbar. Zu den Aktivlegitimierten gehören nicht nur die Mitbewerber und die Verbraucher, sondern vor allem die Verbände nach § 13, Abs. 2, Ziff. 2 und 3 UWG, denen faktisch das Recht zur Popularklage zusteht. Jeder Betroffene kann daher davon ausgehen, daß ein ebenfalls Betroffener im Rahmen der Geltendmachung von Abwehransprüchen zugleich seine eigenen Rechte wahrnehmen werde. Insbesondere kann er unterstellen, daß die Wettbewerbsvereine tätig werden, da diese nicht nur ein satzungsgemäßes, sondern auch finanzielles Interesse an der Geltendmachung des Unterlassungsanspruches haben.

[1] Vgl. hierzu die umfangreiche Rechtsprechung bei Baumbach / Hefermehl, Wettbewerbsrecht, Rdnr. 11 - 19 zu § 13 UWG.

[2] Wie zuvor, Anm. zu § 13a UWG.

[3] Rehbinder, Rechtssoziologie, S. 165 f.

2. Die Aufnahme von Verhandlungen

Entschließt sich der Betroffene tätig zu werden, so wird er zuerst die aus seiner Sicht maßgeblichen Informationen zu erhalten suchen. Für jede erfolgreiche Rechtsverfolgung ist es erforderlich, die Tatsachen, also den Sachverhalt und die Rechtsgrundlagen wie z. B. die materiellen und verfahrensrechtlichen Normen, zu kennen. Der Sachverhalt ist dem Betroffenen, der sich zum Tätigwerden entschließt, meist vollständig bekannt. Insbesondere kennt er die Identität des Verletzers und die Wettbewerbshandlung; beide Tatsachen genügen, um den Sachverhalt in einer Weise darzustellen, daß sich der Anspruch aus ihm selbst heraus begründet.

Die Rechtstatsachen, die ihm Aufschluß über die Einordnung der Wettbewerbshandlung und über die Möglichkeiten, gegen den Verletzer vorzugehen, geben könnten, kann der Betroffene — wenn er sie benötigt — entweder selbst zu ermitteln suchen oder sich von Dritten mitteilen lassen. Schon in diesem Stadium begibt sich der Konflikt häufig auf eine soziologisch höhere Ebene, indem neben den eigentlichen Konfliktparteien Dritte mit einbezogen werden. Die typischen Ansprechpartner für den Betroffenen sind Rechtskundige im weiteren Sinne, d. h. Rechtsanwälte, Berufsverbände, Industrie- und Handelskammern, Handwerkskammern sowie die Wettbewerbsverbände.

Die Einbeziehung Dritter zur Durchsetzung wettbewerbsrechtlicher Ansprüche ist bei denjenigen Betroffenen zu erwarten, die nicht über eigene Rechtskenntnisse verfügen; dies sind insbesondere neben den Verbrauchern Einzelgewerbetreibende und kleinere Gesellschaften, wohingegen größere Gesellschaften und Verbände der gewerblichen Wirtschaft häufig über ausreichende eigene Rechtskenntnisse verfügen.

Im Gegensatz zu bürgerlich-rechtlichen Streitigkeiten im engeren Sinne, wie z. B. bei der Geltendmachung von Zahlungsansprüchen, werden mit der Einschaltung Dritter häufig nicht nur Außenstehende in den Konflikt einbezogen, sondern Personen, die aufgrund ihrer besonderen Rechtsstellung ebenso wie der Betroffene berechtigt sind, aus dem Wettbewerbsverstoß Ansprüche gegen den Verletzer — insbesondere Unterlassungsansprüche — herzuleiten. Zu diesen Personen gehören die nach §§ 13, 13a UWG Aktivlegitimierten, insbesondere die Berufsverbände, Kammern und die Wettbewerbsverbände, die eine besondere Bedeutung erlangt haben.

Für die Prüfung der Rechtslage bedarf es neben der Kenntnis des Sachverhaltes insbesondere der Kenntnis der Rechtstatsachen, die unzertrennlich verbunden ist mit der Unterordnung des Sachverhalts unter die in Frage kommenden Normen, die sog. Subsumtion. Eine klare Trennung zwischen Normenfindung und Subsumtion kann nicht vorgenommen werden, da die Normenfindung ohne Berücksichtigung des Sachverhaltes nicht möglich ist. In Wettbewerbsstreitigkeiten kommt der Subsumtion eine besondere Bedeutung zu, da der Gesetzestext im wesentlichen unbestimmte Rechtsbegriffe enthält[4], die ihre Konkretisierung durch die dazu bislang ergangene Rechtsprechung erfährt. Dieses dem deutschen Rechtskreis ansonsten fremde „case law“ erfordert besondere Rechtsprechungskenntnisse, um den Konfliktstoff unter die Normen einordnen zu können. Spätestens in diesem Stadium wird der Betroffene, der über eigene Rechtskenntnisse auf dem Gebiet des Wettbewerbsrechts nicht verfügt, daher Dritte zur Beratung heranziehen müssen.

Auch das Verfahrensrecht weist gegenüber allgemeinen bürgerlich-rechtlichen Streitigkeiten Besonderheiten auf, da es eine Vielzahl von Möglichkeiten gibt, wettbewerbsrechtliche Ansprüche durchzusetzen.

Bereits in diesem Stadium der Informationsfindung können die Einigungstellen angesprochen werden und zur Bereinigung der Konfliktlage beitragen. Der Betroffene wendet sich allerdings so gut wie nie unmittelbar an die Einigungsstelle, häufig aber an die Industrie- und Handelskammer, sofern er Kaufmann und somit Zwangsmitglied bei ihr ist. Wegen des Aufbaus der Industrie- und Handelskammer ist es teilweise eine Definitionsfrage, inwieweit die Behandlung der Sache bereits in diesem frühen Stadium nicht durch die Kammer, sondern durch die bei ihr eingerichtete Einigungsstelle erfolgt.

Bei Auseinandersetzungen ohne wettbewerbsrechtlichen Bezug ist es üblich, daß zwischen den Konfliktparteien Verhandlungen stattfinden, bevor Dritte zur Beilegung des Konfliktes herangezogen werden. Diese im Rechtsleben allgemein übliche Art, dem Gegner die Konfliktsituation anzuzeigen, ihm Gelegenheit zur Stellungnahme zu geben und einen Interessenausgleich anzustreben, ist im Wettbewerbsrecht selten. Der erste Kontakt erfolgt meist durch die Abmahnung, die eigentlich die letzte Stufe der Verhandlungen darstellt, da sie vom Gegner eine Unterwerfung fordert. An dieser Stelle greift das Einigungsstellenverfahren ein, das in formalisierter Form den Parteien die Möglichkeit gibt, sich über den Streitgegenstand in Gegenwart fachkundiger Personen auszusprechen. In diesem Zusammenhang ist es auch verständlich, daß der Gegner zwangsweise zur Aussprache vorgeladen werden kann, da sich der Antragsteller seinerseits — anders als gemeinhin üblich — zu einer Aussprache bereit gefunden hat.

3. Die Abmahnung

Die Abmahnung[5], die eine Aufforderung zur Unterwerfung enthält, ist üblicherweise die letzte Stufe der Verhandlungen; mit ihr wird dem Gegner unmißver-

---

[4] Vor allem § 1 UWG, der im gängigen Handkommentar von Baumbach / Hefermehl, Wettbewerbsrecht, auf insgesamt 394 Seiten erläutert wird.

[5] Vgl. Wilke, Abmahnung vor einstweiligen Verfügungen in Wettbewerbssachen, WRP 1968, 165; Pastor, Die Notwendigkeit einer Verwarnung im Wettbewerbsrecht, GRUR 1968, 177 ff.; Hiersemann, Die wettbewerbliche Abmahnung und ihre Kosten,

ständlich kundgetan, daß er letztmalig die Möglichkeit hat, den Streit außergerichtlich beizulegen. Durch die Rechtsprechung hat die Abmahnung im Wettbewerbsrecht jedoch eine eigene Qualität erhalten. Sie ist zwar nicht Prozeßvoraussetzung[6], wird aber als eigenes Rechtsinstitut angesehen. Dementsprechend häufig werden Wettbewerbskonflikte durch auf Abmahnungen hin abgegebene Unterlassungserklärungen erledigt. Die Abmahnung wird jedoch selten von einem Wettbewerber selbst vorgenommen, vielmehr schaltet er häufig Dritte, vor allem Rechtsanwälte, ein, welche die Abmahnung für ihn formulieren. Der Grund hierfür sind die hohen Anforderungen, die an eine wirksame Abmahnung gestellt werden. Der Abmahnende hat nicht nur den Sachverhalt und seine Aktivlegitimation darzulegen, er hat vielmehr auch die Wettbewerbshandlung rechtlich zu würdigen, erforderlichenfalls unter Angabe von Fundstellen. Ferner hat er die Unterlassungserklärung, die er fordert, vorzuformulieren. Die meisten Wettbewerber sind nicht von sich aus in der Lage, diese an eine Abmahnung gestellten Anforderungen zu erfüllen.

Demgegenüber sind die Voraussetzungen für die Anrufung der Einigungsstelle gering. Zwar scheinen die formalen Anforderungen, wie sie sich z. B. aus § 5 BlnDVO ergeben, hoch zu sein, wenn gefordert wird, daß der Antrag schriftlich gestellt und begründet sowie unter Bezeichnung von Beweismitteln und Beifügung von Urkunden in dreifacher Ausfertigung eingereicht werden soll. Diese Voraussetzungen sind jedoch nur scheinbar schwer zu erfüllen; tatsächlich ist lediglich erforderlich, die als unlauter empfundene Werbung anzugeben und sie (z. B. den Zeitungsausschnitt), wenn möglich, beizufügen. Zur Begründung muß der Antragsteller nur zum Ausdruck bringen, daß er die Werbung als unlauter empfindet, was aber schon durch die Anrufung der Einigungsstelle indiziert ist. Kenntnisse über die Rechtslage, die in Frage kommenden Vorschriften oder gar eine Subsumtion sind nicht erforderlich. Im übrigen wird der Vorsitzende der Einigungsstelle, wenn ein Antrag formelle Mängel aufweist, z. B. die erforderlichen Abschriften nicht beigefügt sind, den Antragsteller darauf hinweisen und ihm Gelegenheit geben, den Mangel zu beheben[7].

4. Der Antrag auf Erlaß einer einstweiligen Verfügung

Das häufigste Verfahren, gerichtlich gegen Wettbewerbsverstöße vorzugehen, ist das einstweilige Verfügungsverfahren gem. §§ 935, 940 ZPO. Insbesondere

---

NJR 1971, 777; Baumbach / Hefermehl, Wettbewerbsrecht, Rdnr. 529 zu Einl. UWG m. w. Nachw.

[6] Für den Kläger besteht nicht einmal eine Rechtspflicht, den Verletzer vor Erhebung der Unterlassungsklage zu mahnen oder zu warnen; so OLG Düsseldorf GRUR 1951, 402; OLG Frankfurt GRUR 1955, 429; OLG München WRP 1967, 69.

[7] Hammann, Die Einigungsämter, S. 32, empfiehlt von der „a limine"-Zurückweisung wenig Gebrauch zu machen, da sich ein zunächst unbegründet erscheinender Antrag in der mündlichen Verhandlung nicht selten anders ausnehmen könne.

wegen der Regelung in § 25 UWG, welche die Darlegung einer besonderen Dringlichkeit entbehrlich macht[8], sind einstweilige Verfügungen das häufigste gerichtliche Verfahren zur Durchsetzung wettbewerbsrechtlicher Ansprüche überhaupt geworden[9]. Die Möglichkeit, zu einer verbindlichen Entscheidung ohne mündliche Verhandlung zu gelangen (§§ 936, 921, Abs. 1 ZPO)[10], wird weitgehend genutzt und führt zu einer entscheidenden Beschleunigung des Verfahrens. Der Antragsteller erhält häufig binnen weniger Stunden nach Einreichung seiner Antragsschrift ohne mündliche Verhandlung einen Unterlassungstitel. Über das sog. Abschlußschreiben[11] wird, wenn sich der Antragsgegner dieser der Abmahnung ähnlichen Aufforderung unterwirft, aus dem vorläufigen (einstweiligen) ein endgültiger Titel[12]. Auf diese Art und Weise werden die meisten gerichtlich anhängigen wettbewerbsrechtlichen Konflikte beendet, soweit sich der Unterlassungsschuldner nicht bereits auf eine Abmahnung hin unterworfen hat.

Das Einigungsstellenverfahren ist mit dem einstweiligen Verfügungsverfahren nicht vergleichbar, es stellt fast das Gegenteil hierzu dar. Das erstere gibt die Möglichkeit, sich mit dem Gegner zu einer Aussprache zu treffen und die gegenseitigen Standpunkte mit dem Ziel einer einverständlichen Beilegung des Konfliktes zu erörtern; das andere ermöglicht es dem Gläubiger, den eigenen Anspruch unmittelbar und sogar ohne daß der Gegner Gelegenheit erhält seinen Rechtsstandpunkt gegenüber dem Gericht vorzutragen, durchzusetzen.

Die Vorteile, die das Verfügungsverfahren für den Betroffenen bietet, liegen auf der Hand. Er hat die Möglichkeit, in kürzester Zeit und ohne daß der Gegner sich im Regelfall rechtfertigen kann, seinen Anspruch durchzusetzen mit der Erwartung, den so erhaltenen Titel auch endgültig bewahren zu können. Auch verfahrenstechnisch ist das einstweilige Verfügungsverfahren einfach gehalten; weder bedarf es weiterer Darlegungen als für die Abmahnung, noch müssen Kosten — mit Ausnahme der möglicherweise geforderten Anwaltskosten — verauslagt werden[13]. Andererseits ist ein einstweiliges Verfügungsverfahren ohne die Einschaltung eines Rechtsanwaltes nicht denkbar, da der Streitwert grundsätzlich mindestens 10 000,– DM beträgt und das Verfahren damit in die Zuständigkeit der Landgerichte fällt.

---

[8] Vgl. Wenzel, GRUR 1959, 414; Glücklich, GRUR 1966, 301; v. Gamm, WRP 1968, 312.

[9] Vgl. die von Engelschall, GRUR 1972, 103, für Hamburg aufgestellte Statistik des Jahres 1971.

[10] Zumal der Gläubiger mit dem Hauptsachetitel meist nicht mehr erreichen kann, als mit der einstweiligen Verfügung und umgekehrt; so Lent in seiner Anmerkung zum Urteil des OLG Frankfurt vom 5. 7. 1956, NJW 1957, 595.

[11] Vgl. z. B. Pastor, Der Wettbewerbsprozeß, Kapitel 45, (S. 450 ff.) m. w. Nachw.

[12] Wie zuvor, S. 451.

[13] § 65, Abs. 7, Ziff. 4 GKG.

Für dieses in der Praxis bedeutsame Verfahren ist dem Gericht die Möglichkeit, auf einseitigen Antrag hin die Anrufung der Einigungsstelle aufzugeben, verwehrt; hier bedarf die gerichtliche Verfügung der Zustimmung des Gegners (§ 27a, Abs. 10, S. 2 UWG). Der Gesetzgeber ist anscheinend davon ausgegangen, daß das einstweilige Verfügungsverfahren wegen seiner Dringlichkeit einen Aufschub nicht duldet, der durch die Anrufung der Einigungsstelle eintreten könnte.

5. Die Erhebung der Hauptklage

Die Erhebung der Hauptklage ist jederzeit möglich; es bedarf, von der für die Kostenverteilung wichtigen Bestimmung des § 93 ZPO abgesehen, auch nicht der vorhergehenden Abmahnung des Gegners. Das Hauptverfahren wird jedoch selten, — ohne daß zuvor ein Verfügungsverfahren vorausgegangen wäre, — durchgeführt, und so gut wie nie steht das Hauptverfahren am Beginn der wettbewerbsrechtlichen Auseinandersetzung [14]. Es kommt zwar vor, daß das Verfügungs- und das Hauptsacheverfahren gleichzeitig anhängig gemacht werden; darüber, ob dies zulässig ist [15] oder aber der Hauptsacheklage das Rechtsschutzbedürfnis fehlt [16], besteht keine Einigkeit.

Die Nachteile, die das Hauptsacheverfahren gegenüber dem einstweiligen Verfügungsverfahren mit sich bringt, liegen insbesondere darin, daß die Gerichte dem Gegner die Möglichkeit geben müssen, sich zu dem Anspruch zu äußern, und dadurch, sowie durch den langen Prozeßstand, Monate vergehen können, bevor es zu einer ersten mündlichen Verhandlung bzw. einer Entscheidung des Prozeßgerichtes kommt. Da Wettbewerbshandlungen meist nur vorübergehend vorgenommen werden, ist das Hauptsacheverfahren nur bei grundlegenden Entscheidungen von Bedeutung; so kommt es nach den Feststellungen v. Falkenstein's auch nur selten vor, daß das einstweilige Verfügungsverfahren in ein Hauptsacheverfahren übergeleitet wird [17]. Meist wird auf den Widerspruch gegen den erstinstanzlichen Beschluß der Konflikt im Widerspruchsverfahren durch die Entscheidung des Oberlandesgerichts beigelegt. Der Anteil der Hauptsacheverfahren an der Gesamtzahl wettbewerbsrechtlicher Verfahren ist daher verhältnismäßig gering [18].

---

14 Ahrens, Wettbewerbsverfahrensrecht, S. 151, 153.

15 So wohl die Ansicht des BGH GRUR 1957, 506; NJW 1957, 1193.

16 So Pastor, Der Wettbewerbsprozeß, S. 499.

17 Verbraucherverbände, Rdnr. 134, wonach 89 % der Anträge auf Erlaß einer einstweiligen Verfügung erfolgreich waren und in 76 % dieser Fälle die in diesen Verfahren ergangenen Entscheidungen von den Antragsgegnern ohne weiteres akzeptiert wurden.

18 So Kisseler, WRP 1970, 43, aus den Erfahrungen der Zentrale zur Bekämpfung des unlauteren Wettbewerbs e. V.

Im Hauptverfahren besteht die Möglichkeit, daß das Gericht den Parteien gem. § 27a, Abs. 10 UWG auf einseitigen Antrag hin aufgeben kann, vor der Durchführung eines neuen Termins die Einigungsstelle zur Herbeiführung des gütlichen Ausgleichs anzurufen. Diese Möglichkeit ist in der Praxis ohne Bedeutung. Sofern Hauptsacheverfahren durchgeführt werden, scheinen die Gerichte der Ansicht zu sein, daß die Aussprache ebenso gut in der mündlichen Verhandlung stattfinden könne und es deshalb der Anrufung der Einigungsstelle nicht bedarf. Darüber hinaus gibt es auch selten Parteien, die diesen Antrag stellen; sofern dies geschieht, sind damit meist sachfremde Überlegungen, insbesondere Verschleppungsabsichten, verbunden.

II. Die Möglichkeiten zur Anrufung der Einigungsstelle

Festzuhalten bleibt, daß die Einigungsstelle grundsätzlich von den Parteien in jedem Verfahrensstadium angerufen werden kann, sogar nach Abschluß eines einstweiligen Verfügungsverfahrens, sofern der Gegner die geforderte Abschlußerklärung nicht abgibt oder aber der Unterlassungsgläubiger mit seinem Anspruch im einstweiligen Verfügungsverfahren nicht durchgedrungen ist. Zwar ist darüber hinaus normiert, daß den Parteien während eines gerichtlich anhängigen Verfahrens durch das Gericht aufgegeben werden kann, die Einigungsstelle anzurufen; von dieser Möglichkeit wird jedoch — soweit ersichtlich — nicht Gebrauch gemacht, obwohl die Einigungsstelle an die Ansicht des Gerichtes nicht gebunden ist und eine Einigung abweichend von der Ansicht des Gerichtes oder der gefestigten Rechtsprechung vorschlagen kann. In der Praxis wird das Einigungsstellenverfahren nur an Stelle des Verfügungsverfahrens oder im Vorgriff hierzu gewählt.

Fünfter Teil

Das Einigungsstellenverfahren in der Rechtswirklichkeit

I. Die Entwicklung der Einigungsstelle bis 1945

Die Bedeutung des Einigungsstellenverfahrens läßt sich besonders deutlich an der Zunahme der Einigungsämter und der entsprechenden Verfahren darstellen. Zwar ist es teilweise möglich, anhand von Veröffentlichungen Angaben über die Zahl der Einigungsämter und der durchgeführten Verfahren zu machen; diese Angaben sind jedoch unvollständig, da entweder Zahlen nicht veröffentlicht wurden oder aber die Publikationen im Laufe der Jahre verlorengegangen sind.

Naturgemäß sind die Angaben über die Entstehung der Einigungsämter als Schiedsstellen dünn gesät. Erst mit Errichtung der Einigungsämter aufgrund der Verordnung des Reichspräsidenten zum Schutze der Wirtschaft vom 9. März 1932 lassen sich Angaben hierzu finden. Da diese nicht vollständig sind und zudem nicht immer von autorisierten Stellen stammen, können die Angaben, insbesondere soweit es die Anzahl der Einigungsstellenverfahren betrifft, nur unter Vorbehalt wiedergegeben werden.

1. Die Anzahl der Einigungsämter

Inwieweit bereits im 19. Jahrhundert Schiedsstellen, die sich ausschließlich oder vorwiegend mit Wettbewerbsstreitigkeiten befaßt haben, also Rechtsvorgänger der Einigungsämter tätig waren, ist nicht mehr festzustellen. In Berlin gab es ein „freiwilliges Einigungsamt" bei den „Ältesten der Kaufmannschaft", dem Vorgänger der heutigen Industrie- und Handelskammer, seit dem 8. 10. 1910[1]. Die Gründung anderer Einigungsämter scheint erst wesentlich später[2], aber dann an vielen Orten gleichzeitig erfolgt zu sein. Bei der IHK zu Köln wurde ein Einigungsamt 1924 eingerichtet[3], im Jahr 1927 sollen bereits etwa 50 derartige Einrichtungen bestanden haben[4].

1 Korrespondenz der Ältesten der Kaufmannschaft von Berlin 1912, S. 19

2 Derenberg, MuW 1933, 177, meint, ohne dies näher auszuführen, daß die Einigungsämter „vielen Ortes schon seit etwa 1910" bestanden hätten.

3 v. Thenen, GRUR 1937, 105.

4 Ebenda.

Bis zum Ende des Jahres 1933 lassen sich für das Deutsche Reich jedoch nur 39 Einigungsämter nachweisen, die das gesamte Staatsgebiet mit Ausnahme des bayerischen Raumes abdeckten[5]; zumindest in allen übrigen Wirtschaftszentren war zu dieser Zeit ein Einigungsamt entstanden. Es ist jedoch nicht möglich, aufgrund der vorhandenen Unterlagen herauszufinden, ob diese Einigungsämter — was vermutet werden kann — bereits vorher als freiwillige Einigungsämter bzw. Schlichtungsstellen bestanden haben und als bestehende Institutionen lediglich den Industrie- und Handelskammern angegliedert wurden.

2. Die Anzahl der Einigungsstellenverfahren

Die Bedeutung der Einigungsämter ließe sich am deutlichsten an der Anzahl der Einigungsstellenverfahren und ihrer Zu- bzw. Abnahme im Laufe der Zeit erkennen. Bedingt durch eine mangelnde Aufzeichnung der Verfahren bzw. verlorengegangener Dokumentationen besteht jedoch nicht die Möglichkeit, die Entwicklung anhand sämtlicher Verfahren aufzuzeigen. Nach einer Zusammenstellung der Arbeitsergebnisse von 64 Einigungsämtern, welche die Arbeitsgemeinschaft der Industrie- und Handelskammern in Berlin 1936 angefertigt hat[6], sollen im Jahr 1934 in Deutschland insgesamt 1486 Verfahren anhängig gewesen sein, von denen 1134 (d. s. ca. 80 %) durch Vergleich beendet wurden; im Jahr 1935 sollen 1830 Verfahren anhängig gewesen sein, von denen 1436 durch Vergleich beendet wurden. Durchschnittlich entfielen dabei auf jede der (angenommenen) 39 Einigungsstellen 38 bzw. 47 Verfahren pro Jahr.

Die Einigungsstelle bei der Industrie- und Handelskammer zu Berlin bzw. ihr Vorläufer, das Einigungsamt, hatte jedoch die meisten Verfahren; für sie ergibt sich folgendes Bild:

8. 10. 1910-31. 12. 1911	—	156 „Fälle"[7]
1910	—	24 „Anzeigen"[8]
1911	—	23 „Anzeigen"[9]
1922	—	16 „Anzeigen und Anträge"[10]
1923	—	96 „Anzeigen und Anträge"[11]
1924	—	214 „Anzeigen und Anträge"[12]
1925 - „Dezember"	—	327 „Anzeigen und Anträge"[13]

5 Siehe Anhang IV.

6 Zit. bei Kriger, GRUR 1957, 197, 198.

7 Korrespondenz der Ältesten der Kaufmannschaft, Jahrgang 1912, S. 19.

8 Statistik des Einigungsamtes Berlin, Jahrgang 1911, S. 107.

9 Wie zuvor.

10 Mitteilungen der IHK in Berlin 1926, S. 3.

11 Ebenda.

12 Ebenda.

13 Ebenda.

1926		—	569 „Wettbewerbsstreitigkeiten“[14]
1927		—	707 „Wettbewerbsstreitigkeiten“[15]
1928		—	784 „Wettbewerbsstreitigkeiten“[16]
1929		—	810 „Wettbewerbsstreitigkeiten“[17]
	bzw.	—	450 „Fälle“[18]
1930		—	1090 „Wettbewerbsstreitigkeiten“[19]
1932		—	733 „Anträge“[20]
1. 1.-15. 11. 1934		—	1233 „Wettbewerbssachen“[21]
1936		—	1535 „Klagen und Beschwerden[22]

Wegen der unterschiedlichen Terminologien in den Fundstellen kann nicht mit Sicherheit festgestellt werden, ob das Einigungsamt die oben angegebenen Verfahren tatsächlich durchgeführt hat oder ob lediglich die angegebene Anzahl in Form von Anträgen vorgelegen hat[23]. Mit ziemlicher Sicherheit gibt aber die von Becher[24] für 1929 angegebene Zahl von „Fällen“ die Anzahl der durchgeführten Einigungsstellenverfahren an, da er sie näher aufschlüsselt[25].

Aufgrund der überragenden wirtschaftlichen und politischen Bedeutung der Stadt sowie aus der gesicherten Anzahl von 450 Verfahren im Jahr 1929 für das Einigungsamt kann gefolgert werden, daß ein Großteil der von der Arbeitsgemeinschaft der Industrie- und Handelskammern für die Jahre 1934 und 1935 angegebe-

---

14 Jahresbericht der IHK zu Berlin 1931, S. 58.

15 Ebenda.

16 Ebenda.

17 Ebenda.

18 Becher, Kommentar zum UWG, Einleitung, S. 14.

19 Jahresbericht der IHK zu Berlin 1931, S. 58.

20 Jahresbericht der IHK zu Berlin 1932, S. 88, 90; nach Gottschick, Wettbewerb, S. X, fielen vor 1932 bei dem Einigungsamt jährlich 1.500-2.000 „Sachen“ an, die allerdings nur teilweise zur Verhandlung kamen.

21 Jahresbericht der IHK zu Berlin 1934, S. 12.

22 Jahresbericht der IHK zu Berlin 1936, S. 66, 68.

23 Die Zahlen für die Jahre 1910 bis 1930 können sich jedoch kaum auf Anzeigen von Aus- und Räumungsverkäufen beziehen, da eine Anzeigepflicht für Aus- und Räumungsverkäufe erst mit der Einführung des § 7c UWG durch das Gesetz zur Änderung des Gesetzes gegen den unlauteren Wettbewerb vom 26. 2. 1935 vorgeschrieben worden ist; in den Jahren bis 1934 bestand eine Pflicht zur Anzeige von Ausverkäufen nicht. Die Nennung von „Anzeigen“ kann sich daher nur auf die Anzeige von Wettbewerbsverstößen beziehen; dies ist auch deshalb wahrscheinlich, weil die Einigungsämter zu dieser Zeit auch von sich aus tätig werden konnten. — Der Rückgang im Jahre 1932 um mehr als 300 „Anträge“ kann einerseits auf eine Stabilisierung der wirtschaftlichen Lage, — die bekanntlich nicht erst nach dem 31. 1. 1933 eintrat, — zurückzuführen sein oder auch darauf, daß für dieses Jahr nur die förmlichen Anträge nach § 27a UWG gezählt worden sind, nicht aber „Anzeigen“ im Sinne von Beschwerden über Wettbewerbsverstöße, wie sie möglicherweise in den Zahlen für das Jahr 1936 enthalten sind.

24 Siehe FN 18.

25 450 Fälle im Jahre 1929, davon: 32 Schiedssprüche, 45 Vergleiche, 23 Gutachten, 170 schriftliche Bescheide, 180 Klagerücknahmen oder Erledigungen durch Verhandlungen außerhalb der Einigungsverhandlung.

nen Verfahren[26] bei dem Einigungsamt bei der Industrie- und Handelskammer zu Berlin anhängig waren. Dies ist umso wahrscheinlicher, als nach Derenberg[27] z. B. in Städten wie Hamburg, München, Leipzig u. a. eine nennenswerte Tätigkeit der Einigungsämter nicht zu verzeichnen war. Für diese Zeit gibt es — ebenso wie gegenwärtig — eine Justizstatistik, der sich die Zahl der vor den ordentlichen Gerichten anhängigen Wettbewerbsstreitigkeiten entnehmen ließe, nicht, Es ist daher nicht möglich, durch einen Vergleich mit den in Berlin gerichtlich anhängigen Wettbewerbsstreitigkeiten Angaben über die Bedeutung der Verfahren mit den in Berlin gerichtlich anhängigen Wettbewerbsstreitigkeiten Angaben über die Bedeutung der Verfahren vor den Einigungsämtern zu erhalten; Anhaltspunkte lassen sich jedoch aus ihrem Erfolg und aus ihrer Anerkennung durch die mittelbar oder unmittelbar an dem Verfahren Beteiligten ableiten.

3. Die Anerkennung durch die beteiligten Verkehrs- und Rechtskreise

Die Einigungsämter sind in ihrer „vorkonstitutionellen Ära" vorwiegend als Schiedsgerichte tätig geworden; nach v. Thenen soll dies „bei vielen Einigungsämtern in 90 % aller Streitigkeiten der Fall gewesen sein"[28]. Die Parteien haben sich auf eine entsprechende Aufforderung hin in einer § 1027 ZPO genügenden Form dem Schiedsspruch des Einigungsamtes unterworfen[29]. Die Besonderheit an diesem Vorgehen ist weniger das Bestreben der Kaufmannschaft, den wettbewerbsrechtlichen Streit nicht nur gütlich im Wege der Aussprache zwischen den Parteien beilegen zu wollen, sondern einen Schiedsspruch zu erhalten; bemerkenswert ist, daß sich der überwiegende Teil der Kaufmannschaft dem Schiedsspruch der Kammer von vornherein unterworfen hat[30], obwohl eine rechtliche Verpflichtung hierzu nicht bestand. Lediglich ausnahmsweise haben sich einzelne geweigert, die Einigungsämter als Schiedsgericht anzuerkennen; diese wurden dann auch als „hartgesottene Wettbewerbssünder" bezeichnet[31]. Demgemäß wurde auch in der Literatur nach Möglichkeiten gesucht, die Kaufleute zwangsweise dem Schiedsspruch der Einigungsstelle zu unterwerfen[32].

---

26 Siehe oben bei FN 6.

27 MuW 1933, 178.

28 GRUR 1937, 108.

29 Derenberg, MuW 1933, 178.

30 v. Thenen, GRUR 1937, 108.

31 Derselbe, S. 106.

32 Die Einigungsämter sollten, auch wenn eine Schiedsgerichtsvereinbarung nicht getroffen worden war, die Befugnis haben, selbst im Falle des Ausbleibens des Beklagten einen Schiedsspruch zu erlassen, gegen den die Berufung an die Kammer für Handelssachen zulässig sein sollte (vgl. Verhandlungen des Deutschen Industrie- und Handelstages 1928, Heft 13, S. 112).

Die Einigungsstelle hat im Rahmen ihrer schiedsrichterlichen Tätigkeit nicht nur den Streitfall dadurch beigelegt, daß sie über die Unzulässigkeit der entsprechenden Handlungen entschieden und für den Fall ihrer Rechts- bzw. Sittenwidrigkeit ihre Wiederholung untersagt hat, sie hat häufig zugleich dem Wettbewerbssünder eine „Buße“ auferlegt, die an das entsprechende Einigungsamt bzw. die Industrie- und Handelskammer o. ä., zu zahlen war[33]. Diese Buße, „die im Hinblick auf eine etwaige Schädigung des Antragstellers oder des durch ihn vertretenen Kreises der Gewerbetreibenden an die IHK zur Verwendung im Standesinteresse der Kaufmannschaft zu zahlen war“[34] entspricht einer Geldstrafe, wie sie in §§ 4, 6, 8, 10, 12, 15, 17, 18, 20 UWG vorgesehen ist. Sie ist nicht zu verwechseln mit der in § 26a a. F. UWG ehemals vorgesehenen Buße, die dem Verletzten zugesprochen werden konnte. Diese stellte eine Art pauschalierten Schadensersatzes dar und nicht eine Geldstrafe, da der Verletzte neben der Bußgeldzahlung Schadensersatz nicht fordern konnte. Dagegen war die von der Einigungsstelle ausgesprochene Buße eine Strafe, da sie an einen Dritten, nämlich die Industrie- und Handelskammer zu zahlen war, die in diesem Falle der Justizkasse — bei Verurteilung zur Zahlung einer Geldstrafe — vergleichbar ist.

Eine so weitgehende Unterwerfung ohne rechtlichen Zwang deutet auf unausweichliche soziale Zwänge, insbesondere die Furcht vor Ächtung durch die Kaufmannschaft, oder auf Furcht vor gerichtlicher Auseinandersetzung hin; zumindest gibt sie einen Anhalt für die große Anerkennung der Einigungsämter durch die Kaufmannschaft.

Auch die Gerichte sollen die Schiedssprüche und Gutachten der Einigungsämter bei ihren Entscheidungen berücksichtigt haben; nach Becker[35] sollen „vielfach höchstrichterliche Entscheidungen“ hierauf beruht haben. Auch die Verfahrensbeteiligten müssen die Kompetenz der Einigungsämter hoch eingeschätzt haben; dies zeigt die hohe Einigungsquote bei den in Berlin anhängigen Verfahren; für die Zeit vor 1932 wird die Anzahl der Vergleiche mit 90 bis 95 % aller Verfahren angegeben[36]. Diese Anerkennung des Verfahrens hat schließlich zu seiner — zumindest teilweisen -Kodifizierung geführt.

Wie bereits dargestellt[37], ist das Einigungsverfahren, so wie es praktiziert worden ist, in mehreren Schritten kodifiziert worden. Diese teilweise Übernahme der Handhabung des Einigungsverfahrens zeigt zumindest seine rechtspolitische Bedeutung. Bestehende Verhältnisse werden in dieser Weise nur dann gesetzlich legitimiert, wenn sie entweder durch eine starke Lobby gestützt werden oder aber von großer praktischer Bedeutung sind. Obwohl anzunehmen ist, daß die

---

33 Vgl. Holzinger, Die Zulässigkeit von Wettbewerbshandlungen S. 156; v. Thenen, GRUR 1937, 110.

34 Derenberg MuW, 1933, S. 178.

35 BB 1950, 173.

36 Gottschick, Wettbewerb, S. X., und v. Thenen, GRUR 1937, 108.

37 Vgl. oben 1. Teil, Ziff. II.

Kaufmannschaft über eine entsprechende Lobby verfügt hat, ist zu vermuten, daß die praktische Bedeutung wesentlich stärker zur Kodifizierung des Verfahrens beigetragen hat als eine zielgerichete politische Einflußnahme. Dies läßt sich nicht nur aus der Entwicklung der Verfahren und der Zunahme der Einigungsämter selbst ablesen, sondern daran, daß das Verfahren nicht in der Weise übernommen worden ist, wie es tatsächlich, nämlich als Schieds- und Strafverfahren, praktiziert worden ist, sondern lediglich als Schiedsstelle zur Aussprache der Parteien; die vollständige Übernahme des praktischen Verfahrens als Schieds- und Strafverfahren scheiterte damals — wie heute — an der grundsätzlichen Abneigung des Gesetzgebers, außergerichtlichen Gremien rechtsprechende Gewalt zu übertragen.

II. Untersuchung der Tätigkeit der Einigungsstelle nach 1945

1. Untersuchung der Tätigkeit

Fraglich ist, welche Bedeutung die Einigungsstelle heute in der Rechtswirklichkeit hat; um dies beurteilen zu können, müßte in einer umfassenden Untersuchung das gesamte „Umfeld" erfaßt werden. Das würde eine Erhebung sämtlicher potentieller Teilnehmer des Verfahrens und sämtlicher Konfliktstoffe sowie einen Vergleich zwischen den Verfahren vor den ordentlichen Gerichten und den Einigungsstellen erfordern. Diese Untersuchungen wären darüberhinaus auf einen möglichst langen Zeitraum zu erstrecken, um nicht nur einen statischen Überblick zu ermöglichen, sondern um auch etwaige zeitliche Veränderungen zu erfassen. Dabei wären — die potentiellen Verfahrensbeteiligten betreffend — folgende Fragen zu beantworten:

Objektiv:

— Welche Verkehrskreise betreiben Werbung, unterteilt nach wirtschaftlicher Bedeutung und Werbehäufigkeit?

— Welche Wettbewerbsvereine sind über die Abmahnung von Wettbewerbsverstößen hinaus tätig?

— Welche Tatbestände sind Gegenstand von Wettbewerbsstreitigkeiten?

Subjektiv:

— Inwieweit sind die Möglichkeiten zur Beilegung von Wettbewerbsstreitigkeiten, insbesondere das Einigungsstellenverfahren, bekannt?

— Welche Faktoren sind für die Wahl einer von mehreren Möglichkeiten zur Konfliktlösung ausschlaggebend?

Für die Verfahren vor der Einigungsstelle selbst könnten folgende Daten von Bedeutung sein:

Objektiv:

— Anzahl der Verfahren

— Streitgegenstand, Streitwert, Schwierigkeit der Sach- und Rechtslage

— welche Parteien betreiben das Einigungsstellenverfahren?

— Art der Verfahrensbearbeitung

— Dauer des Verfahrens

— Kosten des Verfahrens

— Ergebnis der Verfahren

— Fortgang des Wettbewerbskonflikts nach Abschluß des Einigungsstellenverfahrens

Subjektiv:

Beurteilung des Verfahrens durch die Beteiligten, und zwar durch:

— die Parteien

— die Vorsitzenden der Einigungsstellen

— die Industrie- und Handelskammern und ihre Sachbearbeiter

— die Gerichte bzw. die Richter

Entsprechende Angaben wären ebenso für die Verfahren vor den ordentlichen Gerichten zu erheben, um eine Vergleichsmöglichkeit zwischen den Verfahren zu schaffen.

Der ideale Zeitraum, den die Untersuchung umfassen sollte, wäre die Zeit vom Beginn der ersten Einigungsstellenverfahren in Form von Schiedsgerichtsverfahren um die Jahrhundertwende bis heute. Aufgrund der Darstellung der Einigungsstelle in der älteren Literatur scheint es wahrscheinlich zu sein, daß das Verfahren nach 1945 eine erheblich geringere Bedeutung hatte als vor dem Zweiten Weltkrieg. Einschneidende Veränderungen der Gesetzeslage sind nicht erkennbar, insbesondere hat es bereits seit der Zivilprozeßordnung von 1877 das heute eindeutig bevorzugte einstweilige Verfügungsverfahren gegeben.

a) Abgrenzung des Untersuchungsgegenstandes und des Untersuchungszeitraums

Diese Arbeit muß im Hinblick auf den für „Ein-Mann-Untersuchungen" vertretbaren Aufwand auf die Erhebung eines Teiles der wünschenswerten Tatsachen beschränkt werden. Da Statistiken über das Einigungsstellenverfahren nicht oder nur sehr unzureichend vorhanden sind, war es erforderlich, die Daten selbst zu erheben und eine eigene Statistik über das Einigungsstellenverfahren zu erstellen.

Ein wesentlicher Teil der objektiven Daten über das Einigungsstellenverfahren war durch die Befragung von Industrie- und Handelskammern zu erhalten, die im wesentlichen folgende Angaben gemacht haben:

— Zahl der Verfahren

— Zahl der Rücknahmen von Anträgen

— Zahl der Einigungen

— Zahl der Anordnungen des persönlichen Erscheinens

— Zahl der begründeten Einigungsvorschläge

— Dauer der Verfahren

Diese Daten wurden für den Zeitraum von 1974 bis 1983 für sämtliche Einigungsstellen in der Bundesrepublik Deutschland erhoben. Ergänzende Daten für den Zeitraum 1984 - 1990 konnten nicht ermittelt werden. Über das Einigungsstellenverfahren werden weder von der Industrie- und Handelskammer noch von dem Bundesminister der Justiz Daten erfaßt, so daß weiteres Material für die Zeit nach 1983 nicht verfügbar ist. Die stichprobenartige Nachfrage bei den einzelnen Einigungsämtern hat jedoch eine signifikante Veränderung zu den verwendeten Daten nicht ergeben.

Einzeldaten, die nur durch ein Aktenstudium gewonnen werden konnten, insbesondere über den Streitgegenstand, Streitwert, Streitschwierigkeit der Sach- und Rechtslage, Parteien, Einschaltung Dritter, Art der Bearbeitung, Ergebnis des Verfahrens im einzelnen, Fortgang des Konflikts nach Abschluß des Einigungsstellenverfahrens sind aufgrund sämtlicher Akten der Einigungsstelle bei der Industrie- und Handelskammer zu Berlin für den Zeitraum von 1950 bis 1983 erfaßt worden[38].

Weiterhin wurden persönliche Erfahrungen des Verfassers als Referent bei der Industrie- und Handelskammer zu Berlin berücksichtigt, in der er mit Wettbewerbskonflikten zwischen den Kammermitgliedern sowie mit der Vorbereitung und Durchführung von Einigungsstellenverfahren befaßt war.

Ergänzend sind bereits vorhandene Statistiken über das Einigungsstellenverfahren sowie in der Fachliteratur veröffentlichte Erkenntnisse ausgewertet worden. Vergleichszahlen der Gerichte waren nur nach Schätzungen der Richter oder Geschäftsstellenleiter zu erhalten, da Wettbewerbsstreitigkeiten statistisch nicht gesondert erfaßt werden, zumal selbst bei den größeren Landgerichten die dort eingerichteten Spezialkammern nicht ausschließlich Wettbewerbsstreitigkeiten entscheiden.

---

[38] Weitergehenderes Material für die Zeit ab 1984 stand dem Verfasser, nachdem er die Einigungsstelle nicht mehr betreute, nicht zur Verfügung, da für die Zeit nach 1983 Angaben hierzu nicht veröffentlicht worden sind.

b) Darstellung der Untersuchungsmethode

Für die Verfahrensstatistik wurde ein Fragebogen gefertigt, der die wesentlichen Punkte enthält, die regelmäßig den Unterlagen entnommen werden können; auf die Aufnahme von Fragen, die erfahrungsgemäß nicht den Unterlagen zu entnehmen sind, wurde verzichtet[39].

Daneben wurde ein Fragebogen für die Vorsitzenden der Einigungsstelle entworfen, dessen Beantwortung Rückschlüsse ermöglichen sollte über die Einstellung der Vorsitzenden der Einigungsstelle zu dem Verfahren[40].

Ein weiterer Fragebogen wurde für die Aktenauswertung entworfen, der möglichst viele Punkte umfassen sollte. Hier wurden auch Fragen aufgenommen, für welche die Antworten nicht unbedingt den Akten zu entnehmen waren[41].

2. Durchführung der Untersuchung

Nachdem die Fragebögen über die Verfahren und die Einstellung der Vorsitzenden der Einigungsstellen sämtlichen Industrie- und Handelskammern mit Ausnahme der Industrie- und Handelskammer zu Berlin übersandt worden waren, hat der Deutsche Industrie- und Handelstag die Beantwortung des Fragebogens zum Verfahren mit der Folge befürwortet, daß ein Großteil der angeschriebenen Industrie- und Handelskammern, soweit es ihnen möglich war, die Fragen beantwortet hat. Soweit im folgenden Angaben ohne besondere Fundstellenhinweise über die Einigungsstellenverfahren gemacht werden, beruhen diese auf den eingegangenen Antworten. Wurde der Fragebogen nicht beantwortet, konnte die entsprechende Industrie- und Handelskammer aufgrund fehlender Informationen nicht berücksichtigt werden, konnten Angaben nur für Bruchteile des Untersuchungszeitraumes gemacht werden, so wurde die Einigungsstelle für den restlichen Zeitraum nicht berücksichtigt.

Der Fragebogen für die Vorsitzenden ist für sie vom DIHT beantwortet worden, nur vereinzelt haben Vorsitzende darüberhinaus selber Stellung genommen; da sich ihre Antworten im wesentlichen mit denen des DIHT decken, ist auf ihre gesonderte Auswertung verzichtet worden.

---

39 Siehe Anhang I.

40 Siehe Anhang II.

41 Siehe Anhang III.

3. Untersuchungsergebnisse

a) Die Anzahl der Einigungsstellen

Im Rahmen der Umfrage sind sämtliche 68 Industrie- und Handelskammern in der Bundesrepublik Deutschland (ohne Berlin) angeschrieben worden; die Geschäftsstellen der Kammern wurden nicht berücksichtigt. Von den 68 Industrie- und Handelskammern haben 48 auf die Umfrage geantwortet, bei 44 von ihnen sind Einigungsstellen eingerichtet[42], bei 4 von ihnen nicht.

Einige Industrie- und Handelskammern haben sich mit der Folge assoziiert, daß für zwei oder mehrere von ihnen eine Einigungsstelle eingerichtet worden ist[43].

b) Die Anzahl der Einigungsstellenverfahren

Nur wenige Einigungsstellen haben im Untersuchungszeitraum keine Verfahren durchgeführt. Dies sind die Einigungsstellen bei den Industrie- und Handelskammern Bremerhaven, mittlerer Oberrhein, Hochrhein-Bodensee und Bodensee-Oberschwaben. Einige Einigungsstellen konnten aufgrund fehlender statistischer Unterlagen entweder keine oder nur ungenaue Angaben über die Anzahl und den Ausgang der durchgeführten Verfahren machen[44].

Die Einigungsstellen haben für die Jahre 1974 bis 1983[45] über die Zahl der gestellten Anträge insgesamt folgende Angaben gemacht:

1974	291 Anträge[46]
1975	280 Anträge
1976	20 Anträge
1977	317 Anträge
1978	372 Anträge
1979	426 Anträge[47]
1980	492 Anträge
1981	577 Anträge
1982	793 Anträge[48]
1983	1003 Anträge[49]
Insgesamt	*4871 Anträge*

[42] Siehe Anhang V.

[43] Folgende Einigungsstellen sind zusammengefaßt worden: Bei der Industrie- und Handelskammer Mittlerer Neckar die Einigungsstellen für die Industrie- und Handelskammer Ost-Württemberg und die Industrie- und Handelskammer Heilbronn; bei der Einigungsstelle für die Industrie- und Handelskammer mittlerer Oberrhein die Einigungsstelle für die Industrie- und Handelskammer Nordschwarzwald; bei der Industrie- und Handelskammer Reutlingen die Einigungsstelle bei der Industrie- und Handelskammer Ulm und der Einigungsstelle der Industrie- und Handelskammer Bodensee-Oberschwaben.

[44] Vgl. die Angaben bei Anhang V.

[45] Angaben für die Zeit nach 1983 waren nicht zu erhalten.

Diese Statistik vermittelt den Anschein, als seien die Einigungsstellenverfahren in dem aufgezeigten Zeitraum von 10 Jahren erheblich angestiegen, da die Zahl der angegebenen Anträge sich 1983 gegenüber 1974 mehr als verdreifacht hat. Teilweise haben die Einigungsstellen jedoch Unterlagen nur für wenige Jahre. Da die fehlenden Angaben auch nicht durch Schätzung ergänzt werden können, ist die Statistik insoweit ungenau. Die Angaben nehmen mit den Jahren zu, so daß sich bereits hieraus eine im Laufe der Zeit ansteigende Zahl der Verfahren ergibt[50].

Zum Vergleich soll die Zahl der Verfahren vor denjenigen Einigungsstellen aufgeführt werden, welche die Zahl der Verfahren über den gesamten Untersuchungszeitraum angeben konnten. Nimmt man aus der oben genannten Statistik die Einigungsstellen heraus, die nur Angaben über einen Teil des Untersuchungszeitraumes machen konnten[51], so ergeben sich für den Untersuchungszeitraum folgende Zahlen:

1974	291 Anträge
1975	280 Anträge
1976	320 Anträge
1977	317 Anträge
1978	*370*[52] Anträge
1979	*408* Anträge
1980	*415* Anträge
1981	*512* Anträge
1982	*632* Anträge
1983[53]	*655* Anträge

46 Preibisch, Außergerichtliche Vorverfahren, S. 273, gibt allein für die Einigungsstellen in Bayern, Hessen und Frankfurt/M., Münster, Gelsenkirchen, Koblenz, Oldenburg und Stuttgart folgende Zahlen an:
1971: 413 „Fälle"
1972: 388 „Fälle"
1973: 455 „Fälle"
1974: 416 „Fälle".

47 Die Zentrale zur Bekämpfung des unlauteren Wettbewerbs hat nach ihren eigenen Angaben 1979 selbst 336 Verfahren betrieben (WRP 1980, 655).

48 Die Zentrale zur Bekämpfung des unlauteren Wettbewerbs hat nach ihren eigenen Angaben 1982 selbst bereits 596 Verfahren betrieben (WRP 1984, 449).

49 1983 hat die Zentrale 722 Verfahren betrieben (WRP 1984, 449).

50 Die weitere Entwicklung für die Zeit ab 1984 konnte nicht verfolgt werden, da hierüber keine Angaben veröffentlicht sind.

51 Es sind dies folgende Einigungsstellen bei den Industrie- und Handelskammern: Ostwestfalen zu Bielefeld ab 1978; Dillenburg ab 1979; Essen, Mühlheim an der Ruhr, Oberhausen zu Essen ab 1980; Hamburg ab 1982, Lübeck ab 1983; Osnabrück-Emsland ab 1983.

52 Die kursiv gedruckten Zahlen geben die bereinigte Anzahl der Verfahren wieder.

53 Angaben für die Jahre 1984 - 1990 waren nicht zu erhalten.

Die Einigungsstellenverfahren haben im Untersuchungszeitraum danach nahezu gleichmäßig zugenommen, und zwar insgesamt um 125 % im einzelnen:

1974 zu 1975	./. 3,8 %
1975 zu 1976	+ 14,2 %
1976 zu 1977	./. 1,0 %
1977 zu 1978	+ 16,7 %
1978 zu 1979	+ 10,2 %
1979 zu 1980	+ 1,7 %
1980 zu 1981	+ 23,3 %
1981 zu 1982	+ 23,4 %
1982 zu 1983[54]	+ 3,6 %

Im Untersuchungszeitraum gibt es danach vor allem zwei Zeitabschnitte, in denen eine erhebliche Zunahme der Einigungsstellenverfahren zu verzeichnen ist:

Von 1977 (317 Verfahren) bis 1979 (408 Verfahren) eine Zunahme von insgesamt 28,7 % und von 1980 (415 Verfahren) bis 1982 (632 Verfahren) eine Zunahme von 52,3 %. Eine eindeutige Erklärung konnte hierfür nicht gefunden werden, jeder Vergleich mit ähnlichen statistischen Steigerungsraten wäre willkürlich.

Im absoluten Vergleich sind die insgesamt für das Jahr 1983 angegebenen 1.003 Verfahren verschwindend gering im Verhältnis zu den gerichtlich anhängigen Wettbewerbsstreitigkeiten. Allein in Berlin waren im Jahre 1983 bei dem Landgericht ca. 2.100 Wettbewerbsstreitigkeiten nach dem UWG, insbesondere einstweilige Verfügungsverfahren, anhängig.

Würde man im Hinblick darauf, daß einige nicht unbedeutende Einigungsstellen Angaben zu der Zahl der Verfahren nicht gemacht haben[55], die bereinigte Zahl der angegebenen Verfahren verdoppeln und damit für das Jahr 1983 auf insgesamt ca. 2.000 Einigungsstellenverfahren insgesamt kommen, — diese Zahl dürfte jedoch zu hoch liegen[56], — so läge die Gesamtzahl der Einigungsstellenverfahren immer noch niedriger als die allein in Berlin durchgeführten Wettbewerbsstreitigkeiten, für die auch der Weg zu der Einigungsstelle gegeben gewesen wäre. Nach den Auskünften, welche die Landgerichte in Hamburg, München,

---

[54] Wie zuvor.

[55] So z. B. die Einigungsstelle bei den Industrie- und Handelskammern zu Aachen, zu Harnsberg, zu Bochum, zu Coburg, für Ostfriesland und Papenburg, südlicher Oberrhein, Friedberg, Giessen, Hanau-Gelnhausen Schlichtern, zu Kiel, zu Köln, Limburg, für die Pfalz in Ludwigshafen am Rhein, zu Münster, Offenbach am Main, Siegen, Mittlerer Neckar (Stuttgart), Schwarzwald-Baar-Heuberg.

[56] Geht man zum Zwecke der Fehlkorrektur von den Angaben des DIHT für das Jahr 1975 aus, denenzufolge anstatt der ermittelten 280 Verfahren 682 Verfahren, also 2,44 mal soviele, anhängig waren, so ergeben sich für das Jahr 1983 hochgerechnet insgesamt 1,600 (= 655 x 2,44) Verfahren. Spengler, Wettbewerb, S. 23, schätzt für das Jahr 1972 eine Anzahl von 400-600 „Streitigkeiten" vor der Einigungsstelle.

Frankfurt erteilt haben, beträgt die Zahl der dort im einstweiligen Verfügungsverfahren durchgeführten Wettbewerbsstreitigkeiten nach dem UWG allein im Jahre 1983, dem letzten Jahr, für das Zahlen für die Einigungsstelle vorliegen, jeweils über 2.000 Verfahren[57].

c) Die Verfahrensbeteiligten

(1) Antragsteller

Von besonderem Interesse für die vorliegende Untersuchung sind die Personen bzw. Institutionen, welche das Einigungsstellenverfahren aktiv betrieben haben, indem sie die Einigungsstelle anriefen (Antragsteller). Soweit sich Schwerpunkte bilden, kann daraus abgeleitet werden, welche Gruppen von Unterlassungsgläubigern eine signifikante Einigungsbereitschaft zeigen; die Möglichkeit, daß sich unter den Antragstellern auch Unterlassungsschuldner befinden können, welche die Einigungsstelle wegen eines negativen Feststellungsinteresses anrufen, kann unberücksichtigt bleiben, da nur äußerst selten so verfahren wird. Kann umgekehrt festgestellt werden, daß eine Gruppe von Unterlassungsgläubigern, die erwartungsgemäß häufig in Wettbewerbsstreitigkeiten verwickelt ist, auffällig selten die Einigungsstelle anruft, so kann darauf gefolgert werden, daß sie entweder

— das Verfahren nicht kennt

oder

— es zur Beilegung der Streitigkeiten bzw. zur Durchsetzung ihrer Interessen für ungeeignet hält.

Im wesentlichen lassen sich die potentiellen Antragsteller, d. h. diejenigen, welche die Einigungsstelle anrufen können und dürfen, in folgende Gruppen unterteilen:

— Gewerbetreibende

— Verbände, insbesondere Einzelhandelsverbände

— Wettbewerbsvereine, hierzu zählt insbesondere die Zentrale zur Bekämpfung des unlauteren Wettbewerbs e. V. in Frankfurt

— Sonstige

Diese Unterteilung entspricht derjenigen, welche der Deutsche Industrie- und Handelstag bei seiner statistischen Erfassung der Einigungsstellenverfahren für

---

57 Genauere Angaben hierzu konnten nicht ermittelt werden, da in der Justizstatistik Wettbewerbssachen als allgemeine Zivilrechtsstreitigkeiten erfaßt werden und somit eine Schätzung nur nach der Anzahl der bei den vorwiegend für Wettberwerbssachen zuständigen Kammern durchgeführten Verfahren möglich war.

die Jahre 1957[58], 1958[59] und 1975[60] vorgenommen hat. Aus diesen Umfragen ergeben sich bundesweit für die Einigungsstellenverfahren folgende Angaben über die Antragsteller:

Anzahl der Verfahren	Antragsteller	Prozentsatz
61	Gewerbetreibende	15,4 %
195	Verbände, insbesondere Einzelhandelsverbände	49,4 %
84	Zentrale	21,3 %
52	„Sonstige“	13,2 %

Für drei Einigungsstellenverfahren fehlen die Angaben.

Für das Jahr 1958 liegen für 432 Verfahren, die bei 45 Einigungsstellen bzw. freiwilligen Einigungsämtern anhängig waren, folgende Angaben vor:

Anzahl der Verfahren	Antragsteller	Prozentsatz
78	Gewerbetreibende	18,0 %
182	Verbände, insbesondere Einzelhandelsverbände	42,1 %
77	Zentrale	17,8 %
91	„Sonstige“	21,1 %

Für vier Einigungsstellenverfahren fehlen die Angaben.

Für das Jahr 1975 liegen für 682 Verfahren folgende Angaben vor:

Anzahl der Verfahren	Antragsteller	Prozentsatz
51	Gewerbetreibende	7,5 %
346	Verbände, insbesondere Einzelhandelsverbände	50,7 %
210	Zentrale bzw. deren Vertragsanwälte	30,8 %
74	„Sonstige Wettbewerbsvereine“	10,9 %
1	Industrie- und Handelskammer	0,1 %

Anzumerken ist hierzu, daß die Industrie- und Handelskammer in 167 Verfahren die Zentrale zur Aufnahme des Verfahrens veranlaßt hat und daher als mittelbarer Antragsteller aufgetreten ist.

---

58 Unveröffentlichte Statistik des Deutschen Industrie- und Handelstages für die Jahre 1957 und 1958 aufgrund einer Umfrage bei den Industrie- und Handelskammern vom 16. 3. 1959.

59 Ebenda.

60 Angaben des Deutschen Industrie- und Handelstages gegenüber dem Max-Planck-Institut für ausländisches und internationales Patent-, Urheber- und Wettbewerbsrecht vom 8. 6. 1976, auszugsweise veröffentlicht in Falkenstein, Die Bekämpfung unlauterer Geschäftspraktiken durch die Verbraucherverbände, Rdnr. 212 ff.

Bei den 38 Verfahren, die in dem Zeitraum von 1962 bis 1983[61] in Berlin anhängig waren, ergibt sich bei der gleichen Aufteilung folgendes Bild:

Anzahl der Verfahren	Antragsteller	Prozentsatz
10	Gewerbetreibende	26,3 %
0	Verbände, insbesondere Einzelhandelsverbände	0,0 %
26	Zentrale	68,4 %
2	„Sonstige Wettbewerbsvereine"	5,3 %

Diese Großgruppen unterteilen sich wie folgt:

Von den 10 Gewerbetreibenden, die als Antragsteller auftraten, gehörten 7 dem Bereich des Einzelhandel, zwei dem Bereich Dienstleistung und einer der Industrie an.

Die Antragsteller gehörten folgenden Branchen an:

Branche	Zahl der Antragstellung
Teppich	1
Bekleidung	2
Möbel	2
Kräuterhaus	1
Parfümerie	1
Einzelhandel gesamt	7
Anlagefirma	1
Fotograf	1
Dienstleistung gesamt	2
Maschinenbau	1
Industrie gesamt	1
Gewerbetreibende gesamt	10

Bei den bundesweiten Angaben des DIHT läßt sich, vergleicht man die Zahlen für 1957 und 1958, mit den Zahlen für 1975 eine Verlagerung von den Gewerbetreibenden als Antragsteller auf die Verbände und Wettbewerbsvereine feststellen. Während sich der Anteil der Gewerbetreibenden an der Gesamtheit der Antragsteller um mehr als die Hälfte verringert hat (von 15,4 % bzw. 18 % auf 7,5 %) hat sich der Anteil der Verbände und Wettbewerbsvereine an der Gesamtheit

61 Für die Zeit ab 1984 waren Zahlen nicht zu ermitteln.

der Antragsteller von 70,7 % im Jahre 1957 bzw. 59,9 % im Jahre 1958 auf 92,4 % im Jahre 1975 erhöht.

Die für die Jahre 1962 bis 1983 bei der Einigungsstelle Berlin ermittelten Zahlen weisen demgegenüber einen größeren Anteil von Gewerbetreibenden (23,7 %) an der Gesamtzahl der Antragsteller auf, während der Anteil der Wettbewerbsvereine (Zentrale und andere) mit 73,7 % in etwa dem Durchschnittswert der für die Jahre 1958 und 1975 bundesweit ermittelten Zahlen entspricht. Diese Abweichung läßt sich insbesondere daraus erklären, daß Einzelhandels- und Unternehmensverbände vor der Einigungsstelle bei der Industrie- und Handelskammer zu Berlin nicht als Antragsteller aufgetreten sind.

(2) Antragsgegner

Über die Antragsgegner in Einigungsstellenverfahren liegen bislang Statistiken nicht vor. Lediglich über die Antragsgegner in Verfahren auf Erlaß einer einstweiligen Verfügung gibt es die Untersuchung von Falkenstein[62], die sich jedoch einseitig auf die Verfahren bezieht, die von Verbraucherschutzbänden i. S. v. § 13, Abs. 2, Ziff. 3 UWG angestrengt worden sind. Die folgenden Angaben beruhen daher auf der Auswertung der in Berlin anhängig gewesenen Einigungsstellenverfahren:

Für die 38 Verfahren in der Zeit von 1962 bis 1983 sind folgende Gruppen von Antragsgegnern verzeichnet.

Anzahl der Verfahren	Antragsgegner	Prozentsatz
33	Einzelhandel	26,3 %
2	Dienstleistung	0,0 %
1	Industrie	68,4 %
2	Wettbewerbsvereine	5,3 %

Der Einzelhandel ist danach überproportional gegenüber der Industrie und dem Dienstleistungsbereich auf der Antragsgegnerseite vertreten. Auffällig ist, daß in zwei Verfahren auch Wettbewerbsvereine als Antragsgegner auftreten; in den beiden Fällen, in denen Gewerbetreibende aus einem negativen Feststellungsinteresse heraus die Einigungsstelle angerufen haben, sollte nicht nur geklärt werden, daß die von den Wettbewerbsvereinen beanstandete Werbung nicht unlauter ist, sondern daß die Wettbewerbsvereine nicht über die Aktivlegitimation gem. § 13, Abs. 2, Ziff. 3 UWG verfügen.

Untersucht man die auf der Antragsgegnerseite Beteiligten nach Branchen, so ergibt sich folgendes Bild:

---

62 Die Bekämpfung unlauterer Geschäftspraktiken durch die Verbaucherverbände, Tabelle 11, S. 124.

Branche der Antragsgegner	Zahl der Verfahren	Prozentsatz
Auto	4	12,1 %
Teppich	3	9,1 %
Bekleidung	9	27,3 %
Möbel	3	9,1 %
Elektro / Elektronik	2	6,1 %
Warenhaus	2	6,1 %
Parfümerie / Drogerie	3	9,1 %
Lebensmittel	5	15,1 %
Maschinen	1	3,0 %
Kräuterhaus	1	3,0 %
Einzelhandel insgesamt	33	100,0 %

Besondere Schwerpunkte weisen hier die Branchen Bekleidungs-, Lebensmittel- und Autohandel auf, gefolgt von dem Möbelhandel und den Parfümerien bzw. Drogerien. Die Warenhäuser sind dagegen im Verhältnis zu dem von ihnen im Einzelhandel getätigten Umsatz mit 6,1 % unterrepräsentiert. Dies mag darauf zurückzuführen sein, daß die Warenhauskonzerne über eigene Rechtsabteilungen verfügen, welche die Werbung der einzelnen Warenhäuser rechtlich überprüfen.

Aus dem Dienstleistungsbereich verteilen sich die Antragsgegner auf zwei Branchen:

Branche der Antragsgegner	Zahl der Verfahren	Prozentsatz
Immobilienmakler	1	50 %
Fotograf	1	50 %
Dienstleistungen insgesamt	2	100 %

Die von Falkenstein untersuchten Verfahren, in denen Verbraucherschutzvereine Unterlassungsansprüche im einstweiligen Verfügungsverfahren geltend gemacht haben[63], haben dagegen völlig andere Schwerpunkte. Die auf der Antragsgegnerseite im Einigungsstellenverfahren besonders stark vertretenen Branchen, wie z. B. der Bekleidungs-, Lebensmittel- und Teppichhandel, sind dort überhaupt nicht vertreten. Besonders häufig treten als Antragsgegner in diesen Verfahren dafür Branchen auf, die im Einigungsstellenverfahren überhaupt nicht in Erscheinung treten, nämlich

— Abonnementwerber mit 10,4 % an sämtlichen Verfahren

— Buchklub- und Buchversandhandel mit 16 % an sämtlichen Verfahren.

63 Die Bekämpfung unlauterer Geschäftspraktiken durch die Verbaucherverbände, Tabelle 12, S. 126.

Nahezu gleich stark vertreten sind in beiden Untersuchungen Möbel- und Elektrohandel sowie Parfümerien / Drogerien.

Unterrepräsentiert ist bei den von den Verbraucherschutzvereinen angestrengten einstweiligen Verfügungsverfahren der Autohandel mit weniger als 1 % an sämtlichen Verfahren, der mit mehr als 10,5 % in sämtlichen Einigungsstellenverfahren um ein Zehnfaches häufiger auf der Antragsgegnerseite auftritt.

(3) Parteivertreter[64]

Die Parteien des Einigungsstellenverfahrens sind selbst postulationsfähig. Sie können sich jedoch durch jede prozeßfähige, d. h. geschäftsfähige Person, insbesondere aber durch Rechtsanwälte oder -beistände, vertreten lassen. Die Vertretung der Parteien durch Verfahrensbevollmächtigte, die nicht Rechtsanwälte sind, ist nur in den Fällen anzutreffen, in denen Angestellte — meist leitende Angestellte — eines Unternehmens für dieses an der Verhandlung teilnehmen. Im übrigen werden die Parteien sowohl im schriftlichen Vorverfahren als auch während der Aussprache, d. h. der mündlichen Verhandlung, überwiegend durch Rechtsanwälte und nur in wenigen Fällen durch Rechtsbeistände vertreten.

Die sog. Wettbewerbsvereine werden fast immer durch Juristen, insbesondere Rechtsanwälte, vertreten. In nicht wenigen Fällen ist der Vorstand dieser Vereine bzw. der örtliche Geschäftsführer ein Rechtsanwalt. Die nicht nur in Berlin sehr häufig als Antragstellerin auftretende Zentrale zur Bekämpfung des unlauteren Wettbewerbs e. V. ist hier grundsätzlich durch ihren Geschäftsführer vertreten worden. Die anderen Wettbewerbsvereine waren in diesen Verfahren meist durch einen beauftragten Rechtsanwalt als Verfahrensbevollmächtigten vertreten.

Die Antragsteller sind auch, soweit es sich nicht um Wettbewerbsvereine gehandelt hat, fast ausschließlich anwaltlich vertreten worden. In den 38 Fällen, die in dieser Hinsicht näher untersucht werden konnten, fand sich nur ein einziger Fall, in dem ein Antragsteller nicht anwaltlich vertreten war; dies entspricht bei 11 Antragstellern, die nicht zu den Wettbewerbsvereinen zählen, einem Anteil von über 90 % der anwaltlich vertretenen Antragsteller im Verhältnis zur Gesamtzahl der Antragsteller aus dem Bereich der Gewerbetreibenden.

Die Antragsgegner haben sich wesentlich weniger häufig anwaltlich vertreten lassen. Nur in 14 von 38 Verfahren, das entspricht etwa 36 % aller Verfahren, waren die Antragsgegner anwaltlich vertreten; nimmt man auch hier die beiden Fälle heraus, in denen sich das Verfahren gegen Wettbewerbsvereine gerichtet

---

[64] Die Angaben beruhen auf den Einzelheiten enthaltenden 38 untersuchten Verfahrensakten von Einigungsstellenverfahren vor der Einigungsstelle bei der Industrie- und Handelskammer zu Berlin.

hat, so verringert sich der Anteil der auf der Antragsgegnerseite anwaltlich vertretenen Gewerbetreibenden auf 31,5 %. Lediglich in 5 Verfahren waren beide Seiten Gewerbetreibende anwaltlich vertreten; in keinem Fall ist das Verfahren von 2 Gewerbetreibenden durchgeführt worden, ohne daß wenigstens einer von ihnen anwaltlich vertreten gewesen ist.

Als Ergebnis läßt sich feststellen, daß das Einigungsstellenverfahren nicht von den Gewerbetreibenden selbst durchgeführt wird, sondern daß sie sich ebenso wie in den gerichtlichen Verfahren anwaltlicher Hilfe bedienen. Damit bleibt ein wesentlicher Vorteil des Einigungsstellenverfahrens ungenutzt, nämlich die Möglichkeit, ohne fremde — und damit kostspielige — Hilfe wettbewerbliche Streitigkeiten innerhalb der Kaufmannschaft mit dem Ziel einer gütlichen Beilegung auszutragen. Lediglich auf Seiten der Antragsgegner wird die Möglichkeit genutzt, das Verfahren dadurch kostengünstig zu gestalten, daß anwaltliche Hilfe nicht in Anspruch genommen wird; auch dies erfolgt jedoch nur in ca. 60 % aller Fälle.

Inwieweit sich die Einschaltung von Rechtsanwälten auf das Verfahren im übrigen auswirkt, läßt sich anhand des Zahlenmaterials nicht feststellen; dies ist darauf zurückzuführen, daß bei den untersuchten Verfahren nur in einem Fall der gewerbetreibende Antragsteller nicht anwaltlich vertreten war, so daß nicht genügend Vergleichsmaterial vorliegt, um festzustellen, ob eine größere Vergleichsbereitschaft dann vorhanden war, wenn die Parteien nicht anwaltlich vertreten waren.

(4) Mitglieder der Einigungsstellen

a) Die Vorsitzenden

Die Vorsitzenden der Einigungsstellen sind häufig Rechtsanwälte und ehemalige Richter aus dem Bezirk der jeweiligen Industrie- und Handelskammern; teilweise werden sie auch von Geschäftsführern oder anderen Mitgliedern der Kammern gestellt.

b) Die Beisitzer

Als Beisitzer werden aus der Anzahl der zur Verfügung stehenden Personen für den jeweiligen Streitfall gerne diejenigen bestimmt, die aufgrund ihrer Erfahrungen in anderen Verfahren über eine besondere Sachkunde verfügen; zuweilen werden sie auch unter Berücksichtigung des Streitgegenstandes wegen ihrer besonderen Sachnähe oder -kenntnis ausgewählt.

c) Die Sachbearbeiter der Industrie- und Handelskammern

Den Mitarbeitern der Industrie- und Handelskammern obliegt es, das Einigungsstellenverfahren vorzubereiten und die Aufgaben einer Geschäftsstelle wahrzunehmen. Da bei ihnen nicht nur die Anträge eingehen, sondern auch die allgemeinen und die das Verfahren betreffenden Anfragen, haben sie erheblichen Einfluß auf den Geschäftsanfall der Einigungsstelle. Sie können durch eine frühzeitige Beratung, die zu dem Aufgabenbereich der Kammer gehört, bereits im Vorfeld jeder Auseinandersetzung streitbeilegend tätig sein. Es steht aber auch in ihrem Ermessen, im Falle einer unvermeidbaren Auseinandersetzung die Anrufung der Einigungsstelle zu empfehlen oder aber Dritte, wie z. B. die Zentrale zur Bekämpfung des unlauteren Wettbewerbs, einzuschalten.

d) Streitgegenstand

Gegenstand des Einigungsstellenverfahrens können gem. § 27a, Abs. 3 UWG sämtliche Streitigkeiten aus §§ 13 und 13a UWG sowie aus dem Rabattgesetz und der Zugabeverordnung sein. Die folgende Darstellung entstand aus der Auswertung von 38 Verfahrensakten der Einigungsstelle bei der Industrie- und Handelskammer zu Berlin.

Insgesamt wurde die Einigungsstelle wegen 43 Streitgegenständen angerufen; ihre Anzahl übersteigt die Zahl der Einigungsstellenverfahren, da in einigen Fällen eine Wettbewerbshandlung mehrere Wettbewerbsregeln zugleich verletzte oder aber in einem Verfahren mehrere Wettbewerbsverstöße zugleich vor die Einigungsstelle gebracht wurden.

Anzahl der Verfahren	Streitgegenstand	Prozentsatz
5	§ 1 UWG	11,6 %
14	§ 3 UWG	32,6 %
6	Sonderveranstaltung	14 %
8	Karenzzeit	18,6 %
1	Abwerben	2,3 %
3	Preisangabenverordnung	7 %
2	Rabattgesetz	4,6 %
2	Zugabeverordnung	4,6 %
1	§ 16 UWG	2,3 %
1	Aktivlegitimation	2,3 %
43	(gerundet)	100,0 %

Die Verfahren, in denen Unterlassungsansprüche nach §§ 1 und 3 UWG Gegenstand des Verfahrens gewesen sind, lassen sich wie folgt unterteilen:

§ 1 UWG:

1 × Ausübung eines psychischen Kaufzwanges

1 × unzulässiger Firmengebrauch

1 × Anlehnung an eine fremde Marke

§ 3 UWG:

2 × Vorratshaltung bei Sonderangeboten

1 × Täuschung über Herstellereigenschaft

5 × Alleinstellungswerbung

1 × Lockvogelangebot

1 × Täuschung über Preisgestaltung

1 × Verwechslungsgefahr

Die meisten Fälle waren einfach gelagert und hätten in einem einstweiligen Verfügungsverfahren ohne mündliche Verhandlung zu einem Untersagungsbeschluß gegenüber dem Werbenden geführt. Lediglich in einem Verfahren, in dem ein Unterlassungsanspruch nach § 1 UWG geltend gemacht worden ist (Abwerben — Verleiten zum Vertragsbruch), wurde ein Unterlassungsanspruch geltend gemacht, durch den nicht das Allgemeininteresse berührt war und in dem ein echter Vergleich möglich gewesen wäre. In allen anderen Fällen sind Unterlassungsansprüche verfolgt worden, die nicht nur dem Antragsteller, sondern einer Vielzahl von Mitbewerbern und den sog. Wettbewerbsvereinen zugestanden hätten.

Der Schwerpunkt der Verfahren behandelte Verstöße gegen § 3 UWG (32,6 %), gefolgt von Verstößen gegen die sog. Karenzzeit (18,5 %). Erst an dritter Stelle liegen mit 11,6 % die Ansprüche wegen Verstößen gegen § 1 UWG. Diese Zahlen entsprechen in etwa den von der Zentrale zur Bekämpfung des unlauteren Wettbewerbs im Untersuchungszeitraum[65] verfolgten Verstößen, wonach die einzelnen Verstöße betrafen:

[65] Für die folgenden Jahre ist die Entwicklung gleichbleibend, d. h., daß auch im Bereich der von der Zentrale zur Bekämpfung des unlauteren Wettbewerbsverfolgten Verstöße eine maßgebliche Veränderung nicht eingetreten ist:

	1984	1985	1986	1987	1988
§ 1 UWG	17,8 %	16,8 %	17,8 %	18,5 %	22,2 %
§ 3 UWG	34,3 %	31,9 %	30,8 %	40,1 %	32,5 %
Sonderveranstaltung	33,0 %	38,1 %	36,5 %	27,0 %	31,4 %
RabattG	5,9 %	5,6 %	5,6 %	5,3 %	4,8 %
(WRP 1985 455; 86, 441; 87, 515; 88, 407; 89, 429)					

	1979[66]	1980[67]	1981[68]	1982[69]	1983[70]
§ 1 UWG	24,0 %	o. A.	21,0 %	17,1 %	18,5 %
§ 3 UWG	29,0 %	31,0 %	33,0 %	34,6 %	31,5 %
Sonderveranstaltung	35,0 %	o. A.	35,0 %	35,0 %	35,0 %
RabattG	o. A.	o. A.	4,5 %	5,4 %	4,6 %

e) Verfahrensergebnisse

(1) Einigungen

Für die Bedeutung der Einigungsstelle ist vor allem ihre Erfolgsquote ausschlaggebend; sie ist in erster Linie durch das Verhältnis der Anträge zu den erzielten Einigungen bzw. Vergleichen zu ermitteln. Zur besseren Verdeutlichung ist dieses Verhältnis grafisch dargestellt worden, wobei die Summe aus Einigungen und Rücknahmen als Erledigungen dargestellt ist[71].

(a) Die Anzahl der Einigungen

Die Erledigungsquote von durchschnittlich über 80 % ist im Verhältnis zur Anzahl der vor den Landgerichten geschlossenen Vergleiche mit durchschnittlich 18 %[72] relativ hoch. Es darf aber nicht unberücksichtigt bleiben, daß in den gerichtlichen Vergleichszahlen Anerkenntnisse, Rücknahmen und Erledigungen nicht enthalten sind; sie sind daher, um einen vergleichbaren Wert zu erhalten, hinzuzuzählen. Andererseits können die Vergleichsquoten nur bedingt einander gegenübergestellt werden, da die Vergleich vor den Landgerichten nur „gewöhnliche Prozesse" betreffen[73].

Bei einigen Einigungsstellen, wie z. B. Reutlingen, Wuppertal-Solingen-Remscheid, Würzburg-Schweinfurt, haben sich sämtliche Verfahren durch Einigungen erledigt; diese sind daher mit den Vergleichszahlen für die ordentlichen Gerichte vergleichbar.

66 WRP 1980, 655.
67 WRP 1983, 720 f.
68 Wie zuvor.
69 WRP 1984, 484 f.
70 Wie zuvor.
71 Siehe Seite 97.
72 BMJ, Der Prozeßvergleich, Tabelle 2c, S. 284.
73 Wie zuvor.

Verhältnis: Erledigung an Anträgen zu Einigungen und Rücknahmen an Anträgen

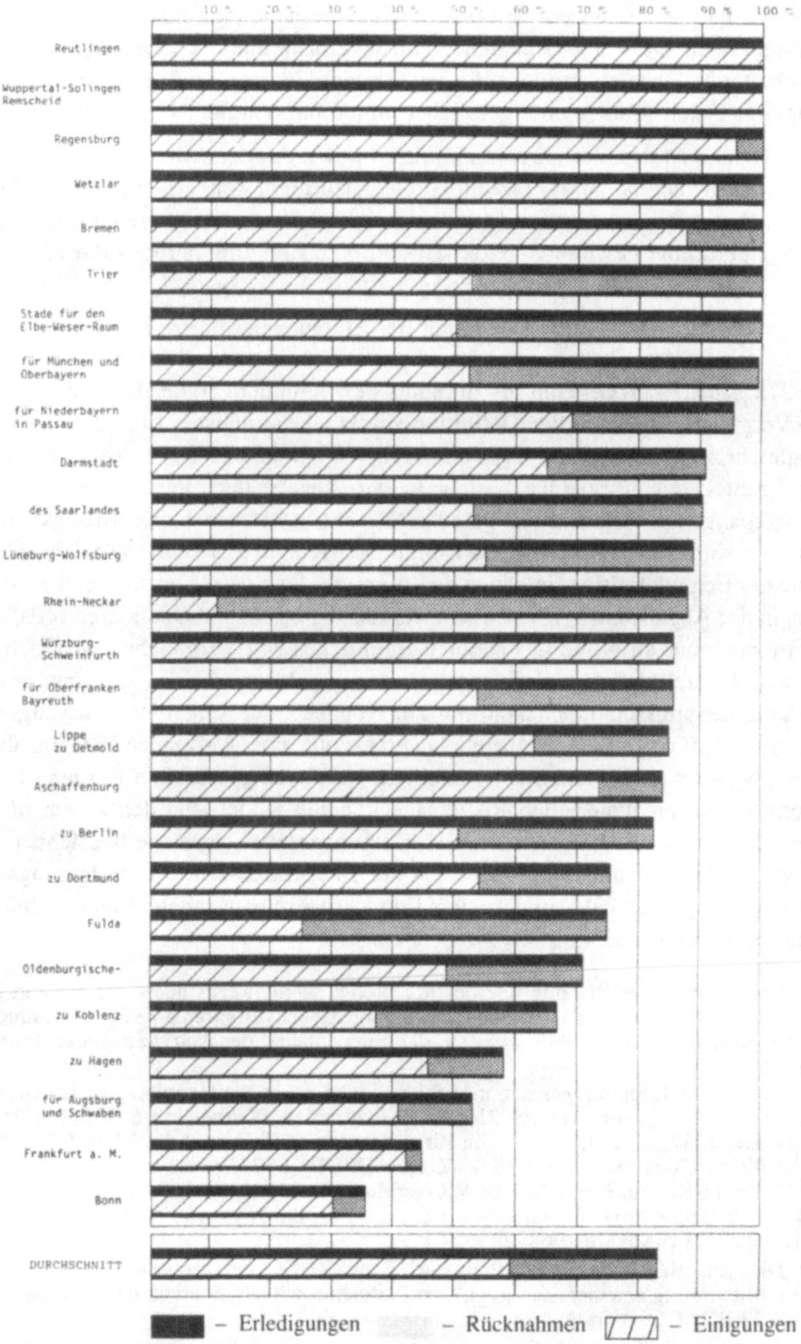

Im Durchschnitt sind von den 3.462 insgesamt ausgewerteten Verfahren 1.868, das sind nahezu 54 %[74], durch Einigungen erledigt worden[75]. Auch diese Zahl ist im Verhältnis zu den vor den ordentlichen Gerichten geschlossenen Vergleichen sehr hoch. Dies ist jedoch nicht allein auf eine besonders hohe Vergleichsbereitschaft der Parteien zurückzuführen, sondern darauf, daß es sich bei den Einigungen nicht immer im eigentlichen Sinne um Vergleiche handelt.

Im übrigen ist das Verfahren zumindest für den Antragsteller freiwillig, da er nicht verpflichtet ist, die Einigungsstelle anzurufen, sondern unmittelbar die ordentlichen Gerichte anrufen kann; es kann daher unterstellt werden, daß der Antragsteller eine gewisse Bereitschaft hat, eine Einigung herbeizuführen.

(b) Der Inhalt der Einigungen

§ 27a, Abs. 7 UWG nennt als Ergebnis der Bemühungen der Einigungsstelle den Vergleich. Im Sinne der Definition sind aber die meisten Einigungen nicht Vergleiche, d. h. ein beiderseitiges Nachgeben im Sinne von § 779, Abs. 1 BGB[76]. Der Großteil der Vergleiche besteht in der Abgabe der meist schon mit der vorangegangenen Abmahnung geforderten strafbewehrten Unterlassungserklärung. So waren in Berlin von 24 Einigungen lediglich 6 echte Vergleiche im Sinne der Legaldefinition, in denen eine Vereinbarung getroffen wurde, die nicht (nur) in der Abgabe einer Unterlassungserklärung bestand. Auch in diesen Fällen kann jedoch nur aufgrund des äußeren Eindruckes von Vergleichen gesprochen werden, da nach der Aktenlage nicht eindeutig geklärt werden kann, inwieweit der Unterlassungsschuldner nicht nur zur Abgabe einer reinen Unterlassungserklärung verpflichtet war. Hatte er Anspruch auf eine Aufbrauchfrist, die ihm auch gewährt wurde, kann nicht von einem Vergleich gesprochen werden; diese Feinheiten in der materiellen Rechtslage konnten jedoch aus den Akten nicht ermittelt werden. Deshalb werden alle Einigungen als Vergleiche bezeichnet, in denen der Unterlassungsschuldner nicht nur eine strafbewehrte Unterlassungserklärung abgegeben hat, sondern wo ihm darüberhinaus auch Zugeständnisse gemacht worden sind.

---

[74] Die Zentrale zur Bekämpfung des unlauteren Wettbewerbs nennt für die von ihr in den jahren 1982 und 1983 betriebenen Einigungsstellenverfahren eine Einigungsquote von ca. 80 % (WRP 1984, 449), was auf die hohe Qualität der Anträge zurückzuführen sein dürfte.

[75] Die in der Literatur genannten Zahlen liegen sogar weit darüber; es geben an: Spengler / Weber, Wettbewerb, S. 23 = 90 %; Gottschick, Wettbewerb, S. X und v. Thenen GRUR 1937, 105, 108 für Berlin für die jahre vor 1932 = 95 %; Klein DB 1953, S. 503 für die Jahre 1932-43 = 75 %; Krüger GRUR 1957, 197 f. für das Jahr 1934 = 890 %; Preibisch, Außergerichtliche Vorverfahren, S. 251 ff. für Bayern und Frankfurt a. M. für die jahre 1968-74 = 75 %; für Stuttgart für die Jahre 1969-74 = 64,8 % und für Koblenz für die Jahre 1968-74 = 88,4 %.

[76] Dies entspricht auch der Regelung nach § 65 BRAGO, derzufolge der Rechtsanwalt für die Mitwirkung an einer „Einigung" der Parteien eine Gebühr erhält und eine Gebühr gem. § 23 BRAGO (Vergleichsgebühr) nicht entsteht.

Die sechs geschlossenen Vergleiche haben folgenden Inhalt:

- — Zweimal verzichtete der Antragsteller auf Schadensersatzansprüche;
- — in einem Fall wurde die Größe von Preisschildern und deren Farbe während der sog. Karenzzeit vereinbart;
- — in einem Fall wurde dem Antragsgegner für die unzulässige Werbung eine Aufbrauchsfrist gewährt;
- — in einem Fall fand eine Einigung über die Änderung der beanstandeten Werbung statt und
- — in einem Fall bestand der Vergleich darin, daß der Antragsgegner von zwei beanstandeten Werbungen hinsichtlich der einen eine Unterlassungserklärung abgab, während ihm der Antragsteller die andere Werbung gestattete.

(2) Rücknahmen

Das Einigungsstellenverfahren kann sich außer durch Einigungen insbesondere durch die Rücknahme des Antrages erledigen. Wie bereits oben angeführt, kann auch die Rücknahme des Antrages auf eine Einigung der Parteien zurückzuführen sein; dies ist jedoch statistisch nicht zu erfassen, da die Einigungsstellen den Grund für die Rücknahme des Antrages nicht vermerken.

(a) Die Anzahl der Rücknahmen

Der Anteil der Rücknahmen an der Zahl der Erledigungen insgesamt schwankt von 0-93 % und liegt im Durchschnitt bei 34 %. Ein Schwerpunkt bzw. eine einheitliche Größe ist nicht zu erkennen, da auch bei den größeren Einigungsstellen das Verhältnis der Rücknahmen zu den Einigungen erheblich schwankt. So beträgt der Anteil der Rücknahmen an sämtlichen Erledigungen und an der Gesamtheit der gestellten Anträge:

	Erledigungen	Anträge
Bonn (202 Verfahren)	15,3 %	35,6 %
Dortmund (218 Verfahren)	28,5 %	21,6 %
Frankfurt/M. (492 Verfahren)	7,3 %	3,2 %
Lüneburg-Wolfsburg (524 Verfahren)	38,5 %	34,4 %
München (951 Verfahren)	47,8 %	47,7 %
Niederbayern/Passau (246 Verfahren)	30,6 %	29,2 %

Besonders aus dem Rahmen fallen die Einigungsstellen Reutlingen, Würzburg-Schweinfurt und Wuppertal-Solingen-Remscheid, bei denen sämtliche Verfahren ohne Rücknahmen, d. h. allein durch Einigungen erledigt worden sind, und auf der anderen Seite die Einigungsstelle Rhein-Neckar mit einer Rücknahmequote von 93,3 % an der Gesamtheit der Erledigungen.

In der Literatur lassen sich hierzu kaum Angaben finden. Lediglich Preibisch hat Zahlen ermittelt, und zwar für die Einigungsstelle Stuttgart für die Jahre 1969 bis 1974 mit durchschnittlich 11,3 % (0-50 %) und für Koblenz für die Jahre 1968 bis 1974 mit durchschnittlich 7 % (0-14 %) Rücknahmen an der Gesamtheit der Anträge[77].

(b) Die Gründe für die Rücknahme der Anträge

Problematisch ist die Gewichtung bzw. Einordnung der Rücknahmen, da die Rücknahme des Antrages auf Durchführung des Einigungsstellenverfahrens mehrere Gründe haben kann. Einerseits kann die Rücknahme als Erfolg im Sinne einer Einigung zu werten sein, wenn die Rücknahme des Antrages darauf beruht, daß der Antragsteller aufgrund der Einigungsstellenverhandlung eingesehen hat, daß er Unterlassungsansprüche nicht geltend machen kann. Andererseits kann sich der Antrag dadurch „erledigt" haben, daß gleichzeitig ein einstweiliges Verfügungsverfahren durchgeführt wurde und zur Entscheidung gelangt ist, die Wiederholungsgefahr durch Abgabe einer strafbewehrten Unterlassungserklärung gegenüber Dritten entfallen ist oder das Wettbewerbsverhältnis geendet hat. In den meisten Fällen ist jedoch, wie Befragungen ergeben haben, die Rücknahme darauf zurückzuführen, daß er einen Unterlassungsanspruch nicht hat; die Rücknahmen können daher so gewichtet werden, daß 90 % als auf die Tätigkeit der Einigungsstelle zurückzuführende Erledigungen angesehen werden können.

Dementsprechend ergibt sich bei der Auswertung der in Berlin anhängigen Verfahren folgendes:

Die Zahl der echten Rücknahmen, also derjenigen, die darauf beruhen, daß der Antragsteller glaubt, er könne eine Einigung aus formellen oder materiellen Gründen nicht erzielen, ist gering. Von den 10 Rücknahmen in Berlin beruhen vier auf einer Erledigung vor der mündlichen Verhandlung durch Abgabe der strafbewehrten Unterlassungerklärung und zwei auf einem Vergleich bzw. einer Einigung vor Abschluß des Verfahrens. In jeweils einem Fall[78] ist der Antrag zurückgenommen worden, weil der Antraggegner nicht nach § 13, Abs. 1a UWG a. F. legitimiert war bzw. der Antragsteller die seinen Unterlassungsanspruch

---

[77] Preibisch, Außergerichtliche Vorverfahren, S. 252 f.

[78] Es handelt sich hierbei um Anträge von Gewerbetreibenden gegen „Wettbewerbsveriene" mit dem Ziel, durch die Einigungsstelle feststellen zu lassen, daß diese nicht nach § 13, Abs. 1a UWG aktivlegitimiert sind.

begründenden Tatsachen nicht beweisen konnte. In zwei Fällen beruht die Rücknahme darauf, daß der Antragsteller gleichzeitig das einstweilige Verfügungsverfahren betrieben hat und zwischen Antragstellung und der Verhandlung einen Beschluß hat erwirken können, mit welchem dem Antragsgegner die beanstandete Werbung untersagt wurde.

(3) Gesamtbetrachtung der Einigungen und Rücknahmen

Die Anzahl der Einigungen und Rücknahmen, d. h. der Erledigungen läßt eine signifikante Entwicklung bzw. Veränderung in dem Untersuchungszeitraum nicht erkennen. Die durchschnittliche Erledigungsquote beträgt über 80 %, wobei die Summe der Einigungen und Rücknahmen zwischen 35 % und 100 % schwankt. Fast die Hälfte aller erfaßten Einigungsstellen weist im Untersuchungszeitraum eine Erledigungsquote von ca. 90 % und mehr aus. Im statistischen Durchschnitt beträgt die Erledigungsquote über 80 %. Soweit im folgenden untersucht wird, inwieweit das Verfahrensergebnis durch bestimmte Maßnahmen beeinflußt wird, ist zu berücksichtigen, daß die Vergleichsbereitschaft regional unterschiedlich sein kann. Dementsprechend haben die Untersuchungen über den Prozeßvergleich für das Jahr 1981 für erstinstanzliche Verfahren vor den Landgerichten für die Bundesländer Vergleichsquoten ergeben, die um mehr als 100 % voneinander abweichen[79].

f) Die Beeinflussung der Erledigungsquote durch die Art der Verfahrensleitung

(1) Die Bedeutung der Anordnung des persönlichen Erscheinens

Von der Möglichkeit, das persönliche Erscheinen anzuordnen, wird unterschiedlich oft Gebrauch gemacht. Einige Einigungsstellen ordnen es grundsätzlich an, um sicherzustellen, daß die Parteien, insbesondere aber die Antragsgegner, tatsächlich persönlich erscheinen. Nach Angaben von befragten Vorsitzenden und Beisitzern soll die Vergleichsbereitschaft größer sein, wenn der Betroffene bzw. Verantwortliche selbst und nicht nur ein bevollmächtigter Angestellter oder ein Rechtsbeistand vor der Einigungsstelle erscheint. Nimmt der Verantwortliche persönlich an der Verhandlung teil, kann die Einigungsstelle in besonderem Maße auf ihn einwirken und den Standpunkt der Kaufmannschaft zur Geltung bringen, mit der Folge, daß die Bereitschaft zum Vergleich steigt. Diese subjektive Erfahrung steht im Einklang mit der in anderen rechtstatsächlichen Untersuchungen gefundenen Feststellung, daß die Anwesenheit der Parteien das Zustandekommen von Vergleichen fördert[80].

---

[79] BMJ, Der Prozeßvergleich, Tabelle 3f, S. 287; danach hat die Vergleichsquote in dieser Sparte in Berlin 10,1 % und in Baden-Württemberg 22,2 % betragen.

Dagegen ordnen andere Einigungsstellen nur in Einzelfällen das persönliche Erscheinen an. Die Fälle, in denen dies nicht geschieht, sind vor allem diejenigen, in denen mit dem Erscheinen gerechnet wird oder aber die Vergleichsaussichten auch für den Fall, daß der Verantwortliche erscheint, gering sind. Wie aus dem Schaubild[81] zu ersehen ist, haben mehr als die Hälfte der Einigungsstellen, die hierzu Angaben machen konnten (13 von 23), das persönliche Erscheinen der Parteien in allen oder in doch fast allen Fällen angeordnet. Im Durchschnitt ist in 90 % aller Verfahren das persönliche Erscheinen angeordnet worden. Ein einheitliches Bild ergibt sich hieraus nicht, jedoch läßt sich feststellen, daß die Summe der Einigungsstellen, die eine mindestens durchschnittliche Anordnungsquote haben, eine überdurchschnittliche Anzahl von Erledigungen aufweist. Von den 13 Einigungsstellen mit überdurchschnittlicher Anordnungsquote weisen 9 Einigungsstellen eine überdurchschnittliche Erledigungsquote auf, darunter allein 6 Einrichtungsstellen mit einer Erledigungsquote von 100 bzw. nahezu 100 %. Von den restlichen 10 Einigungsstellen mit unterdurchschnittlicher Anordnungsquote weisen 7 eine überdurchschnittliche Erledigungsquote auf, darunter allerdings nur 2 Einigungsstellen mit einer Erledigungsquote von 100 %.

Man kann darüber streiten, inwieweit dieses Ergebnis die Schlußfolgerung zuläßt, daß mit der Zahl der Anordnungen des persönlichen Erscheinens auch die Erfolgsquote steigt; hierzu wäre eine weitere Gewichtung erforderlich:

Zu den Einigungsstellen mit unterdurchschnittlicher Erfolgsquote und 100 % Erledigungsquote gehört Reutlingen mit nur 2 Verfahren im Untersuchungszeitraum, also eine nur bedingt aussagekräftige Größe. Daraus kann jedoch nicht abgeleitet werden, daß allgemein die Einigungsstellen mit einer unterdurchschnittlichen Anordnungsquote eine geringere Zahl von Erledigungen aufweisen; unter diesen befinden sich auch Einigungsstellen mit einer Vielzahl von Verfahren, wie z. B. Lüneburg-Wolfsburg. Dagegen gibt es Einigungsstellen mit einer überdurchschnittlichen Anordnungsquote und einer unterdurchschnittlichen Erfolgsquote, die ebenfalls besonders viele Verfahren durchgeführt haben, wie z. B. Frankfurt a. M. Aufgrund der Statistik kann somit nicht nachgewiesen werden, daß eine hohe Anzahl von Anordnung zu einer hohen Erledigungsquote führt. Um die insoweit bestehende Vermutung mit statistischen Mitteln zu überprüfen, müßten Vergleichsuntersuchungen durchgeführt werden, welche die Erledigungsquote innerhalb einer Einigungsstelle an etwa gleich gelagerten Streitfällen mit gleichen oder vergleichbaren Verfahrensbeteiligten unter dem Gesichtspunkt der Anordnung des persönlichen Erscheinens feststellen. Eine solche Untersuchung ist anhand der vorliegenden, begrenzten Zahl von Einigungsstellenverfahren nicht mit dem vorhandenen Material durchzuführen; sie bedarf der Vornahme eines Feldversuches.

---

80 Wachs / Binder / Schade, in: Tatsachenforschung in der Justiz, S. 57, 75 f; vgl. auch Blankenburg / Blankenburg / Morasch, in: Tatsachenforschung in der Justiz, S. 81, 102; Röhl, Jahrbuch für Rechtssoziologie und Rechtstheorie Band 6 (1978), S. 279, 293.

81 Siehe Seite 103.

Verhältnis: der Anordnungen an Anträgen zu Erledigungen an Anträgen

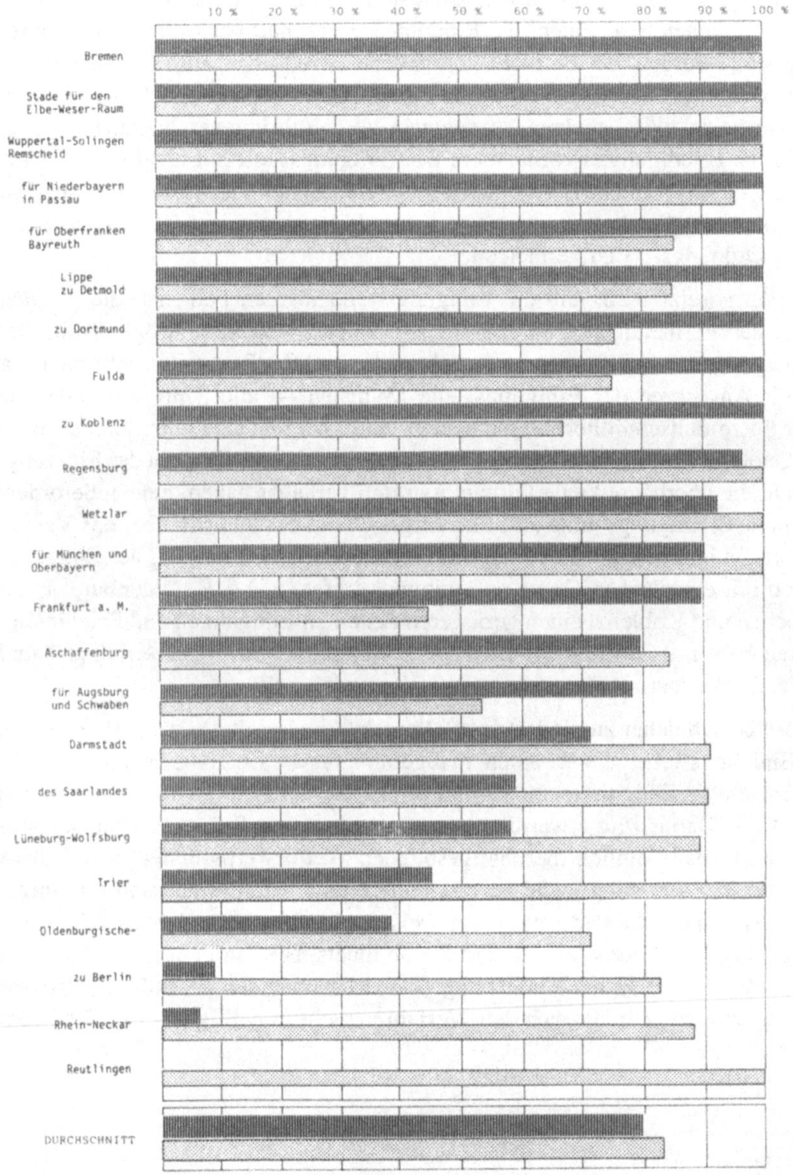

||||||||| – Anordnungen des persönlichen Erscheinens

– Erledigungen

(2) Die Bedeutung der Verhängung von Ordnungsstrafen

Während zuvor nicht eindeutig festgestellt werden konnte, ob die Anordnung des persönlichen Erscheinens die Einigungsbereitschaft beeinflußt, soll nunmehr festgestellt werden, ob die nicht vorhandene Bereitschaft zum Erscheinen eine Auswirkung auf die Erledigungsquote hat. Diese Gegenprobe läßt sich durch den Vergleich zwischen dem prozentualen Verhältnis von verhängten Ordnungsstrafen zu Erledigungen vornehmen. Die Einigungsstelle hat nicht nur die Möglichkeit, das persönliche Erscheinen der Parteien anzuordnen, sondern kann gegen sie, wenn sie der Anordnung nicht Folge leisten, gem. § 27a, Abs. 5, Satz 2 UWG Ordnungsstrafen verhängen.

Vorausgesetzt wird, daß die Einigungsstelle für den Fall, daß die geladene Partei der Verhandlung unentschuldigt fernbleibt, von ihrer Möglichkeit, Ordnungsstrafen zu verhängen, auch Gebrauch macht[82]. Feststellen läßt sich, daß — mit Ausnahme der Einigungsstelle München — alle Einigungsstellen mit einer überdurchschnittlichen Quote an Ordnungsstrafen eine unterdurchschnittliche Quote an Erledigungen aufweisen; dagegen weist ein Großteil der Einigungsstellen, die überhaupt keine Ordnungsstrafen verhängt haben, eine außerordentlich hohe Erledigungsquote auf. Ein Vergleich mit der Statistik über das Verhältnis von Einigungen und Rücknahmen zeigt zudem[83], daß ein Teil der Einigungsstellen mit einer hohen Quote an Ordnungsstrafen, wie z. B. Oldenburg, Fulda, München und Koblenz, einen geringeren Anteil an Einigungen und Erledigungsquoten haben als Einigungsstellen, die Ordnungsstrafen nicht verhängt haben, wie z. B. Wuppertal, Regensburg, Wetzlar und Reutlingen.

Es läßt sich daher zumindest feststellen, daß die Bereitschaft der Parteien, vor der Einigungsstelle zu erscheinen, maßgeblich für das Ergebnis der Einigungsbemühungen der Einigungsstelle ist und den Erfolg des Einigungsstellenverfahrens beeinflußt. Damit wird erwartungsgemäß bestätigt, was bereits v. Thenen festgestellt hat[84], daß nämlich die „hartgesottenen Wettbewerbssünder" weder bereit sind, vor der Einigungsstelle zu erscheinen, noch bereit sind, sich zu einigen. Die Möglichkeit, die Parteien zwangsweise zu laden, wie sie durch § 27a, Abs. 5 UWG eingeführt worden ist, ändert hieran nichts. Die Einigungsstelle hat weder in der Zeit vor 1933 noch heutzutage einen bedeutenden Einfluß auf Personen auszuüben vermocht, die sich dem Verfahren nicht freiwillig unterworfen haben.

---

82 Eine Überprüfung dieser Annahme hätte die Durchsicht aller Verfahrensakten vorausgesetzt, was nicht möglich war.

83 Siehe Schaubild Seite 105.

84 GRUR 1937, 106.

Verhältnis: der Ordnungsstrafen an Anordnungen zu Erledigung an Anträgen

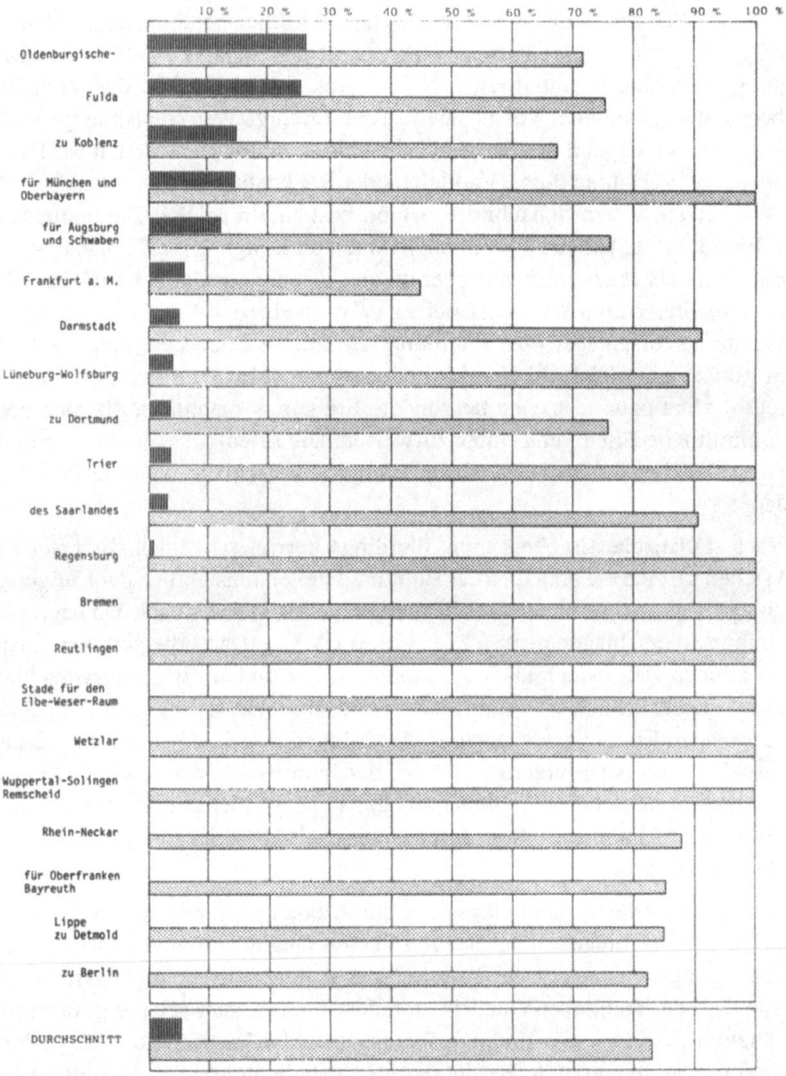

– Anteil der Ordnungsstrafen im Verhältnis zu den Anordnungen des persönlichen Erscheinens

– Erledigungen

(3) Die Bedeutung der begründeten Einigungsvorschläge

Die Einigungsstelle hat, sofern sie nicht als Schiedsgericht im Sinne von §§ 1025 ff. ZPO tätig wird, nicht die Möglichkeit, Entscheidungen zu fällen; sie hat lediglich das Recht, den Parteien einen schriftlichen, mit Gründen versehenen Einigungsvorschlag zu unterbreiten (§ 27a, Abs. 6 UWG). Über das Verhältnis von begründeten Einigungsvorschlägen zu den Erledigungen soll herausgefunden werden, welchen Einfluß die Einigungsvorschläge auf die Bereitschaft der Parteien haben, das Verfahren durch Vergleich oder Rücknahme des Antrages beizulegen. Wie sich aus dem Schaubild [85] ergibt, besteht ein solcher Zusammenhang nicht. Einigungsstellen mit einem hohen Anteil an Einigungsvorschlägen weisen sowohl über- als auch unterdurchschnittliche Erledigungsquoten auf. Die Einigungsstelle Frankfurt a. M. weist bei einer weit überdurchschnittlichen Quote von Einigungsvorschlägen eine unterdurchschnittliche Erledigungsquote auf. Dagegen gibt es eine Vielzahl von Einigungsstellen (München bis Oberfranken / Bayreuth) ohne bzw. fast ohne begründete Einigungsvorschläge, die eine überdurchschnittliche Erledigungsquote aufweisen. Die Erledigungsquote scheint danach von der Anzahl der begründeten Einigungsvorschläge nicht beeinflußt zu werden.

Dieses statistische Ergebnis muß allerdings korrigiert werden. Einerseits ist nicht sicher, ob sich die Angaben der Einigungsstellen hinsichtlich der Einigungsvorschläge decken. In dem entsprechenden Fragebogen [86] war nach den begründeten Einigungsvorschlägen gem. § 27a, Abs. 6 UWG gefragt; die gegebenen Antworten können sich jedoch auch auf mündlich begründete Einigungsvorschläge beziehen, die tatsächlich wesentlich häufiger sind als die schriftlichen, mit Gründen versehenen Einigungsvorschläge. Diese stellen, wie sich bei der Auswertung der Verfahren vor der Einigungsstelle bei der Industrie- und Handelskammer zu Berlin ergeben hat, eine Ausnahme dar, da sie sehr arbeits- und zeitaufwendig sind. Bei dieser Einigungsstelle wurden weniger als 20 % der Einigungsvorschläge schriftlich begründet.

Die Einflußnahme der Einigungsstelle durch einen begründeten Einigungsvorschlag ist darüber hinaus nicht nur von dessen Qualität, sondern auch von der Streitbeilegungsbereitschaft der Parteien, der Autorität der Einigungsstelle und insbesondere der fachlichen Qualifikation des Vorsitzenden abhängig. Insbesondere letzteres kann für die Einigungsbereitschaft der Parteien ausschlaggebend sein. Bei der Einigungsstelle Berlin, die im Untersuchungszeitraum einen allgemein geschätzten und anerkannten Rechtsanwalt als Vorsitzenden hatte, der zudem seine Einigungsvorschläge außerordentlich aufwendig begründete, haben die Parteien den Vorschlag der Einigungsstelle wesentlich eher angenommen als

[85] Siehe Seite 107.

[86] Siehe Anhang I.

in Fällen, in denen der nicht weniger sorgfältig ausgearbeitete — Vorschlag nicht von dem Vorsitzenden, sondern von einem seiner Stellvertreter unterbreitet wurde.

Verhältnis: der Einigungsvorschläge an Anträgen zu Erledigung an Anträgen

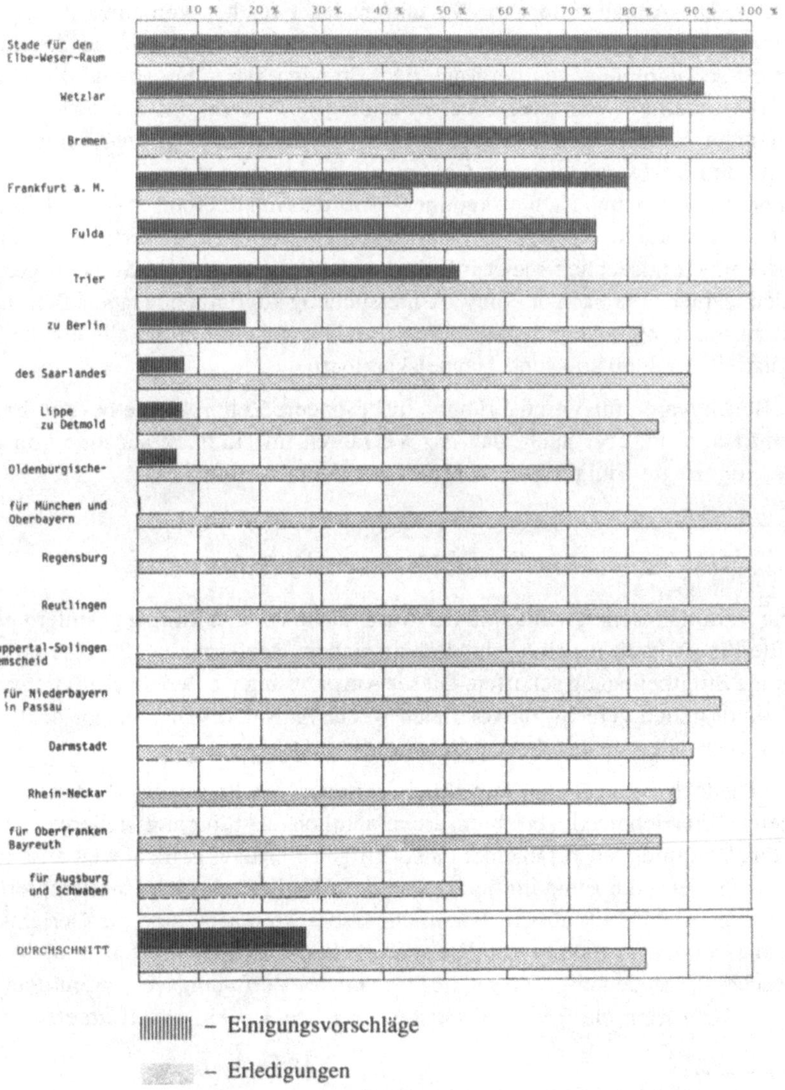

g) Dauer des Verfahrens

Im Wettbewerbsrecht, in dem die Dringlichkeit normativ vorausgesetzt wird (§ 25 UWG), kommt der Zeitspanne zwischen der Antragstellung und der Erledigung eine besondere Bedeutung zu. Die meisten der befragten Einigungsstellen haben auf die Frage nach der durchschnittlichen Verfahrensdauer lediglich Schätzwerte angeben können, so daß sich eine weitere Durchschnittsbildung verbietet. Die Angaben über die Verfahrensdauer reichen von einer Woche bis zu einem Jahr (!); die Angabe von Preibisch[87], derzufolge sich die Streitfälle „dort oft schon binnen weniger Tage oder Stunden klären lassen und die Masse der Fälle innerhalb von zwei Wochen erledigt ist", kann mit der vorliegenden Untersuchung daher nicht bestätigt werden. Etwas anderes gilt nur dann, wenn man zu den Verfahren auch die wettbewerbsrechtlichen Konfliktfälle zählt, die zwar der Industrie- und Handelskammer — oftmals nur telefonisch — zur Klärung angetragen werden, die jedoch nicht zu einem förmlichen Verfahren führen. Diese können tatsächlich meist in sehr kurzer Zeit, oftmals in Stunden geklärt werden, zählen aber nach der dieser Untersuchung zugrundeliegenden Definition nicht zu den Einigungsstellenverfahren, sondern gehören in die allgemeine Zuständigkeit der Industrie- und Handelskammern.

In Berlin waren für Verzögerungen insbesondere Zeitprobleme bei den Beteiligten ursächlich, aber auch, daß das Verfahren im Hinblick auf eine von den Parteien gezeigte Einigungsbereitschaft ausgesetzt wurde.

h) Die Kosten des Verfahrens

Die Kaufmannschaft wollte mit der Aussprache vor den Einigungsämtern nicht nur die Möglichkeit für eine schnelle und sichere, sondern auch für eine kostengünstige Streitbeilegung schaffen. Dieser Anforderung werden die Einigungsstellen grundsätzlich gerecht, da vor ihnen weder Anwaltszwang besteht noch Gerichtskosten oder entsprechende Gebühren[88] anfallen.

Sind jedoch beide Seiten anwaltlich vertreten, so liegen die Kosten für die beiden konkurrierenden Verfahrensarten, nämlich das Einigungsstellenverfahren und das Verfahren auf Erlaß einer einstweiligen Verfügung, nicht weit auseinander. Auch wenn die Einigungsstelle von der Möglichkeit, den Parteien Verfahrenskosten (Gebühren) aufzugeben, nicht Gebrauch macht, sind die Gerichtskosten, die bei den Verfahren vor den ordentlichen Gerichten entstehen, nicht von so erheblicher Bedeutung, daß sie die Parteien des Verfügungsverfahrens deutlich belasten. Obgleich die Rechtsanwaltskosten in beiden Fällen auf unterschiedli-

---

[87] Außergerichtliche Vorverfahren, S. 259 f.

[88] Lediglich in Bayern und Bremen werden Gebühren verlangt, die jedoch wegen ihrer geringen Höhe nicht ins Gewicht fallen.

chen Gebührentatbeständen beruhen, im Falle des Einigungsstellenverfahrens auf § 65 BRAGO und im Falle des einstweiligen Verfügungsverfahrens auf § 31, Abs. 1, Ziff. 1 und 2 BRAGO, sowie bei einem Vergleichsabschluß in beiden Fällen auf § 23 BRAGO, ergeben sich für die Höhe der einzelnen Gebühren keine Unterschiede. Im gerichtlichen Verfahren können jedoch bis zu vier Gebühren, nämlich Prozeß-, Verhandlungs-, Beweis- und Vergleichsgebühr entstehen, während der Rechtsanwalt im Güteverfahren höchstens zwei Gebühren, nämlich die Verfahrens- und Einigungsgebühr, erhalten kann.

Häufig erledigt sich das Verfahren auf Erlaß einer einstweiligen Verfügung jedoch ohne mündliche Verhandlung. In diesem Fall ist lediglich eine Prozeßgebühr für einen Rechtsanwalt entstanden. Sind im Einigungsstellenverfahren für beide Seiten Rechtsanwälte tätig, so können daher die Kosten des Einigungsstellenverfahrens ein mehrfaches der Kosten des einstweiligen Verfügungsverfahrens betragen.

Auch die Kostenregelung nach § 91 ZPO macht das gerichtliche Verfahren in einfach gelagerten Wettbewerbssachen besonders attraktiv, da dem Unterlassungschuldner die gesamten Rechtsverfolgungskosten aufgebürdet werden, ohne daß hierüber gesondert verhandelt zu werden braucht. Die obsiegende Partei erhält zudem in demselben Verfahren einen vollstreckbaren Titel, aus dem unmittelbar die Zwangsvollstreckung betrieben werden kann. Dagegen kann sich der Unterlassungsschuldner im Einigungsstellenverfahren unterwerfen, ohne seine Kostentragungspflicht anzuerkennen; in diesem Fall ist der Unterlassungsgläubiger darauf angewiesen, im Wege der Zahlungsklage einen Vollstreckungstitel vor den ordentlichen Gerichten zu erstreiten. Bereits aus diesem Grund werden Unterlassungsgläubiger in einfach gelagerten Fällen das einstweilige Verfügungsverfahren dem Einigungsstellenverfahren vorziehen.

Sechster Teil

Untersuchung des Verfahrens vor der Einigungsstelle auf seine Bedeutung als Schlichtungsverfahren

I. Die Bedeutung des Einigungsstellenverfahrens

1. Zahl der Einigungsstellen

Der Vergleich zwischen der Anzahl der vor 1945 und vor dem 3. 10. 1990 bestehenden Einigungsstellen gibt keinen Aufschluß über ihre Bedeutung oder ihren Bedeutungswandel. Seit mit § 24a, Abs. 1 UWG die Einrichtung der Einigungsstellen durch die Landesregierungen obligatorisch geworden ist, ist für fast jede Industrie- und Handelskammer eine Einigungsstelle eingerichtet worden. Lediglich bei vier Industrie- und Handelskammern ist eine Einigungsstelle nicht eingerichtet; bei allen anderen 65 Kammern sind Einigungsstellen eingerichtet, und zwar auch dann, wenn sie mangels entsprechender Anträge noch nicht tätig geworden sind.

2. Die Anzahl der Einigungsstellenverfahren

Die Anzahl der vor den Einigungsstellen durchgeführten Verfahren könnte — wenn ein Vergleichsmaßstab vorhanden wäre — Aufschluß über die Akzeptanz und damit die Bedeutung des Verfahrens geben. Unterstellt man, daß sich die Zahl der Wettbewerbskonflikte nach dem Kriege nicht verringert hat, und stellt man andererseits fest, daß die Zahl der Einigungsstellenverfahren zurückgegangen ist, während die Zahl der gerichtlich anhängigen Wettbewerbsstreitigkeiten zugenommen hat, so kann man hieraus folgern, daß die Bedeutung der Einigungsstellen zurückgegangen ist.

Kennt man die Anzahl der Wettbewerbskonflikte nicht, und zwar auch nicht für ein bestimmtes Gebiet, wie z. B. für das Land Berlin, für das eine gleichbleibend hohe Zahl wettbewerbsrelevanter Konflikte aufgrund des erheblichen politischen, wirtschaftlichen und geoökonomischen Wandels nicht unterstellt werden kann, bleibt nur die Möglichkeit, zwischen den gerichtlichen und außergerichtlichen Verfahren zu vergleichen.

In der Bundesrepublik Deutschland gibt es für die Einigungsstelle ein Verfahrensmittel von ca. 300-1000 Verfahren p. a. für die Zeit zwischen 1974 bis

1983[1]. Schwerpunktmäßig werden die meisten Verfahren erwartungsgemäß in Wirtschaftszentren wie z. B. München und Frankfurt durchgeführt, dagegen fallen Düsseldorf und insbesondere Berlin stark zurück. Selbst in den Städten, welche die meisten Verfahren aufweisen, sind sie im Verhältnis zu den gerichtlich anhängigen Wettbewerbskonflikten vergleichsweise unbedeutend. So fanden vor der Einigungsstelle Frankfurt in den Jahren 1974 bis 1983 492 Verfahren statt, also ca. 50 Verfahren pro Jahr, und vor der Einigungsstelle München 951 Verfahren während des gleichen Zeitraumes, also ca. 95 Verfahren im Jahr. Untersucht man diesen Bedeutungswandel, ist man größtenteils auf Vermutungen angewiesen, da empirische Untersuchungsergebnisse, insbesondere aus Befragungen der betroffenen Verkehrskreise, nicht vorliegen.

Für die Einigungsstelle bei der IHK Berlin läßt sich feststellen, daß sie seit 1945 nahezu bedeutungslos geworden ist. So fanden in der gesamten Nachkriegszeit bis 1983[2] insgesamt nur 42 Verfahren statt. Vergleicht man diese Zahl mit der ungefähren Zahl der Wettbewerbsverfahren vor den ordentlichen Gerichten, kommt man zu dem Ergebnis, daß eine starke Verlagerung zu Lasten der außergerichtlichen Streitschlichtung auf das gerichtliche Entscheidungsverfahren stattgefunden hat. Die geschilderte Situation ist deshalb nicht allein auf die veränderte Bedeutung Berlins nach dem Krieg zurückzuführen, sondern hat ihre Ursachen in dem Verhalten der betroffenen Verkehrskreise. Dies bestätigt auch der Vergleich mit der Zahl der Einigungsstellenverfahren in anderen Großstädten.

II. Ansätze zur Begründung des Bedeutungsverlustes des Einigungsstellenverfahrens nach 1945

1. Die das Einigungsstellenverfahren begünstigenden Faktoren

Das Einigungsstellenverfahren ist ein Verfahren zur außergerichtlichen Beilegung von Rechtsstreitigkeiten im Wettbewerbsrecht; da es nicht mit einem Urteilsspruch, sondern mit einer Einigung endet, gehört es zu der Untergruppe der Schlichtungsverfahren.

---

1 Von den Einigungsstellen sind Zahl den für die Zeit ab 1984 nicht veröffentlicht worden. Die Zentrale zur Bekämpfung unlauteren Wettbewerbs e. V., die im Verhältnis zu anderen „Wettbewerbsvereinen" die Einigungsstelle häufig anruft, hat jedoch Zahlen veröffentlicht, aus denen sich eine Zunahme der Verfahren bis zum Jahre 1987 ergibt. Von der Wettbewerbszentrale sind vor die Einigungsstelle gebracht worden:

Jahr:	1984	1985	1986	1987	1988	1989
Verfahren:	702	835	956	1060	893	606

(WRP 1985, 457; 1986, 443; 1987, 515; 1988, 411; 1989, 432; 1990, 452).

2 Für die Zeit an 1984 sind Angaben nicht erhältlich.

a) Konfliktlage

Voraussetzung für das Entstehen von Schlichtungsverfahren sind gewisse Parameter, die sich unabhängig von der Gesellschaft, in welcher der Schlichtungsprozeß stattfindet, und unabhängig von dem Gegenstand des Schlichtungsverfahrens finden lassen.

Wichtigste Voraussetzung für die Notwendigkeit eines Schlichtungsverfahrens ist eine Konfliktlage, die das soziale Gleichgewicht — auch Rechtsfrieden genannt — stört.

b) Faktoren, die im allgemeinen das Entstehen von Schlichtungsstellen begünstigen

Um aus der ungelösten Konfliktlage eine Schlichtungsstelle entstehen zu lassen, bedarf es jedoch weiterer positiver Momente, die ein Tätigwerden Dritter auf freiwilliger Basis zulassen. Untersuchungen über die Entstehung von Schlichtungsstellen sind bislang vor allem in einfach strukturierten Gesellschaften durchgeführt worden. Als Faktoren, die das Entstehen von Schlichtungsgremien begünstigen, sind insbesondere genannt worden[3]:

— der Zukunftsbezug der Sozialbeziehung;

— die Einflußnahme der Verwandtschaft (Gruppenmitglieder), das sog. „phenomenon of community", vor allem, wenn durch den Konflikt andere Gemeindeangehörige in Mitleidenschaft gezogen werden (Rache etc.);

— Furcht vor sozialer Isolation bei Inanspruchnahme der Gerichte;

— Statusrelation.

Diese Erkenntnisse könnten mit Einschränkungen bzw. Abwandlungen auch in hochorganisierten (Industrie-)Gesellschaften gelten, sofern der Konflikt sich in einer einigermaßen homogen Gruppe abspielt.

c) Die für das Einigungsstellenverfahren maßgeblichen Schlichtungsfaktoren

Positive Parameter für ein Einigungsstellenverfahren sind daher, daß

— der Streitgegenstand für eine Aussprache bzw. Schlichtung geeignet ist,

— ein gewisser Gruppenzwang besteht, der geeignet ist, die Akzeptanz der Einigungsstelle zu fördern,

---

[3] Vgl. Sally / Engle / Marry, The social organisation of mediation in non-industrial societies: Implications for informal community justice in America, in: R. C. Abel (ed.), The politics of informal justice, vol. 2, London 1982, S. 31.

— die Tätigkeit der Einigungsstelle (Schlichtung) von hoher Qualität (und daher streitbeilegend) ist.

2. Veränderung dieser Faktoren

a) Abnahme der Schlichtungsbereitschaft

(1) Änderung der Konfliktlage

Konflikte im Bereich des kaufmännischen Wettbewerbs gab es bereits, bevor das Wettbewerbsrecht als Gesetz gegen den unlauteren Wettbewerb kodifiziert wurde. Ausgelöst wurde die Konfliktlage vor allem durch Handlungen, die dazu bestimmt und geeignet waren, den eigenen Umsatz zu Lasten des Umsatzes der Mitbewerber zu fördern. Als konfliktträchtige Wettbewerbshandlungen traten Anfang des Jahrhunderts vor allem solche Handlungen auf, mit denen unmittelbar in den Gewerbebetrieb eines Mitbewerbers eingegriffen wurde, wie z. B. durch Abwerbung von Mitarbeitern, Ausspähen von Geschäftsgeheimnissen, Verletzung von Namens-, Firmen- und Markenrechten.

Demgemäß war der klassische Ansatz, welcher der Konzeption des UWG zugrunde lag, der Schutz des Mitbewerbers; dies kommt auch in der ursprünglich auf die Mitbewerber und ihre Verbände beschränkten Klagebefugnis zum Ausdruck. In den 30er Jahren, einer Zeit der stärker intervenierenden Wirtschaftspolitik, fand der Gedanke Eingang in Judikatur[4] und Literatur, daß der Schutz der Allgemeinheit das ergänzende Schutzziel des UWG sei; dieses und damit die aus seiner Verletzung folgende Konfliktlage war damit objektiviert, indem nicht mehr allein subjektive Rechte, sondern der Wettbewerb als Institution[5] geschützt wurde.

Hierdurch tritt, wie sich auch bei der Untersuchung der Verteilung der Antragssteller[6] und der Streitgegenstände gezeigt hat[7], die subjektive zugunsten der objektiven Rechtsverletzung in den Hintergrund und die Allgemeinheit an die Stelle des einzelnen Wettbewerbers. Gewichtet man die Wettbewerbsverletzungen, so kommt man sogar für das Einigungsstellenverfahren zu dem (erwarteten) Ergebnis, daß der unmittelbaren Einflußnahme auf den Mitbewerber gegenüber der lediglich mittelbaren Beeinflussung durch unlautere Wettbewerbshandlungen kaum noch Bedeutung zukommt. Da heute der überwiegende Teil aller Wettbe-

---

[4] RGZ 128, 342; RG MuW 1930, 231; grundlegend der sog. „Diamantine-Fall", RG GRUR 1936, 1810.

[5] Zu diesem Ausdruck vgl. Raiser, JZ 1961, 472.

[6] Siehe oben Ziff. II, 3c (1).

[7] Vgl. oben Ziff. II, 3 d für das Einigungsstellenverfahren und Falkenstein, Verbraucherschutzverbände, für die von den Verbraucherschutzverbänden aufgegriffenen Wettbewerbsverletzungen.

werbsstreitigkeiten auf diesen, vorrangig die Allgemeinheit berührenden Wettbewerbshandlungen beruht, ist die Bereitschaft des Einzelnen, tätig zu werden, relativ gering.

(2) Verringerung des Gruppenzwangs zur Herbeiführung einer Einigung

Nicht zuletzt durch die Objektivierung des Schutzzwecks hat auch die Homogenität der durch Wettbewerbsverletzungen Betroffenen nachgelassen. Waren in der Vergangenheit die Mitbewerber, also die Kaufleute selbst, die in erster Linie Verletzten, so sind an ihre Stelle nicht nur die sie repräsentierenden Verbände nach § 13, Abs. 1 UWG, sondern seit 1965 gem. § 13, Abs. 1a, a. F. UWG sogar Verbraucherverbände und damit die „Interessenwahrer" ihrer wirtschaftlichen Gegenpartei getreten; diese stehen aber außerhalb jedes von der Kaufmannschaft zugunsten einer gütlichen Einigung ausgehenden Gruppenzwangs.

Ein weiterer Grund für die Abnahme der Einigungsstellenverfahren und die Zunahme von Wettbewerbsverfahren vor den ordentlichen Gerichten ist, daß sich augenscheinlich die Einstellung der beteiligten Verkehrskreise, auch sofern es sich um Kaufleute handelt, hinsichtlich der Anrufung der Gerichte geändert hat. Kaufleute sind heute oftmals überregional tätig, so daß der Zusammenhalt und der Gruppenzwang schwinden. Eine Besonderheit der gegenwärtigen Wettbewerbshandlungen ist zudem ihre bundesweite Wirkung, wenn in regionalen Zeitungen veröffentlichte Werbung — wenn auch nur durch wenige Exemplare — überregional verbreitet wird und damit auch einem räumlich entfernten Mitbewerber ein Unterlassungsanspruch zusteht.

Soweit sich Kaufleute in Wettbewerbssachen gegenüberstehen, kann jedoch auch heute noch davon ausgegangen werden, daß die Auseinandersetzung vor der Einigungsstelle eine wesentlich geringere Verstimmung bei den Parteien hinterläßt, als die gerichtliche Auseinandersetzung[8]. Ob dies von wesentlicher Bedeutung dafür ist, die Einigungsstelle anzurufen, muß im Hinblick auf die festgestellten Tatsachen und die Nachteile, die mit dem Einigungsstellenverfahren verbunden sind, bezweifelt werden.

(3) Die Beeinflussung der Schlichtungsbereitschaft durch Nichtkaufleute

(a) Die Zunahme der „Wettbewerbsvereine" und ihr Einfluß auf die Schlichtungsbereitschaft

Neben den Kaufleuten und Verbrauchern sowie ihren jeweiligen Verbänden sind auch die Interessenverbände, insbesondere die sog. Wettbewerbsvereine

---

[8] So Itschert, Stellungnahme des Geschäftsführers der IHK Saarbrücken, in: Saarwirtschaft 1975, S. 16.

aktiv legitimiert; letztere — so kann man sie definieren — verfolgen unabhängig davon, ob ihre Geschäftstätigkeit ausreicht, um ihnen die Aktivlegitimation nicht abzusprechen, vor allem ihre eigenen wirtschaftlichen Interessen. Für sie besteht grundsätzlich keine Veranlassung, eine gütliche Einigung anzustreben, da es insbesondere kostenmäßig für die vorteilhafter ist, die Gerichte anzurufen.

(b) Der Einfluß der anwaltlichen Vertretung auf die Schlichtungsbereitschaft

Bei den Einigungsämtern bestand — ebenso wie vor den Einigungsstellen — unabhängig vom Streitwert kein Anwaltszwang, so daß jeder Kaufmann die Möglichkeit hatte, vor der Kammer seine Rechte wahrzunehmen. Im Gegenteil war die Vertretung durch einen Rechtsanwalt sogar unerwünscht; so wurde ausführlich die Frage erörtert, inwieweit die anwaltliche Vertretung zulässig sei. Die Möglichkeit selbständigen Handelns bestand daher im formellen Bereich uneingeschränkt; da besondere Rechtskenntnisse nicht erforderlich waren und die Kammern von sich aus Informationen über das Einigungsstellenverfahren gegeben haben, war es jedem Kaufmann möglich, die Einigungsstelle anzurufen.

Diese Situation hat sich grundsätzlich gewandelt. Dies gilt besonders dann, wenn Wettbewerbsvereine von Rechtsanwälten betrieben werden. In diesen Fällen werden die in Wettbewerbssachen tätigen Rechtsanwälte darauf bedacht sein, das für sie kostengünstigere Verfahren zu wählen; dies ist das Verfügungsverfahren nach vorausgegangener Abmahnung.

Die Wettbewerbsvereine können für die erfolgreiche Abmahnung grundsätzlich zwar nicht die Gebühren eines Rechtsanwaltes, jedoch einen pauschalen verschuldensunabhängigen Kostenerstattungsanspruch in Höhe von ca. 150,– DM geltend machen[9]. Gibt der Werbende auf die Abmahnung hin die Unterlassungserklärung nicht ab, so kommt es zu einem einstweiligen Verfügungsverfahren, zu dessen Durchführung ein besonderer Aufwand ebenfalls nicht erforderlich ist. Über die Kostenfrage muß in diesem Falle nicht verhandelt werden, da der Antragsgegner, der Werbende, aufgrund gesetzlicher Vorschriften (§ 91 ZPO) die Kosten des Verfahrens und damit auch die außergerichtlichen Kosten des Antragstellers zu tragen hat.

Vertritt der Rechtsanwalt die Interessen eines Mitbewerbers, so ist auch in diesem Fall der Weg über die Abmahnung und das einstweilige Verfügungsverfahren nicht nur kostengünstiger, sondern auch einfacher. Gibt der Unterlassungsschuldner auf die Abmahnung hin die geforderte Unterlassungserklärung ab, so ist er zugleich schadensersatzpflichtig mit der Folge, daß die Abmahnkosten in Höhe einer Gebühr gem. § 118, Abs. 1, Ziff. 1 BRAGO dem Abmahnenden zu

---

[9] Vgl. zu dem aus §§ 683, S. 1, 677, 670 BGB abgeleiteten Anspruch: BGHZ 52, 393, 399 f.; BGH GRUR 1973, 384, 385; Kisseler WRP 1977, 151; ablehnend Pastor, Der Wettbewerbsprozeß, S. 177, 186 f.

erstatten sind. Es kann daher festgestellt werden, daß die Einschaltung von Rechtsanwälten zu einer größeren Inanspruchnahme der gerichtlichen Verfahren führt.

b) Alternativen

Das Schlichtungsinteresse ist dort besonders groß, wo eine Alternative mit streitbeilegendem Charakter fehlt. Insbesondere die Möglichkeit, den Streit durch hierzu berufene Dritte klären zu lassen. wie z. B. durch Gerichte, kann aus mehreren Gründen fehlen:

— Es mangelt an einer Gerichtsbarkeit oder an Dritten, die sich um eine Lösung des Konflikts bemühen;

— eine vorgesehene Streitbeilegungsinstanz ist zwar vorhanden, tatsächlich aber nicht erreichbar, oder es fehlen die materiellen Voraussetzungen, damit sie erfolgreich einen legitimen Anspruch durchsetzen kann;

— es gibt keine sonstigen Alternativen, um einen Anspruch durchzusetzen.

(1) Indirekte Konfliktbewältigung

Inwieweit die wettbewerbsrechtlichen Konflikte durch Einschalten Dritter beigelegt werden, läßt sich anhand des vorliegenden Materials nicht ermitteln. Es steht jedoch fest, daß die sog. Wettbewerbsvereine insbesondere seit Anfang der 70er Jahre erheblich an Bedeutung zugenommen haben und ein Großteil wettbewerbsrechtlicher Konflikte von ihnen bereits im Wege der Abmahnung erledigt werden. Unklar ist jedoch, wie hoch der Anteil der Konflikte ist, die ohne die Tätigkeit der Wettbewerbsvereine zu einer gerichtlichen Auseinandersetzung geführt hätten. Die Wettbewerbsvereine selbst tragen in Erfüllung ihrer satzungsgemäßen Aufgaben — jedoch auch aus finanziellen Interessen — zu einer erheblichen Steigerung der wettbewerbsrechtlichen Konflikte bei, indem sie Wettbewerbsverstöße, gegen die Mitbewerber nicht vorgegangen wären, aufgreifen und austragen. Zur Verdeutlichung sei lediglich auf die Zahlen der von der Zentrale zur Bekämpfung des unlauteren Wettbewerbs behandelten Wettbewerbsstreitigkeiten hingewiesen. Neben diesem Wettbewerbsverein gab es allein in Berlin im Jahr 1983 weitere 24 Wettbewerbsvereine, die ebenfalls wettbewerbswidriges Verhalten geahndet haben.

Eine besondere Bedeutung im Umfeld der Tätigkeit der Einigungsstelle kommt den Industrie- und Handelskammern zu. Vor allem die kleineren und mittleren Unternehmen, welche Mitglieder der Industrie- und Handelskammer sind, nutzen die Möglichkeit, die Industrie- und Handelskammer bei wettbewerbsrechtlichen Konflikten um Rat zu fragen. In vielen dieser Fälle wäre es möglich, daß die Industrie- und Handelskammer den Rat erteilt, die Einigungsstelle anzurufen.

Stattdessen versucht sie — zu Recht — den Konflikt im Vorfeld zu regeln, indem sie selbst in die Sachprüfung eintritt. In allen oder doch in den meisten Fällen, in denen ein wettbewerbswidriges Verhalten nicht festgestellt werden kann, erteilt die IHK dem Anzeigenden eine entsprechende Auskunft, die dem Anspruchsteller klar machen soll, daß ihm ein Anspruch nicht zusteht.

Soweit ein wettbewerbswidriges Verhalten gegeben ist oder zumindest ein Unterlassungsanspruch möglich erscheint, versucht die IHK entweder den Anspruchsgegner zu veranlassen, die beanstandete Werbung einzustellen, oder sie gibt von sich aus den Sachverhalt an die ihr angeschlossene Zentrale zur Bekämpfung des unlauteren Wettbewerbs ab, die sodann von sich aus das Erforderliche (Abmahnung, Antrag auf Erlaß einer einstweiligen Verfügung) veranlaßt.

Auch im umgekehrten Falle, in dem der auf Unterlassung in Anspruch genommene Antragsgegner die Industrie- und Handelskammer um Rat fragt, wird durch eine entsprechende Auskunft der IHK das Verfahren häufig erledigt. Ergibt sich aus dem von dem Anspruchsgegner vorgetragenen Sachverhalt, daß er sich wettbewerbswidrig verhalten hat, so wird die Kammer von sich aus die Abgabe der geforderten Unterlassungserklärung nebst Vertragsstrafeversprechen empfehlen, sofern der Abmahnende aktivlegitimiert ist, die Unterlassungserklärung ordnungsgemäß formuliert ist und die Vertragsstrafe der Höhe nach angemessen ist. Nur in wenigen Fällen ergibt sich daher auch für die Mitarbeiter der IHK die Gelegenheit, den Ratsuchenden auf das Einigungsstellenverfahren hinzuweisen, und ihm zu empfehlen, die Einigungsstelle anzurufen.

Die Bedeutung dieser konfliktbeilegenden Tätigkeit der IHK ist erheblich. Allein bei der IHK zu Berlin hab es 1983 ca. 1.200 derartige Anfragen, die nicht zu einem Einigungsstellenverfahren geführt haben. Diese streitbeilegende Tätigkeit der Industrie- und Handelskammern kann nicht der Einigungsstelle zugerechnet werden, da sie dem eigenen Aufgabenbereich der Industrie- und Handelskammer entspringt, obwohl häufig eine personelle Einheit zwischen der Geschäftsstelle und der Einigungsstelle und der entsprechenden Wettbewerbsabteilung der Industrie- und Handelskammer besteht. Es ist deshalb möglich, daß die in den Jahresberichten der Industrie- und Handelskammer zu Berlin für die Jahre 1934 und 1936 genannten Zahlen von 1,233 bzw. 1.535 „Wettbewerbssachen" bzw. „Klagen und Beschwerden" auch diese nicht zum Einigungsstellenverfahren zählenden wettbewerbsschlichtenden Tätigkeiten enthalten.

(2) Abmahnung statt Anrufung der Einigungsstelle

In vielen Fällen ist die Abmahnung das vorrangige Mittel, um den wettbewerbsrechtlichen Konflikt ohne Zuhilfenahme Dritter beizulegen. Die Einigungsstelle wird daher häufig erst nach einer erfolglosen Abmahnung angerufen; so ruft auch die Zentrale zur Bekämpfung des unlauteren Wettbewerbs die Einigungsstelle grundsätzlich erst nach einer erfolglosen Abmahnung an[10].

(3) Antrag auf Erlaß einer einstweiligen Verfügung

Bereits vor Einführung des UWG und damit seit Bestehen der Einigungsstelle bzw. des Einigungsamtes bestand die Möglichkeit, im summarischen Verfahren der einstweiligen Verfügung vorläufigen Rechtsschutz auch in Wettbewerbsstreitigkeiten zu erlangen; bereits mit Kodifizierung des UWG ist dieser Weg als der schnellste vorgegeben worden, da nicht mehr der Verfügungsgrund der Eilbedürftigkeit dargetan werden mußte[11].

Ein wesentlicher Vorteil der Anrufung der ordentlichen Gerichte gegenüber der Einigungsstelle liegt in einer erheblich schnelleren und zuverlässigeren Konfliktlösung. Mit der einstweiligen Verfügung, die in Wettbewerbssachen die gängigste Verfahrensart ist, können die Unterlassungsgläubiger ihre Ansprüche innerhalb kürzester Zeit durchsetzen, und zwar durch einseitigen Vortrag, ohne Anhörung des Gegners.

c) Eignung der Streitfälle zur Schlichtung

Nicht jeder Konflikt eignet sich von der Problematik her zur Schlichtung durch ein außergerichtliches Streitbeilegungsgremium. Besonders komplexe Fälle, die einer eingehenden Sachaufklärung bedürfen, sind allgemein für Schlichtungsverfahren ungeeignet. Die Schlichtungsstelle ist als freiwillig tätiges Gremium meist nicht in der Lage, eigene Ermittlungen durchzuführen; hierzu bedarf es staatlicher Einrichtungen, die mit entsprechender Machtbefugnis ausgestattet sind. Die Schlichtungsstelle wird auch dann nicht durch die Parteien anerkannt werden, wenn eine Partei die streitbefangene Handlung leugnet. Der äußere Druck muß schon übermächtig sein, damit eine Partei, welche die Konflikthandlung selbst leugnet, sich einem Schlichtungsprozeß unterwirft.

(1) Sachverhaltsproblematik

In Wettbewerbsstreitigkeiten wird die steitbefangene Handlung üblicherweise nicht geleugnet, der „Täter" bekennt sich zu ihr, verteidigt sich aber damit, daß seine Handlung zulässig sei. Dieses Anerkenntnis erfolgt nicht aus höherer Einsicht, sondern wegen der den Wettbewerbshandlungen typischen Zuordnungsfähigkeit, die bei Kenntnis des Sachverhaltes auch die Identität des Täters — oder doch zumindest des Nutznießers — offenbart. Das eigentliche Problem der Schlichtung von Wettbewerbskonflikten liegt daher nicht wie bei strafbaren

---

[10] WRP 1983, 60.

[11] Nach § 25 UWG kann eine einstweilige Verfügung wegen eines Unterlassungsanspruchs auch dann ergehen, wenn die nach §§ 935, 940 ZPO erforderliche Dringlichkeit nicht gegeben ist.

Handlungen in der Überführung des Täters, sondern in der Einordnung und Bewertung beanstandeten Verhaltens.

Der Sachverhalt ist einfach geblieben, soweit es den Wettbewerbsverstoß betrifft. Schwierig ist in tatsächlicher Hinsicht jedoch die Prüfung der Aktivlegitimation, sofern die Unterlassungsansprüche von sog. Wettbewerbsvereinen geltend gemacht werden[12].

(2) Rechtsfindungsproblematik

Der wesentlich das Wettbewerbsrecht beherrschende Begriff der „guten Sitten", wie er in § 1 UWG normiert ist, eignet sich besonders gut für die Entscheidungsfindung durch ein sachverständiges, aber nicht unbedingt mit Juristen besetztes Gremium. Die Rechtsordnung setzt das Vorhandensein und die Geltung der guten Sitten als außerrechtliche Sozialordnung voraus und ermächtigt die betroffenen Kreise sich in den „außerrechtlichen Sozialordnungen" ihr Recht selbst zu schaffen. Zwar gewährt der Verweis auf außerrechtliche Verhaltensmuster, wie die guten Sitten, eine größere Flexibilität, welche die freie Rechtsbildung im Rahmen der von dem Gesetzgeber gezogenen Grenzen ermöglicht. Tatsächlich ergeben sich aus dem Verweis auf diesen unbestimmten Rechtsbegriff aber Unsicherheiten, welche die Rechtspraxis durch die Bildung von Fallgruppen auszuräumen sucht, um schließlich den Sachverhalt an Hand bereits entschiedener Einzelfälle unter das sog. „case law" subsumieren zu können.

Noch im Jahre 1931 gab es Entscheidungen des Reichsgerichtes, die sich mit dem Begriff der guten Sitten im Wettbewerbsrecht nach § 1 UWG auseinandersetzten, nicht. Lediglich zu § 12 UWG, dem sog. Schmiergeldverbot, hat das Reichsgericht[13] ausgeführt, daß ein Verhalten als unlauter nach § 12 UWG anzusehen sei, wenn es „den Anschauungen aller billig und gerecht Denkenden des maßgebenden Verkehrskreises widerspricht". Soweit sich die Literatur bis zu dieser Zeit mit dem Begriff der guten Sitten auseinandergesetzt hat[14], hat sie ihn im Gegensatz vor allem zur Rechtsprechung von einem wissenschaftlichen, also rechtsphilosophischen Standpunkt aus untersucht. Dagegen hat sich das wettbewerbsrechtliche Schrifttum ebenso wie die Rechtsprechung mehr auf die praktische Seite gestützt und rechtsphilosophische Überlegungen außer Acht gelassen[15].

---

[12] Vgl. hierzu die ausführlichen Literaturhinweise bei Baumbach / Hefermehl, Wettbewerbsrecht, § 13, Schrifttum.

[13] RGSt 58, 429; 48, 295; vgl. auch Baumbach, Wettbewerbsrecht, 1. Aufl., Anm. 9 zu § 12.

[14] Insbesondere Jhering, Zweck im Recht, 2. Band; Wundt, Ethik, Band 1, S. 107 f.; und Somló, Juristische Grundlehre, S. 72 ff und Herm und Herzog in Heft 33 der „Studien zur Erläuterung des Bürgerlichen Rechts", hrsg. v. Rudolf und Franz Leonhardt.

[15] Vgl. die grundlegenden Darstellungen des Wettbewerbsrechts von Lobe und Kohler sowie die Kommentare zum UWG von Baumbach, Callmann und Rosenthal.

Bereits 1935 definierte Kirchberger in seiner Abhandlung „Unlauterer, sittenwidriger und unerlaubter Wettbewerb" die guten Sitten als

> „stillschweigend entstandene tatsächlich bestehende und als solche feststellbare Konventionalnormen, die sich notwendigerweise darauf beschränken, das äußere Verhalten des ihnen unterworfenen Personenkreises zu regeln,"[16]

und damit als empirisch ermittelbare Normen, vergleichbar den Handelsbräuchen. Dagegen wird in der grundlegenden Entscheidung des Reichsgerichts vom 11. 4. 1901[17] unter Bezugnahme auf die Motive zum BGB II, 727 (noch) ausgeführt, daß der Richter den Maßstab für den Begriff der guten Sitten (nach § 826 BGB) aus dem herrschenden Volksbewußtsein, dem „Anstandsgefühl aller billig und gerecht Denkenden" zu entnehmen habe. Die aus den Motiven entnommene Textstelle, die das Reichsgericht verkürzt wiedergibt, bezeichnet es als Mißbrauch der natürlichen Freiheit, wenn jemandes „Handlungsweise den in den guten Sitten sich ausprägenden Auffassungen und dem Anstandsgefühl aller billig und gerecht Denkenden widerspreche"[18].

Bereits in einer der ersten Entscheidungen, in der auf § 1 UWG Bezug genommen wird, geht das Reichsgericht[19] zu einer objektivierten Betrachtung der guten Sitten über, indem es ausführt:

> „Der Beweggrund zu einer Handlung allein macht die Handlung selbst noch nicht zu einer unerlaubten oder einer im Sinne von § 826 BGB von § 1 UWG gegen die guten Sitten verstoßenden. Eine Handlung verstößt vielmehr gegen die guten Sitten nur, aber dann auch immer und ebenfalls ohne Rücksicht auf das subjektive Meinen des Handelnden, wenn sie objektiv, so wie sie in die Erscheinung getreten ist, die guten Sitten des Anstandsgefühls der billig und gerecht Denkenden verletzt".

Beachtlich an dieser Entscheidung[20] ist, daß das Reichsgericht nicht die guten Sitten definiert, sondern nur eine sie verletzende Handlung danach bestimmt, wie sie objektiv auf das Anstandsgefühl aller billig und gerecht Denkenden wirkt.

Die spätere Rechtsprechung[21] hat — einschränkend und vom Schutzzweck des UWG-Rechts ausgehend — nicht mehr negativ betrachtend auf das Anstandsgefühl aller abgestellt, sondern positiv auf die Auffassung des verständigen Durchschnittsgewerbetreibenden und hat damit zugleich die Interessenlage der Kaufmannschaft berücksichtigt.

---

16 Kirchberger, S. 50.

17 RGZ 48, 124.

18 Herzog, S. 130.

19 RGZ 79, 418 (419).

20 Die Entscheidung ist zwar zum BGB ergangen, kann jedoch ebenso für das Wettbewerbsrecht gelten, wobei jedoch berücksichtigt werden muß, daß sich § 138 BGB auf ein Rechtsgeschäft und § 826 BGB auf eine schädigende Handlung beziehen, während § 1 UWg lediglich für Wettbewerbshandlungen gilt. Vgl. auch RGZ 55, 373; 58, 217.

21 Vgl. BGHZ 15, 356 (364) — Indeta.

Aus der Unfaßbarkeit des unbestimmten Rechtsbegriffs der „guten Sitten“ hat sich der Wunsch entwickelt, die Blankettnorm des § 1 UWG durch Einzelnormen auszufüllen[22]. Da die bestehenden guten Sitten, d. h. sowohl die tatsächliche Übung im Wettbewerb als auch die opinio necessitas nur mit empirischen Mitteln zu erforschen sind[23] und diese Forschung in der Praxis nicht oder nur beschränkt durchzuführen ist, wird sie für den nach festen Normen und subsumtionsfähigen Rechtsbegriffen suchenden Juristen durch die bislang im Wettbewerbsrecht ergangene Rechtsprechung ersetzt. Die Rechtsprechung ist für ihn das Gerüst, anhand dessen er unechte Tatbestandsmerkmale — unecht, weil nicht dem Gesetz, sondern der Rechtsprechung entnommen, — zur Grundlage seiner Prüfung machen und damit scheinbar der „verhängnisvollen Gefühlsjurisprudenz“ entgehen kann.

Im Laufe der Zeit hat sich daraus ein dem deutschen Recht grundsätzlich fremdes Einzelfallrecht, wie es sonst im amerikanischen Rechtskreis als case-law bekannt ist[24], entwickelt. Diese nach Einzelfallgerechtigkeit strebende Rechtsprechung bestimmt in Verbindung mit der Generalklausel des § 1 UWG die Beurteilung von Rechtsfragen und gibt Anlaß zu Streit[25].

Die Beurteilung der Sittenwidrigkeit ist danach ein Normfindungsproblem und fällt damit in den Kernbereich der Jurisprudenz, d. h. der Rechtsgelehrsamkeit[26]; hierzu ist jedoch anstelle des ehrbaren Kaufmannes der fachkundige Jurist berufen. Dies macht sich auch in den Einigungsstellenverfahren bemerkbar, in denen in erster Linie der Vorsitzende, ein Jurist, das Sagen hat, und nicht die kaufmännischen Beisitzer; nur ausnahmsweise bringen diese von der Beurteilung des Juristen abweichende Vorstellungen über die Sittenwidrigkeit des beanstandeten Verhaltens ein, zumeist sind sie jedoch lediglich bemüht, die rechtliche Einordnung nachzuvollziehen, ohne ihr eigenes Rechtsempfinden als „ehrbare Kaufleute“ zum Beurteilungsmaßstab zu machen oder machen zu können.

(3) Die Wettbewerbsstreitigkeit als multilateraler Konflikt

Eine Eigenheit der wettbewerbsrechtlichen Konflikte ist, daß sie vielseitig angelegt sind und nicht wie üblicherweise zweiseitig. Grundsätzlich hat jeder Mitbewerber und jeder Wettbewerbsverein einen eigenen Unterlassungsanspruch gegen den Wettbewerber, was bis zur Entscheidung des BGH im Jahr 1983[27]

---

22 Vgl. Kirchberger, S. 51.

23 Vgl. hierzu Rehbinder, Rechtssoziologie, S. 19.

24 Rehbinder, Einführung in die Rechtswissenschaft, S. 200; Baumgärtel, JZ 1961, 441 (443).

25 Zitscher, ZRP 1977, 27 (28 ff.).

26 Rehbinder, Rechtssoziologie, S. 17.

27 Wiederholte Unterwerfung, BGH NJW 1983, 1060; GRUR 1983, 186; WRP 1983, 264.

sogar dazu führen konnte, daß jemand mehrfach wegen ein und derselben Wettbewerbshandlung auf Unterlassung in Anspruch genommen werden konnte und auch wurde. Da es jedoch das Ziel jedes Verfahrens zur Konfliktbeseitigung, ob es sich hierbei um ein Schlichtungs- oder gerichtliches Verfahren handelt, ist, einen Konflikt beizulegen, indem der Rechtsfrieden endgültig wieder hergestellt wird, kann nur ein Verfahren, das dies endgültig erreicht, in der Rechtswirklichkeit bestehen. Diese Bedingung kann das Einigungsstellenverfahren in Fällen, in denen der Vergleich die Wiederholungsgefahr nicht objektiv ausräumt, nicht mehr erfüllen, und zwar bei allen denkbaren Konstellationen, unter denen es zu einem Vergleich kommen kann, nämlich

— daß der Unterlassungsschuldner davon überzeugt wird, daß er einen Wettbewerbsverstoß begangen hat, und er daraufhin eine strafbewehrte Unterlassungserklärung abgibt;

— sich die Parteien vergleichen, indem sie beidseitig nachgeben,

oder

— der Antragsteller dem Antragsgegner die Fortsetzung der beanstandeten Werbung „gestattet".

Im ersten Falle ist der Rechtsfrieden endgültig wiederhergestellt und die Wiederholungsgefahr ausgeräumt, wenn die strafbewehrte Unterlassungserklärung hierzu geeignet ist und der Gläubiger die Gewähr dafür bietet, daß er die Einhaltung der Unterlassungsverpflichtung nicht nur überwacht, sondern im Verletzungsfalle auch die Vertragsstrafe geltend macht; dies alles hat der Schuldner jedoch zu beweisen, wenn er von einem Dritten wegen derselben Handlung auf Unterlassung in Anspruch genommen wird.

Für den Unterlassungsschuldner ist das Einigungsstellenverfahren in diesem Fall darüberhinaus insofern nachteilig, als er bei einer unsicheren Rechtslage auch dann an sein privatrechtlich abgegebenes Unterlassungsversprechen gebunden ist, wenn später durch die Gerichte die Zulässigkeit seiner Wettbewerbshandlung oder die Nichtigkeit der entsprechenden Gesetze, wie z. B der Preisangabenverordnung[28], festgestellt wird.

In dem zweiten Fall hat die Aussprache der Parteien zu einem echten Vergleich geführt, so daß man sagen kann, daß das Einigungsstellenverfahren mit einer Aussprache der Parteien zu einer völligen Wiederherstellung des Rechtsfriedens geführt hat. Dieser Schein trügt jedoch, da die Streitigkeit zwar zwischen den das Einigungsstellenverfahren betreibenden Parteien beigelegt ist und damit die individuelle Konfliktlage aufgehoben ist; sie besteht jedoch hinsichtlich der anderen Mitbewerber weiter. Der Unterlassungsschuldner kann sich nämlich Dritten gegenüber nicht auf den Einigungsstellenvergleich berufen; dieser entfaltet seine Wirkungen nur zwischen den Parteien. Das hat zur Folge, daß ein Dritter Unterlas-

---

28 BVerfG GRUR 1984, 276.

sungsansprüche weiterhin wegen derselben Wettbewerbshandlung gegenüber dem Werbenden geltend machen kann, da die Wiederholungsgefahr durch den Vergleich nicht bereits ausgeräumt ist.

Soweit dem Unterlassungsschuldner durch den Vergleich ein unlauteres Verhalten gestattet wird oder er sich zur Unterlassung verpflichtet hat, ohne zugleich für den Fall der Zuwiderhandlung eine angemessene Vertragsstrafe zu versprechen, kann jeder Aktivlegitimierte ihn auch weiterhin aus eigenem Recht auf Unterlassung in Anspruch nehmen. Die sich daraus ergebende Rechtsunsicherheit wird den Unterlassungsschuldner zumindest davon abhalten, die Kosten für das Einigungsstellenverfahren zu tragen, da er noch nicht absehen kann, inwieweit er von anderer Seite noch auf Unterlassung in Anspruch genommen wird.

Erst recht gilt dies für den Fall, daß zwischen den Parteien vereinbart wird, die beanstandete Werbung sei zulässig. Zwar ist das Verfahren für beide Parteien insofern vorteilhaft, als die Kosten für das Verfahren relativ gering sein können; jedoch kann sich der Antragsgegner gegenüber Dritten auf diesen Vergleich nicht berufen, da er seine Wirksamkeit ebenfalls nur zwischen den Parteien des Einigungsstellenverfahrens entfaltet. Da das Wettbewerbsrecht nicht der Dispositionsbefugnis Einzelner unterliegt, ist der Streitfall damit nicht beigelegt.

d) Schlichtungskompetenz der Mitglieder der Einigungsstelle

Die Einigungsstelle besteht seit ihrer Normierung und bestand voraussichtlich auch bereits vorher aus einem Juristen als Vorsitzenden und mindestens zwei Gewerbetreibenden als Beisitzern. Sofern dies nicht tatsächlich eine hohe fachliche Qualifikation der Einigungsstelle und, so Hammann, ihre Unbestechlichkeit[29] garantierte, so wird durch das Zusammenwirken von juristischer und kaufmännischer Autorität jedoch ein Höchstmaß an theoretischer Anerkennung des Rechtsstabes durch die Parteien erreicht[30]. Der Jurist hat vor allem gelernt, Sachverhalte zu systematisieren und eine rechtlich haltbare Regelung auszuarbeiten; dagegen repräsentieren die Beisitzer den „durchschnittlichen Gewerbetreibenden" bzw. den „ehrbaren Kaufmann". Ihnen vermögen insbesondere zwei Tatsachen eine besondere Schlichtungskompetenz zu verleihen:

— Einerseits werden sie von den Gewerbetreibenden gewählt und repräsentieren damit die Mehrheit der Betroffenen; es sind die besten der Kaufmannschaft, ihr sozialer Status als ordentliche Kaufleute ist besonders hoch, und sie verkörpern und gewährleisten zugleich die Normen und Wertvorstellungen der Kaufmannschaft[31].

---

[29] Hammann, Die Einigungsämter, S. 21.

[30] Rehbinder, Rechtssoziologie, S. 61 f.

[31] Wie zuvor.

— Zum anderen werden aus der Vielzahl der Gewerbetreibenden, die als potentielle Beisitzer gewählt werden, diejenigen (vom Vorsitzenden) für den konkreten Streitfall ausgewählt, die aufgrund ihres eigenen Gewerbebetriebes in besonderer Sachnähe zu dem Streitfall stehen. Entgegen der Ansicht von Hauffe[32] ist das damit verbundene persönliche Interesse der Mitglieder der Einigungsstelle an der zu verhandelnden Sache nicht nachteilig zu werten.

Aufgrund ihrer besonderen Sachnähe verfügen die Beisitzer nicht nur über besondere Kenntnisse über den Streitstoff und als „ehrbare Kaufleute" über das Wissen um den „Ehrenkodex" der Kaufmannschaft, sondern nehmen eine zwar neutrale, aber nicht uninteressierte Haltung zum Konflikt ein. Die Einordnung bzw. Wertung einer bestimmten Handlung als sittenwidrig bzw. „sozialadäquat" wirkt sich in doppelter Weise auf ihren eigenen Wettbewerb aus. Passiv, indem ihre eigenen Mitbewerber nicht in dieser Weise werben dürfen, da es ihnen selbst verwehrt ist, in der von ihnen beanstandeten Weise in Zukunft zu werden.

Die Kaufleute bzw. Gewerbetreibenden selbst sind daher besonders qualifiziert, die Zulässigkeit wettbewerbsrechtlichen Verhaltens zu würdigen, da sie hierbei in Ausübung eigener Interessen handeln. Die Schlichter können sich darauf beschränken abzuwägen, wie sie selbst als Betroffene die Wettbewerbshandlung beurteilen würden und ob sie selbst für sich eine solche Werbung für zulässig erachten. Hieraus folgt ein auch heute noch in der Rechtsprechung häufig verwandter Gesichtspunkt, nämlich die Frage, was sich für die Kaufmannschaft (bzw. die Wettbewerbssitten) allgemein ergäbe, wenn „alle sich so verhalten würden".

Die grundsätzliche Eignung der Beisitzer zur Beurteilung wettbewerbsrelevanten Verhaltens hat sich wahrscheinlich nicht geändert, jedoch hat sich — wie bereits dargelegt — die Rechtsfindungsproblematik entscheidend gewandelt. Es ist nicht mehr nur der individuelle Wettbewerbskonflikt, der vor der Einigungsstelle verhandelt wird; auch ist die Entscheidung, ob ein Verhalten gegen die guten Sitten verstößt, nicht mehr nach dem Anstandsgefühl der Kaufmannschaft zu beurteilen. Waren in der Vergangenheit insbesondere die Mitglieder der Einigungsstelle als die besonders anerkannten und integren Vertreter der Kaufmannschaft berufen, darüber zu entscheiden, ob ein Verhalten dem Anstandsgefühl der betroffenen Verkehrskreise, also der Kaufmannschaft, zuwiderläuft, so bedarf es heute juristischen Spezialwissens, um die Sittenwidrigkeit einer Wettbewerbshandlung beurteilen zu können. Diesen Anforderungen können die Beisitzer jedoch nicht genügen, so daß ihre Mitwirkung an dem Einigungsstellenverfahren entbehrlich geworden wäre, wenn es nicht auf ihre konkrete Sachkunde in dem jeweiligen Streitfall ankommen könnte.

Von besonderer Bedeutung für die Anerkennung und den Erfolg des Schlichtungsverfahrens war die hohe Autorität der Schlichter. Diese kann sowohl auf

---

[32] Die liebe Konkurrenz, S. 320.

dem Ansehen der Person, fußend auf ihrer sozialen Stellung, als auch auf ihrem besonderen Wissen beruhen; nur kompetente und von den Beteiligten akzeptierte Personen sind geeignet, streitbeilegend tätig zu werden. Diese Voraussetzungen haben, wie sich aus den hohen Vergleichsquoten ergibt, die Mitglieder der Einigungsstelle zu jeder Zeit in beispielhafter Weise erfüllt. Dies reicht heute jedoch nicht mehr aus, um den Anforderungen zu genügen, die an ein Mitglied eines Gremiums, das zur Schlichtung in Wettbewerbssachen berufen ist, gestellt werden.

e) Schlichtungserfolg

Das beste Schlichtungsverfahren und das Bemühen der Beteiligten um eine Streibeilegung erfüllen ihren Zweck nicht, wenn das Verfahren nicht geeignet ist, in einer großen Anzahl von Fällen nicht nur zu einer individuellen Streitbeilegung zu führen, sondern darüberhinaus dauerhaft den Rechtsfrieden herzustellen und zu sichern. Der Literatur läßt sich entnehmen, daß die Erledigungsquote vor 1945 zumindest so hoch war wie heute[33] und die Einigungsämter auch in den Fällen, in denen eine Einigung nicht erzielt werden konnte, die Möglichkeit hatten, den Rechtsfrieden durch bindende Entscheidungen wieder herzustellen. Dies galt in all jenen Fällen, in denen die Einigungsämter als Schiedsgerichte tätig waren und ihnen somit die Befugnis zustand, den Rechtsstreit durch Schiedsurteil zu entscheiden und zu beenden. Eine wesentlich größere Bedeutung kommt jedoch der endgültigen Klärung der Konfliktlage durch die Gerichte und der durch sie geschaffenen Rechtssicherheit zu. Zwar liegt der Anteil der Einigungen im Einigungsstellenverfahren bei ca. 50 %, der sich um ca. 20-25 % erhöht, wenn man die Antragsrücknahmen hinzurechnet. Diese Quote ist im Verhältnis zu der Zahl der Vergleiche vor den Landgerichten in der ersten Instanz, die in den Jahren 1971 bis 1981 zwischen 16,6 und 19,3 %[34] betragen hat, außerordentlich hoch; sie ist jedoch gering, wenn man bedenkt, daß bei den Gerichten in jedem Fall eine endgültige Entscheidung herbeigeführt wird und nicht nur, wenn die Parteien sich einigen.

f) Dauer des Einigungsstellenverfahrens

Die Durchführung eines Einigungsstellenverfahrens benötigt zwischen einer und vier Wochen; in Einzelfällen können auch mehrere Monate bis zu seinem

33 Spengler / Weber, S. 23, beziffern die Einigungsquoten mit 60 % Gottschick, Wettbewerb, S. X, und v. Thenen GRUR 1937, 105, 108 geben an, daß das Einigungsamt in Berlin in der Zeit vor 1932 90-95 % aller Verfahren durch Vergleich beendete; Klein, BB 1953, 503, sieht in der Zeit von 1932 bis 1943 immerhin noch 75 % aller Verfahren vergleichsweise beendet; für das Jahr 1934 nennt Krieger (GRUR 1957, 197, 198) sogar eine Vergleichsquote von 80 %.

34 BMJ, Der Prozeßvergleich, Tabelle 2c, S. 284.

Abschluß vergehen. Dagegen ist das einstweilige Verfügungsverfahren von wesentlich kürzerer Dauer. Da die meisten derartigen Verfahren mit einem Beschluß, d. h. ohne mündliche Verhandlung, enden, hat der Unterlassungsgläubiger häufig innerhalb von 24 Stunden nach Einreichung der Antragsschrift einen vollstreckbaren Unterlassungstitel. Erst nach Erhebung des Widerspruchs durch den Antragsgegner kommt es zu einer mündlichen Verhandlung, für die nur kurze Ladungsfristen vorgesehen sind. Durch den Beschluß hat der Unterlassungsgläubiger jedoch bereits einen — nur seinem Namen nach — vorläufigen Rechtsschutz erhalten, der inhaltlich den Unterlassungsanspruch völlig befriedigt; einen solchen vorläufigen Rechtsschutz kennt das Einigungsstellenverfahren nicht. Der Unterlassungsgläubiger, der eine sofortige Unterlassung der beanstandeten Wettbewerbshandlung anstrebt, ist daher — in erster Linie — auf das einstweilige Verfügungsverfahren angewiesen.

Wird die Konfliktlage nicht im Einigungsstellenverfahren beendet, so führt dieses Verfahren zu einer Verzögerung des Rechtsstreites, da es den Instanzenzug verlängert[35]. Demgegenüber hebt Preibisch[36] hervor, daß es dem Anspruchsteller freisteht, jederzeit, und zwar auch während der Dauer des Einigungsstellenverfahrens, die Gerichte anzurufen.

III. Bedeutung der Einigungsstelle als Schlichtungsstelle zwischen Kaufleuten und Verbrauchern

Nach Inkrafttreten der UWG-Novelle zum 1. 1. 1987 konnte die Einigungsstelle auch zwischen verschiedenen Handelsstufen, insbesondere zwischen dem Verbraucher und dem Händler, tätig werden, und zwar nicht nur, um die Wettbewerbswidrigkeit einer Werbung festzustellen, sondern auch, um die Rücktrittsberechtigung und eventuelle Schadenersatz- bzw. Nutzungsansprüche auszuhandeln.

Der Vergleich, den die Einigungsstelle hierbei fördern kann, beseitigt auf den ersten Blick einen konkreten, individuellen Streitgegenstand. Tatsächlich handelt es sich bei dem Streit jedoch nicht um einen Einzelfall, da für den Fall, daß ein Verbraucher durch eine Werbung zum Kauf veranlaßt worden ist, dies auch für eine Vielzahl anderer Verbraucher gelten wird. Um die präjudizierende Wirkung eines solchen Vergleiches zu vermeiden, wird der Werbende sich im Einzelfall nicht einem Vergleich unterwerfen; denkbar ist jedoch auch das Gegenteil, wenn der Werbende nämlich im Einzelfall zu einem Vergleich bereit ist, um eine gerichtliche Entscheidung mit präjudizierender Wirkung zu vermeiden.

---

35 So auch Tetzner, UWG, § 27a Rdnr. 20; derselbe, JR 1955, 455, 456; Hammann, Die Einigungsämter, S. 3.

36 Außergerichtliche Vorverfahren, S. 282.

Die wirtschaftliche Bedeutung einer Rücktrittsforderung eines Verbrauchers wird wegen der Allgemeingültigkeit für den Werbenden normalerweise so groß sein, daß sein Vergleichsinteresse gering ist; ihm wird vielmehr daran gelegen sein, in einem Grundsatzprozeß — möglicherweise über mehrere Jahre hinweg — zu klären, ob der Verbraucher tatsächlich zum Rücktritt berechtigt ist und gegebenenfalls Schadensersatzansprüche hat. Soweit andere Verbraucher wegen der Ungewißheit des Ausganges des Rechtsstreites davon absehen, Ersatzansprüche geltend zu machen bzw. ihren Rücktritt zu erklären, hat dies den Vorteil für den Werbenden, daß das Rücktrittsrecht, das unverzüglich, spätestens jedoch innerhalb einer Frist von 6 Monaten ausgeübt werden muß, erlischt[37].

---

37 § 13a, Abs. 2, S. 2 UWG.

Siebenter Teil

Vorschläge zur Änderung des Verfahrens

Vorschläge zur Änderung des Verfahrens sollten sich aus der Feststellung von Verfahrensmängeln ergeben. Solche Mängel konnten mit der vorliegenden Untersuchung nicht festgestellt werden. Insbesondere konnten im Rahmen der Untersuchung nur Vermutungen darüber angestellt werden, warum die Einigungsstelle nach 1945 so erheblich an Bedeutung verloren hat. Da weder das Einigungsstellenverfahren noch das Verfahren auf Erlaß einer einstweiligen Verfügung wesentliche Änderungen erfahren haben, kann lediglich vermutet werden, daß die Schlichtungsbereitschaft in der gewerblichen Wirtschaft gesunken ist. Dies mag nicht zuletzt darauf beruhen, daß heutzutage ein Verfahren, das eine schnelle und endgültige, dafür aber einseitige Entscheidung herbeiführt, eher angenommen wird, als ein auf einen Interessenausgleich ausgerichtetes Verfahren.

Ausgehend von dieser Überlegung, bieten sich zwei Änderungen für das Einigungsstellenverfahren an. So kann das Verfahren als obligatorisches Güteverfahren betrachtet werden. Dies ist jedoch nicht nur verfahrenstechnisch unpraktikabel, sondern wird auch der Interessenlage der Beteiligten nicht gerecht. Die Kaufmannschaft und erst recht nicht sämtliche für das Verfahren Aktivlegitimierten stellen eine homogene Gruppe dar, für die es erstrebenswert ist, eine gütliche Einigung herbeizuführen. Zudem wird auch ein zwingend vorgeschriebenes Güteverfahren nicht ein wesentliches Hemmnis des Einigungsstellenverfahrens beseitigen können, nämlich die Tatsache, daß ein vor der Einigungsstelle geschlossener Vergleich nicht in Rechtskraft gegenüber jedermann erwächst.

Um diesen erheblichen Nachteil des Einigungsstellenverfahrens gegenüber dem gerichtlichen Verfahren, insbesondere dem Verfahren auf Erlaß einer einstweiligen Verfügung auszugleichen, könnte der Einigungsstelle die Befugnis verliehen werden, Entscheidungen zu treffen. In diesem Zusammenhang kann sogar daran gedacht werden, die Zuständigkeit für das summarische und damit in gewisser Weise vorläufige Verfahren auf Erlaß einer einstweiligen Verfügung insgesamt auf die Einigungsstelle zu übertragen. Dies würde nicht nur zu einer spürbaren Entlastung der Gerichte beitragen, sondern würde zu einer Wiederbelebung und wesentlichen Aufwertung der Einigungsstelle führen. Dieser Vorschlag wird jedoch, obgleich er praktikabel ist, wie auch in der Vergangenheit an der Abneigung der politischen Entscheidungsträger scheitern, einen Teil der ordentlichen Gerichtsbarkeit auf eine unabhängige Einrichtung zu verlagern.

Es verbleiben daher nur Vorschläge, mit denen das Einigungsstellenverfahren, ohne ein justizförmiges Verfahren zu werden, dem Verfahren auf Erlaß einer einstweiligen Verfügung möglichst weit angenähert werden kann. Dies kann geschehen, indem der Einigungsstelle die Möglichkeit eingeräumt wird, bereits in einer Art schriftlichem Vorverfahren aufgrund der einseitigen Sachverhaltsdarstellung des Antragstellers eine vorläufige Stellungnahme abzugeben, die mit einer Empfehlung anstelle eines Beschlusses enden sollte. Hiermit wäre die Möglichkeit gegeben, die Parteien bereits in einem schriftlichen Vorverfahren durch ein sachverständiges Gremium auf die Rechtslage hinzuweisen und ihnen damit Gelegenheit zu geben, der Empfehlung gemäß zu handeln, also entweder eine Unterlassungserklärung abzugeben oder aber den Antrag zurückzunehmen.

Ferner sollte die schiedsrichterliche Tätigkeit der Einigungsstelle weiter in den Vordergrund gestellt werden. Die Einigungsstelle sollte wie bereits in der Vergangenheit das Recht erhalten, die Parteien darauf hinzuweisen, daß sie die Zuständigkeit der Einigungsstelle als Schiedsstelle gem. § 1025 ZPO vereinbaren können. Hierdurch kann die Einigungsstelle in die Lage versetzt werden, ebenso wie in den Jahren vor 1945 als endgültig streitbeilegend tätig zu werden.

Will man die Einigungsstelle als bereits vorhandene Institution zur Beilegung wettbewerbsrechtlicher Streitigkeiten ausbauen, so empfiehlt es sich, ihre Zuständigkeit auf solche Streitfälle auszudehnen, die individuell beigelegt werden können. Hierzu zählen insbesondere Streitigkeiten aus § 26 GWB. Ein entsprechender Vorschlag des DIHT und der Arbeitsgemeinschaft der Bayerischen Industrie- und Handelskammern findet sich bereits bei Preibisch[1], der die Erweiterung der Zuständigkeit der Einigungsstelle auf diesen Streitgegenstand mit beachtlichen Gründen befürwortet. Es ist bemerkenswert, daß diese Vorschläge bei der Novelle von § 27a UWG nicht berücksichtigt und sogar nicht einmal zur Diskussion gestellt worden sind; stattdessen ist die Zuständigkeit auf Verbraucherbeschwerden erweitert worden.

Im übrigen sollte, ohne daß es hierfür einer Änderung der verfahrensrechtlichen Vorschriften bedarf, dafür Sorge getragen werden, daß die Verfahrensdauer verkürzt wird. Insbesondere sollte, falls eine Aussprache im eigentlichen Sinne von dem Antragsteller gewünscht wird, unverzüglich Termin zur Verhandlung anberaumt werden. In den Fällen, in denen erkennbar nur ein Wettbewerbsverstoß gerügt und dessen Unterlassung verlangt wird, sollte die Einigungsstelle kurzfristig auf die Klärung des Sachverhaltes und gegebenenfalls auf Abgabe einer Unterlassungerklärung durch den Werbenden drängen können. In diesem Bereich ist bereits die Industrie- und Handelskammer mit großem Erfolg tätig. Es ist deshalb auch daran zu denken, den Aufgabenbereich der Einigungsstelle zu erweitern und ihr insbesondere das Recht zur Erteilung wettbewerbsrechtlicher Auskünfte einzuräumen. Ein erheblicher Teil der Wettbewerbsverstöße beruht

---

[1] Außergerichtliche Vorverfahren in Streitigkeiten der Zivilgerichtsbarkeit, S. 304.

auf der Unkenntnis über das im Wettbewerbsrecht Zulässige; hier könnte die Einigungsstelle, vielleicht in der Funktion eines „Wettbewerbsamtes", sowohl mit allgemeiner als auch mit einer Aufklärung im Einzelfall ganz wesentlich zur Verhinderung von Wettbewerbsverstößen beitragen.

Anhang I

Fragebogen für die Einigungsstellen

Statistischer Fragebogen zum Einigungsstellenverfahren nach § 27 a UWG

Einigungsstelle bei der IHK ...., errichtet im Jahr 19..

	1974	1975	1976	1977	1978	1979	1980	1981	1982	1983
Anträge*										
Einigungen										
Rücknahmen										
Anordnungen des persönlichen Erscheinens										
Festsetzungen von Ordnungsstrafen										
begründete Einigungsvorschläge										
anschließende Prozesse										
durchschnittliche Verfahrensdauer (Est)										
Anfragen ohne Verfahren**										

* Formelle Anträge mit denen die Einigungsstelle angerufen wurde.

** Wettbewerbsrechtliche Anfragen, die nicht zu einem Einigungsstellenverfahren führten, weil sich die Angelegenheit bereits im Vorfeld erledigt (z.B. durch Abgabe einer Unterlassungserklärung, Abstandsnahme von weiterer Rechtsverfolgung o.ä.) hat.

1. Wann wurde die Einigungsstelle bzw. ihr Vorgänger (z.B. das Einigungsamt) errichtet?

2. Wieviele Einigungsstellenverfahren sind bei der Einigungsstelle seit 1957 bzw. seit ihrer Errichtung anhängig gewesen?

3. Wieviele Verfahren sind in der Zeit von 1974 bis 1983 anhängig gewesen?

4. Wer trat vorwiegend als Antragsteller auf?

   a) Gewerbetreibende
   b) Wettbewerbsvereine

5. Wer trat vorwiegend als Antragsgegner auf?

   kleine / mittlere / große Gewerbetreibende

6. Wie häufig sind die Verfahren durch Rücknahmen bzw. durch Einigungen erledigt worden?

7. Wie häufig wurde das persönliche Erscheinen einer Partei angeordnet?

8. Wie häufig wurde gegen eine geladene aber nicht erschienene Partei ein Ordnungsgeld verhängt?

9. Wie oft hat die Einigungsstelle einen begründeten Einigungsvorschlag unterbreitet?

10. Wie häufig haben sich an Einigungsstellenverfahren, die

    a) ohne gütliche Einigung
    b) durch Einigung

    beendet wurden, Verfahren vor den ordentlichen Gerichten angeschlossen?

11. Wie lange ist die durchschnittliche Verfahrensdauer zwischen Eingang des Antrags und der Verfahrensbeendigung?

12. Wieviele wettbewerbsrechtliche Anfragen, die nicht zu einem Einigungsstellenverfahren führen, weil sich die Angelegenheit bereits im Vorfeld erledigt haben, werden etwa im Jahr an die Einigungsstelle bzw. die IHK gerichtet?

A n h a n g II

Fragenkatalog für die Vorsitzenden der Einigungsstellen

1. Nach § 27a Abs. 6 S. 1 UWG hat die Einigungsstelle einen gütlichen Ausgleich anzustreben. Welche weiteren (z.B. ordnungs- oder wettbewerbspolitischen) Aufgaben sollten von der Einigungsstelle wahrgenommen werden?

2. Sollten die Ansichten der Einigungsstelle vordringlich der Rechtsprechung (case-law) oder der "guten Kaufmannssitte" entsprechen?

3. Werden begründete Einigungsvorschläge der Einigungsstelle (ausreichend) von den zuständigen Land- und Oberlandesgerichten berücksichtigt?

4. Sollte der Einigungsstelle die Befugnis, Recht zu sprechen, übertragen werden?

5. Sollte die Anrufung der Einigungsstelle in wettbewerbsrechtlichen Streitigkeiten allgemeine Zulässigkeitsvoraussetzung für den ordentlichen Rechtsweg werden?

6. Welches sind die Nachteile des Einigungsstellenverfahrens gegenüber dem ordentlichen Rechtsweg, insbesondere gegenüber dem einstweiligen Verfügungsverfahren?

7. Welche gesetzlichen Änderungen würden die Bereitschaft, die Einigungsstelle anzurufen, erhöhen?

A n h a n g I I I

Fragebogen für die Aktenauswertung

E I N I G U N G S S T E L L E N V E R F A H R E N   B E R L I N

Bezeichnung des Verfahrens: ....

Antragsschrift eingereicht von: ....

am ......19..

Antragsteller: ....

Beruf etc: ....

Streitgegenstand: ....

....

.... §§: ....

1. Termin zur Vhdlg anberaumt am ......19.., auf den ......19...

Vertagt am ...., weil..

2. Termin anberaumt am .....19.., auf den ......19..

Vertagt am.........., weil...

3. Termin anberaumt am .....19.., auf den ......19..

Vertagt am ...., weil ....

Schriftliche Erwiderung auf Antragsschrift?   Ja / Nein

Vorsitzender: ....

Beisitzer: 1.......................... ....

Vhdlg am ......19.. gem. Protokoll vom ......19.., weitere Vhdlg am .....19.. - Bl. 2

Erörterung des Streitggegenstandes? Ja / Nein

Stellungnahme der Einigungsstelle? Ja - für wen:............... / Nein

Vergleich / Einigungsvorschlag (begründet) / Widerrufsvorbehalt?

Inhalt:..

....

....

Parteien persönlich geladen? (Ast. - Agg.)   Ordnungsgeld?

Beweiserhebungen? worüber:...

wodurch:................................., am ......19..

Ende des Verfahrens - festgestellt - am ......19..

Zahlung an Vorsitzenden ....DM am ....19.. verfügt.

Bemerkungen: ....

A n h a n g I V

Einigungsämter im Jahre 1933

Aachen: Gemeinschaftliches Einigungsamt der Industrie- und Handelskammer und der Handwerkskammer zu Aachen, angesiedelt bei der IHK;

Altona: Gemeinschaftliches Einigungsamt des Verbandes der Industrie- und Handelskammern der Provinz Schleswig-Holstein und der Handelskammern zu Altona und Flensburg, angesiedelt bei dem Verband der Industrie- und Handelskammern der Provinz Schleswig Holstein in Altona;

Berlin: Gemeinschaftliches Einigungsamt der Industrie- und Handelskammer zu Berlin und der Handwerkskammer, angesiedelt bei der Industrie- und Handelskammer zu Berlin;

Bielefeld: Gemeinschaftliches Einigungsamt der IHK zu Bielefeld und der der Handwerkskammern Dortmund und Bielefeld, angesiedelt bei der IHK Bielefeld;

Bochum: Gemeinschaftliches Einigungsamt der IHK Bochum und der Handwerkskammern Dortmund und Münster;

Bonn: Gemeinschaftliches Einigungsamt der IHK Bonn und der Handwerkskammer Köln bei der IHK Bonn;

Brandenburg a. H.: Gemeinschaftliches Einigungsamt der IHK Brandenburg und der Handwerkskammer Berlin, angesiedelt bei der IHK Brandenburg;

Bremen: Gemeinschaftliches Einigungsamt der Kleinhandelskammer Bremen und der Geschäftsstelle der kleinen Handelskammer in Bremerhaven sowie der Gewerbekammer, angesiedelt bei der Kleinen Handelskammer in Bremen;

Breslau: Gemeinschaftliches Einigungsamt des Verbandes der Niederschlesischen Industrie- und Handelskammern und der Handwerkskammern Breslau und der für den Regierungsbezirk Liegnitz angesiedelt bei dem Verband der Niederschlesischen IHK;

Dessau: Gemeinschaftliches Einigungsamt der IHK Dessau und der Handwerkskammer für Anhalt, angesiedelt bei der IHK Dessau;

Dortmund: Gemeinschaftliches Einigungsamt der IHK Dortmund und der Handwerkskammern Dortmund und Arnsberg bei der IHK Dortmund;

Duisburg-Ruhrort: Gemeinschaftliches Einigungsamt des Zweckverbandes der niederrheinischen IHK und der Handwerksammer für den Regierungsbezirk Düsseldorf unter Beteiligung der Handwerkskammer zu Münster;

Erfurt: Gemeinschaftliches Einigungsamt der IHK Erfurt und der Handwerkskammer Erfurt, angesiedelt bei der IHK Erfurt;

Essen: Gemeinschaftliches Einigungsamt der IHK Essen und der Handwerkskammer für den Regierungsbezirk Düsseldorf;

Frankfurt/M.: Gemeinschaftliches Einigungsamt des Verbandes der Hessen-Nassauischen IHK in Frankfurt/M. und der Handwerkskammern zu Wiesbaden, Kassel und Sigmaringen, angesiedelt bei dem Verband.

Frankfurt/Oder: Gemeinschaftliches Einigungsamt der IHK Frankfurt an der Oder und der Handwerkskammer für den Regierungsbezirk Frankfurt an der Oder, angesiedelt bei der IHK Frankfurt an der Oder.

Gemeinschaftliches Einigungsamt der ostthüringischen IHK und der Handwerkskammer Gera, angesiedelt bei der IHK Gera.

Hagen in Westfalen: Gemeinschaftliches Einigungsamt des Verbandes der IHK Arnsberg, Hagen und Siegen und den Handwerkskammern Arnsberg, Dortmund und Bielefeld, angesiedelt bei dem Verband der IHKs.

Halle: Gemeinschaftliches Einigungsamt der IHK in Halle und Nordhausen und der IHK in Halle und Nordhausen und der Handwerskammer zu Halle unter Beteiligung der Handwerkskammer Erfurt, angesiedelt bei der IHK.

Hamburg: Einigungsamt bei der Detaillisten -Kammer für das Hamburgische Staatsgebiet.

Marburg/Wilhelmsburg: Gemeinschaftliches Einigungsamt der IHK Harburg/Wilhelmsburg und der Handwerkskammer Harburg/Wilhelmsburg, angesiedelt bei der IHK.

Kassel: Gemeinschaftliches Einigungsamt der IHK Kassel-Mühlhausen der Handwerkskammer zu Kassel und der Handwerkskammer zu Erfurt, angesiedelt bei der IHK.

Koblenz: Gemeinschaftliches Einigungsamt der IHK Koblenz und der Handwerkskammer für den Regierungsbezirk Koblenz.

Cottbus: Gemeinschaftliches Einigungsamt der IHK für die Niederlausitz und der Handwerkskammer Frankfurt/Oder.

Köln: Gemeinschaftliches Einigungsamt der IHK Köln und der Handwerkskammer Köln, angesiedelt bei der IHK.

Königsberg: Gemeinschaftliches Einigungsamt der IHK für Ost- und Westpreußen in Königsberg und der Handwerkskammer für das östliche Preußen, angesiedelt bei der IHK.

Magdeburg: Gemeinschaftliches Einigungsamt der IHK zu Magdeburg und Halberstadt und der Handwerkskammer zu Magdeburg, angesiedelt bei der IHK Magdeburg.

Münster i. W.: Gemeinschaftliches Einigungsamt der IHK Münster und der Handwerkskammer Münster, angesiedelt bei der IHK Münster.

Oppeln: Gemeinschaftliches Einigungsamt der IHK Oppeln und der Handwerkskammer in Oppeln, angesiedelt bei der IHK.

Rostock: Einigungsamt bei der IHK Rostock.

Saarbrücken: Einigungsamt bei der IHK Saarbrücken.

Solingen: Gemeinschaftliches Einigungsamt der IHK Solingen und der Handwerkskammer für den Regierungsbezirk Düsseldorf, angesiedelt bei der IHK.

Sonneberg: Gemeinschaftliches Einigungsamt der südthüringischen IHK Sonneberg und der Handwerkskammer Meiningen in Sonneberg, angesiedelt bei der IHK.

Stettin: Gemeinschaftliches Einigungsamt der IHK Stettin und der Handwerkskammern Stettin und Küsslin, angesiedelt bei der IHK.

Stralsund: Gemeinschaftliches Einigungsamt der IHK Stralsund und der Handwerkskammer Stralsund bei der IHK.

Trier: Gemeinschaftliches Einigungsamt der IHK und der Handwerkskammer in Trier, angesiedelt bei der IHK.

Weimar: Gemeinschaftliches Einigungsamt der mittelthüringischen IHK und der Handwerkskammer Weimar, angesiedelt bei der IHK.

Wesermünde: Gemeinschaftliches Einigungsamt der IHK Wesermünde und der Handwerkskammer zu Harburg bei der IHK.

Wuppertal-Elberfeld: Gemeinschaftliches Einigungsamt der bergischen IHK Wuppertal-Remscheid, der Handwerkskammer für den Regierungsbezirk Düsseldorf und der Handwerkskammer Köln, angesiedelt bei der IHK[1].

1) Vgl. auch Mitteilungen der Deutschen Wirtschaftszeitung vom 11.05., 25.05., 08.06., 10.06. und 15.10.1933.

Anhang V

Statistik über die Einigungsstellenverfahren

in der Bundesrepublik Deutschland von 1974 bis 1983

Statistik der Einigungsstellenverfahren für das Jahr 1974 - Blatt 1

bei der Industrie- und Handelskammer	Anträge	Einigungen	Rücknahmen	AO d. pers. Erscheinens	Festsetzung von Ordnungsstrafen	begründete Einigungsvorschläge	durchschnittl. Verfahrensdauer
zu Aachen	--	--	--	--	--	--	--
zu Arnsberg	--	--	--	--	--	--	--
Aschaffenburg	0						
für Augsburg und Schwaben	2	0	0	2	0	--	--
für Oberfranken Bayreuth	2	2	0	2	0	0	--
zu Berlin	0						
Ostwestfalen zu Bielefeld	--	--	--	--	--	--	--
zu Bochum	--	--	--	--	--	--	--
Bonn	17	3	0	--	0	--	--
Braunschweig	--	--	--	--	--	--	--
Bremen	0						
Bremerhaven	0						

*) Diese Zahl konnte von der Einigungsstelle nur schätzweise angegeben werden.
**) Diese Zahl wurde vom Verfasser aufgrund der Angaben der Einigungsstelle geschätzt.
--) Ohne Angabe.

Statistik der Einigungsstellenverfahren für das Jahr 1974 - Blatt 2

bei der Industrie- und Handelskammer	Anträge	Einigungen	Rücknahmen	AO d. pers. Erscheinens	Festsetzung von Ordnungsstrafen	begründete Einigungsvorschläge	durchschnittl. Verfahrensdauer
zu Coburg	--	--	--	--	--	--	--
Darmstadt	8	7	1	4	0	0	--
Lippe zu Detmold	0						
Dillenburg	--	--	--	--	--	--	--
zu Dortmund	0						
zu Düsseldorf	15*	--	--	--	--	--	--
Niederrheinische- Duisburg - Wesel - Kleve zu Duisburg	--	--	--	--	--	--	--
für Ostfriesland und Papenburg	--	--	--	--	--	--	--
für Essen, Mülheim a.d.Ruhr, Oberhausen zu Essen	--	--	--	--	--	--	--
zu Flensburg	0						

*) Diese Zahl konnte von der Einigungsstelle nur schätzweise angegeben werden.
**) Diese Zahl wurde vom Verfasser aufgrund der Angaben der Einigungsstelle geschätzt.
--) Ohne Angabe.

Statistik der Einigungsstellenverfahren für das Jahr 1974 - Blatt 3

bei der Industrie- und Handelskammer	Anträge	Einigungen	Rücknahmen	AO d. pers. Erscheinens	Festsetzung von Ordnungsstrafen	begründete Einigungsvorschläge	durchschnittl. Verfahrensdauer
Frankfurt a. M.	40	11	17	36**	1	20**	2 Wochen
Südl. Oberrhein	--	--	--	--	--	--	--
Friedberg	--	--	--	--	--	--	--
Fulda	0						
Gießen	--	--	--	--	--	--	--
zu Hagen	0						
Hamburg	--	--	--	--	--	--	--
Hanau - Gelnhausen - Schlüchtern	--	--	--	--	--	--	--
Hannover-Hildesheim	0						
Mittl. Oberrhein	0						
Kassel	--	--	--	--	--	--	--

*) Diese Zahl konnte von der Einigungsstelle nur schätzweise angegeben werden.
**) Diese Zahl wurde vom Verfasser aufgrund der Angaben der Einigungsstelle geschätzt.
--) Ohne Angabe.

Statistik der Einigungsstellenverfahren für das Jahr 1974 - Blatt 4

bei der Industrie- und Handelskammer	Anträge	Einigungen	Rücknahmen	AO d. pers. Erscheinens	Festsetzung von Ordnungsstrafen	begründete Einigungsvorschläge	durchschnittl. Verfahrensdauer
zu Kiel	--	--	--	--	--	--	--
zu Koblenz	8	3	3	8	1	--	--
zu Köln	--	--	--	--	--	--	--
Hochrhein-Bodensee	0						
Mittl.-Niederrhein Krefeld-Mönchengladbach-Neuss	12*	9**	--	9**	0	0	2-3 Wochen
Limburg	--	--	--	--	--	--	--
Lindau/Bodensee	0						
für die Pfalz in Ludwigshafen a.Rh.	--	--	--	--	--	--	--
zu Lübeck (Einigungsstelle erst 1983 errichtet)							
Lüneburg-Wolfsburg	45	13	25	18	3	--	--
für Rheinhessen	1*	--	--	--	--	--	--

*) Diese Zahl konnte von der Einigungsstelle nur schätzweise angegeben werden.
**) Diese Zahl wurde vom Verfasser aufgrund der Angaben der Einigungsstelle geschätzt.
--) Ohne Angabe.

Statistik der Einigungsstellenverfahren für das Jahr 1974 - Blatt 5

bei der Industrie- und Handelskammer	Anträge	Einigungen	Rücknahmen	AO d. pers. Erscheinens	Festsetzung von Ordnungsstrafen	begründete Einigungsvorschläge	durchschnittl. Verfahrensdauer
Rhein-Neckar	2	0	0	0	0	0	--
für München und Oberbayern	59	42	17	53**	4	0	--
zu Münster	--	--	--	--	--	--	--
Nürnberg	5	--	--	--	--	--	--
Offenbach a. M.	--	--	--	--	--	--	--
Oldenburgische-	35	17	9	0	3	2	6-8 Wochen
Osnabrück-Emsland	--	--	--	--	--	--	--
für Niederbayern in Passau	15	13	2	15	0	0	--
Regensburg	15	15	0	15	0	0	--
Reutlingen	2	2	0	0	0	0	--
Ulm und Bodensee - Oberschwaben							
des Saarlandes	0						

*) Diese Zahl konnte von der Einigungsstelle nur schätzweise angegeben werden.
**) Diese Zahl wurde vom Verfasser aufgrund der Angaben der Einigungsstelle geschätzt.
--) Ohne Angabe.

Statistik der Einigungsstellenverfahren für das Jahr 1974 - Blatt 6

bei der Industrie- und Handelskammer	Anträge	Einigungen	Rücknahmen	AO d. pers. Erscheinens	Festsetzung von Ordnungsstrafen	begründete Einigungsvorschläge	durchschnittl. Verfahrensdauer
Siegen	--	--	--	--	--	--	--
Stade für den Elbe-Weser-Raum	4*	2*	2*	4*	0	4	2-4 Wochen
Mittlerer Neckar	--	--	--	--	--	--	--
Trier	0						
Ulm	--	--	--	--	--	--	--
Schwarzwald-Baar-Heuberg	--	--	--	--	--	--	--
Bodensee-Oberschwaben	0						
Wetzlar	0						
Wiesbaden	--	--	--	--	--	--	--
Würzburg-Schweinfurth	4	3**	0	--	0	--	--
Wuppertal-Solingen Remscheid	0						

*) Diese Zahl konnte von der Einigungsstelle nur schätzweise angegeben werden.
**) Diese Zahl wurde vom Verfasser aufgrund der Angaben der Einigungsstelle geschätzt.
--) Ohne Angabe.

Statistik der Einigungsstellenverfahren für das Jahr 1975 - Blatt 1

bei der Industrie- und Handelskammer	Anträge	Einigungen	Rücknahmen	AO d. pers. Erscheinens	Festsetzung von Ordnungsstrafen	begründete Einigungsvorschläge	durchschnittl. Verfahrensdauer
zu Aachen	--	--	--	--	--	--	--
zu Arnsberg	--	--	--	--	--	--	--
Aschaffenburg	0						
für Augsburg und Schwaben	0						
für Oberfranken Bayreuth	6	2	4	6	0	0	--
zu Berlin	0						
Ostwestfalen zu Bielefeld	--	--	--	--	--	--	--
zu Bochum	--	--	--	--	--	--	--
Bonn	22	1	0	--	0	--	--
Braunschweig	--	--	--	--	--	--	--
Bremen	0						

*) Diese Zahl konnte von der Einigungsstelle nur schätzweise angegeben werden.
**) Diese Zahl wurde vom Verfasser aufgrund der Angaben der Einigungsstelle geschätzt.
--) Ohne Angabe.

Statistik der Einigungsstellenverfahren für das Jahr 1975 - Blatt 2

bei der Industrie- und Handelskammer	Anträge	Einigungen	Rücknahmen	AO d. pers. Erscheinens	Festsetzung von Ordnungsstrafen	begründete Einigungsvorschläge	durchschnittl. Verfahrensdauer
Bremerhaven	0						
zu Coburg	--	--	--	--	--	--	--
Darmstadt	2	2	0	2	0	0	--
Lippe zu Detmold	0						
Dillenburg	--	--	--	--	--	--	--
zu Dortmund	1	0	0	1	0	--	3 Wochen
zu Düsseldorf	15*	--	--	--	--	--	--
Niederrheinische- Duisburg - Wesel - Kleve zu Duisburg	--	--	--	--	--	--	--
für Ostfriesland und Papenburg	--	--	--	--	--	--	--
für Essen, Mülheim a.d.Ruhr, Oberhausen zu Essen	--	--	--	--	--	--	--

*) Diese Zahl konnte von der Einigungsstelle nur schätzweise angegeben werden.
**) Diese Zahl wurde vom Verfasser aufgrund der Angaben der Einigungsstelle geschätzt.
--) Ohne Angabe.

Statistik der Einigungsstellenverfahren für das Jahr 1975 - Blatt 3

bei der Industrie- und Handelskammer	Anträge	Einigungen	Rücknahmen	AO d. pers. Erscheinens	Festsetzung von Ordnungsstrafen	begründete Einigungsvorschläge	durchschnittl. Verfahrensdauer
zu Flensburg	0						
Frankfurt a. M.	59	24	16	53**	0	35**	2 Wochen
Südl. Oberrhein	--	--	--	--	--	--	--
Friedberg	--	--	--	--	--	--	--
Fulda	0						
Gießen	--	--	--	--	--	--	--
zu Hagen	0						
Hamburg	--	--	--	--	--	--	--
Hanau - Gelnhausen - Schlüchtern	--	--	--	--	--	--	--
Hannover-Hildesheim	0						
Mittl. Oberrhein	0						

*) Diese Zahl konnte von der Einigungsstelle nur schätzweise angegeben werden.
**) Diese Zahl wurde vom Verfasser aufgrund der Angaben der Einigungsstelle geschätzt.
--) Ohne Angabe.

Statistik der Einigungsstellenverfahren für das Jahr 1975 - Blatt 4

bei der Industrie- und Handelskammer	Anträge	Einigungen	Rücknahmen	AO d. pers. Erscheinens	Festsetzung von Ordnungsstrafen	begründete Einigungsvorschläge	durchschnittl. Verfahrensdauer
Kassel	--	--	--	--	--	--	--
zu Kiel	--	--	--	--	--	--	--
zu Koblenz	2	1	1	2	0	--	--
zu Köln	--	--	--	--	--	--	--
Hochrhein-Bodensee	0						
Mittl.-Niederrhein, Krefeld-Mönchengladbach-Neuss	12*	9**	--	9**	0	0	2-3 Wochen
Limburg	--	--	--	--	--	--	--
Lindau/Bodensee	0						
für die Pfalz in Ludwigshafen a.Rh.	--	--	--	--	--	--	--
zu Lübeck (Einigungsstelle erst 1983 errichtet)							
Lüneburg-Wolfsburg	58	24	30	26	3	--	--

*) Diese Zahl konnte von der Einigungsstelle nur schätzweise angegeben werden.
**) Diese Zahl wurde vom Verfasser aufgrund der Angaben der Einigungsstelle geschätzt.
--) Ohne Angabe.

Statistik der Einigungsstellenverfahren für das Jahr 1975 - Blatt 5

bei der Industrie- und Handelskammer	Anträge	Einigungen	Rücknahmen	AO d. pers. Erscheinens	Festsetzung von Ordnungsstrafen	begründete Einigungsvorschläge	durchschnittl. Verfahrensdauer
für Rheinhessen	1*	--	--	--	--	--	--
Rhein-Neckar in Mannheim	0						
für München und Oberbayern	55	38	17	49**	5	0	--
zu Münster	--	--	--	--	--	--	--
Nürnberg	9	--	--	--	--	--	--
Offenbach a. M.	--	--	--	--	--	--	--
Oldenburgische-	3	2	0	0	0	1	4-6 Wochen
Osnabrück-Emsland	--	--	--	--	--	--	--
für Niederbayern in Passau	13	9	3	13	0	0	--
Regensburg	13	12	1	13	0	0	--
Reutlingen	0						
des Saarlandes	2	2	0	0	0	0	4 Wochen

*) Diese Zahl konnte von der Einigungsstelle nur schätzweise angegeben werden.
**) Diese Zahl wurde vom Verfasser aufgrund der Angaben der Einigungsstelle geschätzt.
--) Ohne Angabe.

Statistik der Einigungsstellenverfahren für das Jahr 1975 - Blatt 6

bei der Industrie- und Handelskammer	Anträge	Einigungen	Rücknahmen	AO d. pers. Erscheinens	Festsetzung von Ordnungsstrafen	begründete Einigungsvorschläge	durchschnittl. Verfahrensdauer
Siegen	--	--	--	--	--	--	--
Stade für den Elbe-Weser-Raum	4*	2*	2*	4*	0	4	2-4 Wochen
Mittlerer Neckar	--	--	--	--	--	--	--
Trier	1	0	1	0	0	0	4 Wochen
Ulm	--	--	--	--	--	--	--
Schwarzwald-Baar-Heuberg	--	--	--	--	--	--	--
Bodensee-Oberschwaben	0						
Wetzlar	1	1	0	2	0	1	2 Wochen
Wiesbaden	--	--	--	--	--	--	--
Würzburg-Schweinfurth	1	1**	0	--	0	--	--
Wuppertal-Solingen Remscheid	0						

*) Diese Zahl konnte von der Einigungsstelle nur schätzweise angegeben werden.
**) Diese Zahl wurde vom Verfasser aufgrund der Angaben der Einigungsstelle geschätzt.
--) Ohne Angabe.

Statistik der Einigungsstellenverfahren für das Jahr 1976 - Blatt 1

bei der Industrie- und Handelskammer	Anträge	Einigungen	Rücknahmen	AO d. pers. Erscheinens	Festsetzung von Ordnungsstrafen	begründete Einigungsvorschläge	durchschnittl. Verfahrensdauer
zu Aachen	--	--	--	--	--	--	--
zu Arnsberg	--	--	--	--	--	--	--
Aschaffenburg	1	0	1	1**	--	--	--
für Augsburg und Schwaben	2	2	0	3	0	--	--
für Oberfranken Bayreuth	9	7	1	9	0	0	--
zu Berlin	2	2	0	0	0	0	1 Jahr/4 Wochen
Ostwestfalen zu Bielefeld	--	--	--	--	--	--	--
zu Bochum	--	--	--	--	--	--	--
Bonn	13	6	1	--	0	--	--
Braunschweig	--	--	--	--	--	--	--
Bremen	0						
Bremerhaven	0						

*) Diese Zahl konnte von der Einigungsstelle nur schätzweise angegeben werden.
**) Diese Zahl wurde vom Verfasser aufgrund der Angaben der Einigungsstelle geschätzt.
--) Ohne Angabe.

Statistik der Einigungsstellenverfahren für das Jahr 1976 - Blatt 2

bei der Industrie- und Handelskammer	Anträge	Einigungen	Rücknahmen	AO d. pers. Erscheinens	Festsetzung von Ordnungsstrafen	begründete Einigungsvorschläge	durchschnittl. Verfahrensdauer
zu Coburg	--	--	--	--	--	--	--
Darmstadt	4	3	0	4	0	0	--
Lippe zu Detmold	0						
Dillenburg	--	--	--	--	--	--	--
zu Dortmund	0						
zu Düsseldorf	15*	--	--	--	--	--	--
Niederrheinische- Duisburg - Wesel - Kleve zu Duisburg	--	--	--	--	--	--	--
für Ostfriesland und Papenburg	--	--	--	--	--	--	--
für Essen, Mülheim a.d.Ruhr, Oberhausen zu Essen	--	--	--	--	--	--	--
zu Flensburg	0						

*) Diese Zahl konnte von der Einigungsstelle nur schätzweise angegeben werden.
**) Diese Zahl wurde vom Verfasser aufgrund der Angaben der Einigungsstelle geschätzt.
--) Ohne Angabe.

Statistik der Einigungsstellenverfahren für das Jahr 1976 - Blatt 3

bei der Industrie- und Handelskammer	Anträge	Einigungen	Rücknahmen	AO d. pers. Erscheinens	Festsetzung von Ordnungsstrafen	begründete Einigungsvorschläge	durchschnittl. Verfahrensdauer
Frankfurt a. M.	68	35	17	61**	1	42**	2 Wochen
Südl. Oberrhein	--	--	--	--	--	--	--
Friedberg	--	--	--	--	--	--	--
Fulda	0						
Gießen	--	--	--	--	--	--	--
zu Hagen	1	1	0	--	--	--	2-3 Wochen
Hamburg	--	--	--	--	--	--	--
Hanau - Gelnhausen - Schlüchtern	--	--	--	--	--	--	--
Hannover-Hildesheim	0						
Mittl. Oberrhein	0						
Kassel	--	--	--	--	--	--	--

*) Diese Zahl konnte von der Einigungsstelle nur schätzweise angegeben werden.
**) Diese Zahl wurde vom Verfasser aufgrund der Angaben der Einigungsstelle geschätzt.
--) Ohne Angabe.

Statistik der Einigungsstellenverfahren für das Jahr 1976 - Blatt 4

bei der Industrie- und Handelskammer	Anträge	Einigungen	Rücknahmen	AO d. pers. Erscheinens	Festsetzung von Ordnungsstrafen	begründete Einigungsvorschläge	durchschnittl. Verfahrensdauer
zu Kiel	--	--	--	--	--	--	--
zu Koblenz	9	4	2	9	1	--	--
zu Köln	--	--	--	--	--	--	--
Hochrhein-Bodensee	0						
Mittl.-Niederrhein Krefeld-Mönchengladbach-Neuss	12*	9**	--	9**	0	0	2-3 Wochen
Limburg	--	--	--	--	--	--	--
Lindau/Bodensee	0						
für die Pfalz in Ludwigshafen a.Rh.	--	--	--	--	--	--	--
zu Lübeck (Einigungsstelle erst 1983 errichtet)							
Lüneburg-Wolfsburg	35	13	18	17	4	--	--
für Rheinhessen	1*	--	--	--	--	--	--

*) Diese Zahl konnte von der Einigungsstelle nur schätzweise angegeben werden.
**) Diese Zahl wurde vom Verfasser aufgrund der Angaben der Einigungsstelle geschätzt.
--) Ohne Angabe.

Statistik der Einigungsstellenverfahren für das Jahr 1976 - Blatt 5

bei der Industrie- und Handelskammer	Anträge	Einigungen	Rücknahmen	AO d. pers. Erscheinens	Festsetzung von Ordnungsstrafen	begründete Einigungsvorschläge	durchschnittl. Verfahrensdauer
Rhein-Neckar in Mannheim	0						
für München und Oberbayern	94	53	41	84**	5	1	--
zu Münster	--	--	--	--	--	--	--
Nürnberg	7	--	--	--	--	--	--
Offenbach a. M.	--	--	--	--	--	--	--
Oldenburgische-	0						
Osnabrück-Emsland	--	--	--	--	--	--	--
für Niederbayern in Passau	17	11	6	17	0	0	--
Regensburg	18	18	0	18	0	0	--
Reutlingen	0						
des Saarlandes	1	1	0	0	0	0	8 Wochen

*) Diese Zahl konnte von der Einigungsstelle nur schätzweise angegeben werden.
**) Diese Zahl wurde vom Verfasser aufgrund der Angaben der Einigungsstelle geschätzt.
--) Ohne Angabe.

Statistik der Einigungsstellenverfahren für das Jahr 1976 - Blatt 6

bei der Industrie- und Handelskammer	Anträge	Einigungen	Rücknahmen	AO d. pers. Erscheinens	Festsetzung von Ordnungsstrafen	begründete Einigungsvorschläge	durchschnittl. Verfahrensdauer
Siegen	--	--	--	--	--	--	--
Stade für den Elbe-Weser-Raum	4*	2*	2*	4*	0	4	2-4 Wochen
Mittlerer Neckar	--	--	--	--	--	--	--
Trier	3	0	3	0	0	0	3 Monate
Ulm	--	--	--	--	--	--	--
Schwarzwald-Baar-Heuberg	--	--	--	--	--	--	--
Bodensee-Oberschwaben	0						
Wetzlar	3	3	0	2	0	3	2-3 Wochen
Wiesbaden	--	--	--	--	--	--	--
Würzburg-Schweinfurth	1	1**	0	--	0	--	--
Wuppertal-Solingen Remscheid	0						

*) Diese Zahl konnte von der Einigungsstelle nur schätzweise angegeben werden.
**) Diese Zahl wurde vom Verfasser aufgrund der Angaben der Einigungsstelle geschätzt.
--) Ohne Angabe.

Statistik der Einigungsstellenverfahren für das Jahr 1977 - Blatt 1

bei der Industrie- und Handelskammer	Anträge	Einigungen	Rücknahmen	AO d. pers. Erscheinens	Festsetzung von Ordnungsstrafen	begründete Einigungsvorschläge	durchschnittl. Verfahrensdauer
zu Aachen	--	--	--	--	--	--	--
zu Arnsberg	--	--	--	--	--	--	--
Aschaffenburg	1	0	1	1**	--	--	--
für Augsburg und Schwaben	3	0	1	3	0	--	--
für Oberfranken Bayreuth	0						
zu Berlin	1	1	0	0	0	1	5 Wochen
Ostwestfalen zu Bielefeld	--	--	--	--	--	--	--
zu Bochum	--	--	--	--	--	--	--
Bonn	8	4	1	--	0	--	--
Braunschweig	--	--	--	--	--	--	--
Bremen	1	1	0	1	0	1	2-3 Monate
Bremerhaven	0						

*) Diese Zahl konnte von der Einigungsstelle nur schätzweise angegeben werden.
**) Diese Zahl wurde vom Verfasser aufgrund der Angaben der Einigungsstelle geschätzt.
--) Ohne Angabe.

Statistik der Einigungsstellenverfahren für das Jahr 1977 - Blatt 2

bei der Industrie- und Handelskammer	Anträge	Einigungen	Rücknahmen	AO d. pers. Erscheinens	Festsetzung von Ordnungsstrafen	begründete Einigungsvorschläge	durchschnittl. Verfahrensdauer
zu Coburg	--	--	--	--	--	--	--
Darmstadt	8	4	3	6	0	0	--
Lippe zu Detmold	3	3	0	3	0	0	3 Wochen
zu Dillenburg	--	--	--	--	--	--	--
zu Dortmund	26	9	12	26	0	--	3 Wochen
zu Düsseldorf	15*	--	--	--	--	--	--
Niederrheinische- Duisburg - Wesel - Kleve zu Duisburg	--	--	--	--	--	--	--
für Ostfriesland und Papenburg	--	--	--	--	--	--	--
für Essen, Mülheim a.d.Ruhr, Oberhausen zu Essen	--	--	--	--	--	--	--
zu Flensburg	0						

*) Diese Zahl konnte von der Einigungsstelle nur schätzweise angegeben werden.
**) Diese Zahl wurde vom Verfasser aufgrund der Angaben der Einigungsstelle geschätzt.
--) Ohne Angabe.

Statistik der Einigungsstellenverfahren für das Jahr 1977 - Blatt 3

bei der Industrie- und Handelskammer	Anträge	Einigungen	Rücknahmen	AO d. pers. Erscheinens	Festsetzung von Ordnungsstrafen	begründete Einigungsvorschläge	durchschnittl. Verfahrensdauer
Frankfurt a. M.	47	17	18	42**	2	24**	2 Wochen
Südl. Oberrhein	--	--	--	--	--	--	--
Friedberg	--	--	--	--	--	--	--
Fulda	0						
Gießen	--	--	--	--	--	--	--
zu Hagen	5	2	1	--	--	--	2-3 Wochen
Hamburg	--	--	--	--	--	--	--
Hanau - Gelnhausen - Schlüchtern	--	--	--	--	--	--	--
Hannover-Hildesheim	0						
Mittl. Oberrhein	0						
Kassel	--	--	--	--	--	--	--

*) Diese Zahl konnte von der Einigungsstelle nur schätzweise angegeben werden.
**) Diese Zahl wurde vom Verfasser aufgrund der Angaben der Einigungsstelle geschätzt.
--) Ohne Angabe.

Statistik der Einigungsstellenverfahren für das Jahr 1977 - Blatt 4

bei der Industrie- und Handelskammer	Anträge	Einigungen	Rücknahmen	AO d. pers. Erscheinens	Festsetzung von Ordnungsstrafen	begründete Einigungsvorschläge	durchschnittl. Verfahrensdauer
zu Kiel	--	--	--	--	--	--	--
zu Koblenz	3	1	2	3	1	--	--
zu Köln	--	--	--	--	--	--	--
Hochrhein-Bodensee	0						
Mittl.-Niederrhein Krefeld-Mönchengladbach-Neuss	12*	9**	--	9**	0	0	2-3 Wochen
Limburg	--	--	--	--	--	--	--
Lindau/Bodensee	0						
für die Pfalz in Ludwigshafen a.Rh.	--	--	--	--	--	--	--
zu Lübeck (Einigungsstelle erst 1983 errichtet)							
Lüneburg-Wolfsburg	36	17	19	17	0	--	--
für Rheinhessen	1*	--	--	--	--	--	--

*) Diese Zahl konnte von der Einigungsstelle nur schätzweise angegeben werden.
**) Diese Zahl wurde vom Verfasser aufgrund der Angaben der Einigungsstelle geschätzt.
--) Ohne Angabe.

Statistik der Einigungsstellenverfahren für das Jahr 1977 - Blatt 5

bei der Industrie- und Handelskammer	Anträge	Einigungen	Rücknahmen	AO d. pers. Erscheinens	Festsetzung von Ordnungsstrafen	begründete Einigungsvorschläge	durchschnittl. Verfahrensdauer
Rhein-Neckar in Mannheim	0						
für München und Oberbayern	82	42	40	73**	8	0	--
zu Münster	--	--	--	--	--	--	--
Nürnberg	1	--	--	--	--	--	--
Offenbach a. M.	--	--	--	--	--	--	--
Oldenburgische-	1	0	1	0	0	0	8 Wochen
Osnabrück-Emsland	--	--	--	--	--	--	--
für Niederbayern in Passau	31	20	11	31	0	0	--
Regensburg	15	15	0	15	0	0	--
Reutlingen	0						
des Saarlandes	1	1	0	0	0	0	4 Wochen

*) Diese Zahl konnte von der Einigungsstelle nur schätzweise angegeben werden.
**) Diese Zahl wurde vom Verfasser aufgrund der Angaben der Einigungsstelle geschätzt.
--) Ohne Angabe.

Statistik der Einigungsstellenverfahren für das Jahr 1977 - Blatt 6

bei der Industrie- und Handelskammer	Anträge	Einigungen	Rücknahmen	AO d. pers. Erscheinens	Festsetzung von Ordnungsstrafen	begründete Einigungsvorschläge	durchschnittl. Verfahrensdauer
Siegen	--	--	--	--	--	--	--
Stade für den Elbe-Weser-Raum	4*	2*	2*	4*	0	4	2-4 Wochen
Mittlerer Neckar	--	--	--	--	--	--	--
Trier	4	1	3	0	0	1	3 Monate
Ulm	--	--	--	--	--	--	--
Schwarzwald-Baar-Heuberg	--	--	--	--	--	--	--
Bodensee-Oberschwaben	0						
Wetzlar	2	2	0	2	0	2	3 Wochen
Wiesbaden	--	--	--	--	--	--	--
Würzburg-Schweinfurth	6	5**	0	--	0	--	--
Wuppertal-Solingen Remscheid	0						

*) Diese Zahl konnte von der Einigungsstelle nur schätzweise angegeben werden.
**) Diese Zahl wurde vom Verfasser aufgrund der Angaben der Einigungsstelle geschätzt.
--) Ohne Angabe.

Statistik der Einigungsstellenverfahren für das Jahr 1978 - Blatt 1

bei der Industrie- und Handelskammer	Anträge	Einigungen	Rücknahmen	AO d. pers. Erscheinens	Festsetzung von Ordnungsstrafen	begründete Einigungsvorschläge	durchschnittl. Verfahrensdauer
zu Aachen	--	--	--	--	--	--	--
zu Arnsberg	--	--	--	--	--	--	--
Aschaffenburg	0						
für Augsburg und Schwaben	0						
für Oberfranken Bayreuth	2	2	0	2	0	0	--
zu Berlin	8	4	4	1	0	1	3 Wochen
Ostwestfalen zu Bielefeld	2	2	0	2	0	--	1 Woche
zu Bochum	--	--	--	--	--	--	--
Bonn	16	8	2	--	1	--	--
Braunschweig	--	--	--	--	--	--	--
Bremen	2	2	0	2	0	2	2-3 Monate
Bremerhaven	0						

*) Diese Zahl konnte von der Einigungsstelle nur schätzweise angegeben werden.
**) Diese Zahl wurde vom Verfasser aufgrund der Angaben der Einigungsstelle geschätzt.
--) Ohne Angabe.

Statistik der Einigungsstellenverfahren für das Jahr 1978 - Blatt 2

bei der Industrie- und Handelskammer	Anträge	Einigungen	Rücknahmen	AO d. pers. Erscheinens	Festsetzung von Ordnungsstrafen	begründete Einigungsvorschläge	durchschnittl. Verfahrensdauer
zu Coburg	--	--	--	--	--	--	--
Darmstadt	7	6	1	7	0	0	--
Lippe zu Detmold	2	0	0	2	0	0	3 Wochen
zu Dillenburg	--	--	--	--	--	--	--
zu Dortmund	26	13	6	26	0	--	3 Wochen
zu Düsseldorf	15*	--	--	--	--	--	--
Niederrheinische- Duisburg - Wesel - Kleve zu Duisburg	--	--	--	--	--	--	--
für Ostfriesland und Papenburg	--	--	--	--	--	--	--
für Essen, Mülheim a.d.Ruhr, Oberhausen zu Essen	--	--	--	--	--	--	--
zu Flensburg	0						

*) Diese Zahl konnte von der Einigungsstelle nur schätzweise angegeben werden.
**) Diese Zahl wurde vom Verfasser aufgrund der Angaben der Einigungsstelle geschätzt.
--) Ohne Angabe.

Statistik der Einigungsstellenverfahren für das Jahr 1978 - Blatt 3

bei der Industrie- und Handelskammer	Anträge	Einigungen	Rücknahmen	AO d. pers. Erscheinens	Festsetzung von Ordnungsstrafen	begründete Einigungsvorschläge	durchschnittl. Verfahrensdauer
Frankfurt a. M.	48	22	18	43**	2	27**	2 Wochen
Südl. Oberrhein	--	--	--	--	--	--	--
Friedberg	--	--	--	--	--	--	--
Fulda	0						
Gießen	--	--	--	--	--	--	--
zu Hagen	0						
Hamburg	--	--	--	--	--	--	--
Hanau - Gelnhausen - Schlüchtern	--	--	--	--	--	--	--
Hannover-Hildesheim	5	--	--	--	--	--	--
Mittl. Oberrhein	0						
Kassel	--	--	--	--	--	--	--

*) Diese Zahl konnte von der Einigungsstelle nur schätzweise angegeben werden.
**) Diese Zahl wurde vom Verfasser aufgrund der Angaben der Einigungsstelle geschätzt.
--) Ohne Angabe.

Statistik der Einigungsstellenverfahren für das Jahr 1978 - Blatt 4

bei der Industrie- und Handelskammer	Anträge	Einigungen	Rücknahmen	AO d. pers. Erscheinens	Festsetzung von Ordnungsstrafen	begründete Einigungsvorschläge	durchschnittl. Verfahrensdauer
zu Kiel	--	--	--	--	--	--	--
zu Koblenz	5	3	0	5	1	--	--
zu Köln	--	--	--	--	--	--	--
Hochrhein-Bodensee	0						
Mittl.-Niederrhein Krefeld-Mönchengladbach-Neuss	12*	9**	--	9**	0	0	2-3 Wochen
Limburg	--	--	--	--	--	--	--
Lindau/Bodensee	0						
für die Pfalz in Ludwigshafen a.Rh.	--	--	--	--	--	--	--
zu Lübeck (Einigungsstelle erst 1983 errichtet)							
Lüneburg-Wolfsburg	60	31	29	30	0	--	--
für Rheinhessen	1*	--	--	--	--	--	--

*) Diese Zahl konnte von der Einigungsstelle nur schätzweise angegeben werden.
**) Diese Zahl wurde vom Verfasser aufgrund der Angaben der Einigungsstelle geschätzt.
--) Ohne Angabe.

Statistik der Einigungsstellenverfahren für das Jahr 1978 - Blatt 5

bei der Industrie- und Handelskammer	Anträge	Einigungen	Rücknahmen	AO d. pers. Erscheinens	Festsetzung von Ordnungsstrafen	begründete Einigungsvorschläge	durchschnittl. Verfahrensdauer
Rhein-Neckar	0						
für München und Oberbayern	81	46	35	72**	2	0	--
zu Münster	--	--	--	--	--	--	--
Nürnberg	7	--	--	--	--	--	--
Offenbach a. M.	--	--	--	--	--	--	--
Oldenburgische-	2	1	0	0	0	1	6-8 Wochen
Osnabrück-Emsland	--	--	--	--	--	--	--
für Niederbayern in Passau	26	17	9	26	0	0	--
Regensburg	20	20	0	20	0	0	--
Reutlingen	0						
des Saarlandes	4	1	2	1	0	1	3 Wochen

*) Diese Zahl konnte von der Einigungsstelle nur schätzweise angegeben werden.
**) Diese Zahl wurde vom Verfasser aufgrund der Angaben der Einigungsstelle geschätzt.
--) Ohne Angabe.

Statistik der Einigungsstellenverfahren für das Jahr 1978 - Blatt 6

bei der Industrie- und Handelskammer	Anträge	Einigungen	Rücknahmen	AO d. pers. Erscheinens	Festsetzung von Ordnungsstrafen	begründete Einigungsvorschläge	durchschnittl. Verfahrensdauer
Siegen	--	--	--	--	--	--	--
Stade für den Elbe-Weser-Raum	4*	2*	2*	4*	0	4	2-4 Wochen
Mittlerer Neckar	--	--	--	--	--	--	--
Trier	11	4	7	0	0	4	3 Monate
Ulm	--	--	--	--	--	--	--
Schwarzwald-Baar-Heuberg	--	--	--	--	--	--	--
Bodensee-Oberschwaben	0						
Wetzlar	1	1	0	1	0	1	2 Wochen
Wiesbaden	--	--	--	--	--	--	--
Würzburg-Schweinfurth	2	1**	0	--	0	--	--
Wuppertal-Solingen Remscheid	1	1	0	1	--	--	--

*) Diese Zahl konnte von der Einigungsstelle nur schätzweise angegeben werden.
**) Diese Zahl wurde vom Verfasser aufgrund der Angaben der Einigungsstelle geschätzt.
--) Ohne Angabe.

Statistik der Einigungsstellenverfahren für das Jahr 1979 - Blatt 1

bei der Industrie- und Handelskammer	Anträge	Einigungen	Rücknahmen	AO d. pers. Erscheinens	Festsetzung von Ordnungsstrafen	begründete Einigungsvorschläge	durchschnittl. Verfahrensdauer
zu Aachen	--	--	--	--	--	--	--
zu Arnsberg	--	--	--	--	--	--	--
Aschaffenburg	5	5	0	4**	--	--	--
für Augsburg und Schwaben	0						
für Oberfranken Bayreuth	0						
zu Berlin	1	0	0	0	0	1	1 Woche
Ostwestfalen zu Bielefeld	16	13	0	16	3	--	2 Wochen
zu Bochum	--	--	--	--	--	--	--
Bonn	28	13	0	--	0	--	--
Braunschweig	--	--	--	--	--	--	--
Bremen	3	3	0	3	0	3	2-3 Monate
Bremerhaven	0						

*) Diese Zahl konnte von der Einigungsstelle nur schätzweise angegeben werden.
**) Diese Zahl wurde vom Verfasser aufgrund der Angaben der Einigungsstelle geschätzt.
--) Ohne Angabe.

Statistik der Einigungsstellenverfahren für das Jahr 1979 - Blatt 2

bei der Industrie- und Handelskammer	Anträge	Einigungen	Rücknahmen	AO d. pers. Erscheinens	Festsetzung von Ordnungsstrafen	begründete Einigungsvorschläge	durchschnittl. Verfahrensdauer
zu Coburg	--	--	--	--	--	--	--
Darmstadt	1	1	0	1	0	0	--
Lippe zu Detmold	0						
zu Dillenburg	2	0	1	2	1	--	2-3 Wochen
zu Dortmund	15	9	1	15	0	--	3 Wochen
zu Düsseldorf	16	13	3	16	1	1	--
Niederrheinische- Duisburg - Wesel - Kleve zu Duisburg	--	--	--	--	--	--	--
für Ostfriesland und Papenburg	--	--	--	--	--	--	--
für Essen, Mülheim a.d.Ruhr, Oberhausen zu Essen	--	--	--	--	--	--	--
zu Flensburg	0						

*) Diese Zahl konnte von der Einigungsstelle nur schätzweise angegeben werden.
**) Diese Zahl wurde vom Verfasser aufgrund der Angaben der Einigungsstelle geschätzt.
--) Ohne Angabe.

Statistik der Einigungsstellenverfahren für das Jahr 1979 - Blatt 3

bei der Industrie- und Handelskammer	Anträge	Einigungen	Rücknahmen	AO d. pers. Erscheinens	Festsetzung von Ordnungsstrafen	begründete Einigungsvorschläge	durchschnittl. Verfahrensdauer
Frankfurt a. M.	25	11	9	22**	4	14**	2 Wochen
Südl. Oberrhein	--	--	--	--	--	--	--
Friedberg	--	--	--	--	--	--	--
Fulda	0						
Gießen	--	--	--	--	--	--	--
zu Hagen	0						
Hamburg	--	--	--	--	--	--	--
Hanau - Gelnhausen - Schlüchtern	--	--	--	--	--	--	--
Hannover-Hildesheim	5	--	--	--	--	--	--
Mittl. Oberrhein	0						
Kassel	--	--	--	--	--	--	--

*) Diese Zahl konnte von der Einigungsstelle nur schätzweise angegeben werden.
**) Diese Zahl wurde vom Verfasser aufgrund der Angaben der Einigungsstelle geschätzt.
--) Ohne Angabe.

Statistik der Einigungsstellenverfahren für das Jahr 1979 - Blatt 4

bei der Industrie- und Handelskammer	Anträge	Einigungen	Rücknahmen	AO d. pers. Erscheinens	Festsetzung von Ordnungsstrafen	begründete Einigungsvorschläge	durchschnittl. Verfahrensdauer
zu Kiel	--	--	--	--	--	--	--
zu Koblenz	10	2	3	10	1	--	--
zu Köln	--	--	--	--	--	--	--
Hochrhein-Bodensee	0						
Mittl.-Niederrhein Krefeld-Mönchengladbach-Neuss	12*	9**	--	9**	0	0	2-3 Wochen
Limburg --	--	--	--	--	--	--	--
Lindau/Bodensee	0						
für die Pfalz in Ludwigshafen a.Rh.	--	--	--	--	--	--	--
zu Lübeck (Einigungsstelle erst 1983 errichtet)							
Lüneburg-Wolfsburg	61	35	24	37	0	--	--
für Rheinhessen	1*	--	--	--	--	--	--

*) Diese Zahl konnte von der Einigungsstelle nur schätzweise angegeben werden.
**) Diese Zahl wurde vom Verfasser aufgrund der Angaben der Einigungsstelle geschätzt.
--) Ohne Angabe.

Statistik der Einigungsstellenverfahren für das Jahr 1979 - Blatt 5

bei der Industrie- und Handelskammer	Anträge	Einigungen	Rücknahmen	AO d. pers. Erscheinens	Festsetzung von Ordnungsstrafen	begründete Einigungsvorschläge	durchschnittl. Verfahrensdauer
Rhein-Neckar	3	1	2	1	0	0	--
für München und Oberbayern	109	59	50	99**	21	0	--
zu Münster	--	--	--	--	--	--	--
Nürnberg	4	--	--	--	--	--	--
Offenbach a. M.	--	--	--	--	--	--	--
Oldenburgische-	1	1	0	0	0	1	4 Wochen
Osnabrück-Emsland	32	8	20	--	--	--	--
für Niederbayern in Passau	29	20	9	29	--	0	--
Regensburg	19	19	0	19	0	0	--
Reutlingen	0						
des Saarlandes	6	3	2	5	0	1	4 Wochen

*) Diese Zahl konnte von der Einigungsstelle nur schätzweise angegeben werden.
**) Diese Zahl wurde vom Verfasser aufgrund der Angaben der Einigungsstelle geschätzt.
--) Ohne Angabe.

Statistik der Einigungsstellenverfahren für das Jahr 1979 - Blatt 6

bei der Industrie- und Handelskammer	Anträge	Einigungen	Rücknahmen	AO d. pers. Erscheinens	Festsetzung von Ordnungsstrafen	begründete Einigungsvorschläge	durchschnittl. Verfahrensdauer
Siegen	--	--	--	--	--	--	--
Stade für den Elbe-Weser-Raum	4*	2*	2*	4*	0	4	2-4 Wochen
Mittlerer Neckar	--	--	--	--	--	--	--
Trier	2	0	2	0	0	0	2 Monate
Ulm	--	--	--	--	--	--	--
Schwarzwald-Baar-Heuberg	--	--	--	--	--	--	--
Bodensee-Oberschwaben	0						
Wetzlar	2	1**	1	1	0	1	2 Wochen
Wiesbaden	--	--	--	--	--	--	--
Würzburg-Schweinfurth	14	12**	0	--	0	--	--
Wuppertal-Solingen Remscheid	0						

*) Diese Zahl konnte von der Einigungsstelle nur schätzweise angegeben werden.
**) Diese Zahl wurde vom Verfasser aufgrund der Angaben der Einigungsstelle geschätzt.
--) Ohne Angabe.

Statistik der Einigungsstellenverfahren für das Jahr 1980 - Blatt 1

bei der Industrie- und Handelskammer	Anträge	Einigungen	Rücknahmen	AO d. pers. Erscheinens	Festsetzung von Ordnungsstrafen	begründete Einigungsvorschläge	durchschnittl. Verfahrensdauer
zu Aachen	--	--	--	--	--	--	--
zu Arnsberg	--	--	--	--	--	--	--
Aschaffenburg	3	3	0	2**	--	--	--
für Augsburg und Schwaben	0						
für Oberfranken Bayreuth	6	2	3	6	0	0	--
zu Berlin	1	1	0	0	0	0	1 Woche
Ostwestfalen zu Bielefeld	22	13	0	22	6	--	3 Wochen
zu Bochum	--	--	--	--	--	--	--
Bonn	12	4	2	--	0	--	--
Braunschweig	--	--	--	--	--	--	--
Bremen	0						

*) Diese Zahl konnte von der Einigungsstelle nur schätzweise angegeben werden.
**) Diese Zahl wurde vom Verfasser aufgrund der Angaben der Einigungsstelle geschätzt.
--) Ohne Angabe.

Statistik der Einigungsstellenverfahren für das Jahr 1980 - Blatt 2

bei der Industrie- und Handelskammer	Anträge	Einigungen	Rücknahmen	AO d. pers. Erscheinens	Festsetzung von Ordnungsstrafen	begründete Einigungsvorschläge	durchschnittl. Verfahrensdauer
Bremerhaven	0						
zu Coburg	--	--	--	--	--	--	--
Darmstadt	3	1	2	1	0	0	--
Lippe zu Detmold	11	7	3	11	0	0	3 Wochen
zu Dillenburg	0						
zu Dortmund	38	28	4	38	0	--	3 Wochen
zu Düsseldorf	21	15	5	21	1	2	--
Niederrheinische- Duisburg - Wesel - Kleve zu Duisburg	--	--	--	--	--	--	--
für Ostfriesland und Papenburg	--	--	--	--	--	--	--
für Essen, Mülheim a.d.Ruhr, Oberhausen zu Essen	50	31	9	5	0	0	10 Tage
zu Flensburg	0						

*) Diese Zahl konnte von der Einigungsstelle nur schätzweise angegeben werden.
**) Diese Zahl wurde vom Verfasser aufgrund der Angaben der Einigungsstelle geschätzt.
--) Ohne Angabe.

Statistik der Einigungsstellenverfahren für das Jahr 1980 - Blatt 3

bei der Industrie- und Handelskammer	Anträge	Einigungen	Rücknahmen	AO d. pers. Erscheinens	Festsetzung von Ordnungsstrafen	begründete Einigungsvorschläge	durchschnittl. Verfahrensdauer
Frankfurt a. M.	39	15	9	35**	2	24**	2 Wochen
Südl. Oberrhein	--	--	--	--	--	--	--
Friedberg	--	--	--	--	--	--	--
Fulda	0						
Gießen	--	--	--	--	--	--	--
zu Hagen	8	4	0	--	--	--	2-3 Wochen
Hamburg	--	--	--	--	--	--	--
Hanau - Gelnhausen - Schlüchtern	--	--	--	--	--	--	--
Hannover-Hildesheim	6	--	--	--	--	--	--
Mittl. Oberrhein	0						
Kassel	--	--	--	--	--	--	--

*) Diese Zahl konnte von der Einigungsstelle nur schätzweise angegeben werden.
**) Diese Zahl wurde vom Verfasser aufgrund der Angaben der Einigungsstelle geschätzt.
--) Ohne Angabe.

Statistik der Einigungsstellenverfahren für das Jahr 1980 - Blatt 4

bei der Industrie- und Handelskammer	Anträge	Einigungen	Rücknahmen	AO d. pers. Erscheinens	Festsetzung von Ordnungsstrafen	begründete Einigungsvorschläge	durchschnittl. Verfahrensdauer
zu Kiel	--	--	--	--	--	--	--
zu Koblenz	8	1	3	8	0	--	--
zu Köln	--	--	--	--	--	--	--
Hochrhein-Bodensee	0						
Mittl.-Niederrhein Krefeld-Mönchengladbach-Neuss	12*	9**	--	9**	0	0	2-3 Wochen
Limburg	--	--	--	--	--	--	--
Lindau/Bodensee	0						
für die Pfalz in Ludwigshafen a.Rh.	--	--	--	--	--	--	--
zu Lübeck (Einigungsstelle erst 1983 errichtet)							
Lüneburg-Wolfsburg	49	36	13	37	1	--	--
für Rheinhessen	1*	--	--	--	--	--	--

*) Diese Zahl konnte von der Einigungsstelle nur schätzweise angegeben werden.
**) Diese Zahl wurde vom Verfasser aufgrund der Angaben der Einigungsstelle geschätzt.
--) Ohne Angabe.

Statistik der Einigungsstellenverfahren für das Jahr 1980 - Blatt 5

bei der Industrie- und Handelskammer	Anträge	Einigungen	Rücknahmen	AO d. pers. Erscheinens	Festsetzung von Ordnungsstrafen	begründete Einigungsvorschläge	durchschnittl. Verfahrensdauer
Rhein-Neckar in Mannheim	3	0	3	0	0	0	--
für München und Oberbayern	97	41	56	87**	20	0	--
zu Münster	--	--	--	--	--	--	--
Nürnberg	16	--	--	--	--	--	--
Offenbach a. M.	--	--	--	--	--	--	--
Oldenburgische-	0						
Osnabrück-Emsland	17	0	7	--	--	--	--
für Niederbayern in Passau	19	10	8	19	--	0	--
Regensburg	17	16	1	17	0	0	--
Reutlingen	0						
des Saarlandes	2	1	0	2	0	1	1,5-6 Monate

*) Diese Zahl konnte von der Einigungsstelle nur schätzweise angegeben werden.
**) Diese Zahl wurde vom Verfasser aufgrund der Angaben der Einigungsstelle geschätzt.
--) Ohne Angabe.

Statistik der Einigungsstellenverfahren für das Jahr 1980 - Blatt 6

bei der Industrie- und Handelskammer	Anträge	Einigungen	Rücknahmen	AO d. pers. Erscheinens	Festsetzung von Ordnungsstrafen	begründete Einigungsvorschläge	durchschnittl. Verfahrensdauer
Siegen	--	--	--	--	--	--	--
Stade für den Elbe-Weser-Raum	4*	2*	2*	4*	0	4	2-4 Wochen
Mittlerer Neckar	--	--	--	--	--	--	--
Trier	6	2	4	2	0	2	3 Monate
Ulm	--	--	--	--	--	--	--
Schwarzwald-Baar-Heuberg	--	--	--	--	--	--	--
Bodensee-Oberschwaben	0						
Wetzlar	0						
Wiesbaden	--	--	--	--	--	--	--
Würzburg-Schweinfurth	15	13**	0	--	0	--	--
Wuppertal-Solingen Remscheid	6	6	0	6	0	--	--

*) Diese Zahl konnte von der Einigungsstelle nur schätzweise angegeben werden.
**) Diese Zahl wurde vom Verfasser aufgrund der Angaben der Einigungsstelle geschätzt.
--) Ohne Angabe.

Statistik der Einigungsstellenverfahren für das Jahr 1981 - Blatt 1

bei der Industrie- und Handelskammer	Anträge	Einigungen	Rücknahmen	AO d. pers. Erscheinens	Festsetzung von Ordnungsstrafen	begründete Einigungsvorschläge	durchschnittl. Verfahrensdauer
zu Aachen	--	--	--	--	--	--	--
zu Arnsberg	--	--	--	--	--	--	--
Aschaffenburg	2	1	0	2**	--	--	--
für Augsburg und Schwaben	1	1	0	1	0	0	4-6 Wochen
für Oberfranken Bayreuth	0						
zu Berlin	1	1	0	0	0	1	5 Wochen
Ostwestfalen zu Bielefeld	16	14	0	16	0	--	2 Wochen
zu Bochum	--	--	--	--	--	--	--
Bonn	20	7	1	--	0	--	--
Braunschweig	--	--	--	--	--	--	--
Bremen	0						

*) Diese Zahl konnte von der Einigungsstelle nur schätzweise angegeben werden.
**) Diese Zahl wurde vom Verfasser aufgrund der Angaben der Einigungsstelle geschätzt.
--) Ohne Angabe.

Statistik der Einigungsstellenverfahren für das Jahr 1981 - Blatt 2

bei der Industrie- und Handelskammer	Anträge	Einigungen	Rücknahmen	AO d. pers. Erscheinens	Festsetzung von Ordnungsstrafen	begründete Einigungsvorschläge	durchschnittl. Verfahrensdauer
Bremerhaven	0						
zu Coburg	--	--	--	--	--	--	--
Darmstadt	3	1	2	1	0	0	--
Lippe zu Detmold	3	1	1	3	0	0	3 Wochen
zu Dillenburg	2	1	1	2	0	--	2-3 Wochen
zu Dortmund	35	21	6	35	0	--	3 Wochen
zu Düsseldorf	17	14	3	17	0	0	--
Niederrheinische- Duisburg - Wesel - Kleve zu Duisburg	--	--	--	--	--	--	--
für Ostfriesland und Papenburg	-	--	--	--	--	--	--
für Essen, Mülheim a.d.Ruhr, Oberhausen zu Essen	47	31	11	8	1	0	10 Tage
zu Flensburg	0						

*) Diese Zahl konnte von der Einigungsstelle nur schätzweise angegeben werden.
**) Diese Zahl wurde vom Verfasser aufgrund der Angaben der Einigungsstelle geschätzt.
--) Ohne Angabe.

Statistik der Einigungsstellenverfahren für das Jahr 1981 - Blatt 3

bei der Industrie- und Handelskammer	Anträge	Einigungen	Rücknahmen	AO d. pers. Erscheinens	Festsetzung von Ordnungsstrafen	begründete Einigungsvorschläge	durchschnittl. Verfahrensdauer
Frankfurt a. M.	54	23	12	48**	3	36**	2 Wochen
Südl. Oberrhein	--	--	--	--	--	--	--
Friedberg	--	--	--	--	--	--	--
Fulda	0						
Gießen	--	--	--	--	--	--	--
zu Hagen	7	4	0	--	--	--	2-3 Wochen
Hamburg	--	--	--	--	--	--	--
Hanau - Gelnhausen - Schlüchtern	--	--	--	--	--	--	--
Hannover-Hildesheim	8	--	--	--	--	--	--
Mittl. Oberrhein	0						
Kassel	--	--	--	--	--	--	--

*) Diese Zahl konnte von der Einigungsstelle nur schätzweise angegeben werden.
**) Diese Zahl wurde vom Verfasser aufgrund der Angaben der Einigungsstelle geschätzt.
--) Ohne Angabe.

Statistik der Einigungsstellenverfahren für das Jahr 1981 - Blatt 4

bei der Industrie- und Handelskammer	Anträge	Einigungen	Rücknahmen	AO d. pers. Erscheinens	Festsetzung von Ordnungsstrafen	begründete Einigungsvorschläge	durchschnittl. Verfahrensdauer
zu Kiel	--	--	--	--	--	--	--
zu Koblenz	12	4	2	12	3	--	--
zu Köln	--	--	--	--	--	--	--
Hochrhein-Bodensee	0						
Mittl.-Niederrhein Krefeld-Mönchengladbach-Neuss	12*	9**	--	9**	0	0	2-3 Wochen
Limburg	--	--	--	--	--	--	--
Lindau/Bodensee	0						
für die Pfalz in Ludwigshafen a.Rh.	--	--	--	--	--	--	--
zu Lübeck (Einigungsstelle erst 1983 errichtet)							
Lüneburg-Wolfsburg	36	30	6	30	0	--	--
für Rheinhessen	1*	--	--	--	--	--	--

*) Diese Zahl konnte von der Einigungsstelle nur schätzweise angegeben werden.
**) Diese Zahl wurde vom Verfasser aufgrund der Angaben der Einigungsstelle geschätzt.
--) Ohne Angabe.

Statistik der Einigungsstellenverfahren für das Jahr 1981 - Blatt 5

bei der Industrie- und Handelskammer	Anträge	Einigungen	Rücknahmen	AO d. pers. Erscheinens	Festsetzung von Ordnungsstrafen	begründete Einigungsvorschläge	durchschnittl. Verfahrensdauer
Rhein-Neckar in Mannheim	2	0	2	0	0	0	--
für München und Oberbayern	133	56	77	123**	17	0	--
zu Münster	--	--	--	--	--	--	--
Nürnberg	22	20	0	22	4*	1*	2 Monate
Offenbach a. M.	--	--	--	--	--	--	--
Oldenburgische-	1	0	1	1	0	0	5 Wochen
Osnabrück-Emsland	44	30	4	--	8	--	--
für Niederbayern in Passau	42	27	11	42	0	0	--
Regensburg	24	24	0	24	0	0	--
Reutlingen	0						
des Saarlandes	1	1	0	1	0	0	4 Wochen

*) Diese Zahl konnte von der Einigungsstelle nur schätzweise angegeben werden.
**) Diese Zahl wurde vom Verfasser aufgrund der Angaben der Einigungsstelle geschätzt.
--) Ohne Angabe.

Statistik der Einigungsstellenverfahren für das Jahr 1981 - Blatt 6

bei der Industrie- und Handelskammer	Anträge	Einigungen	Rücknahmen	AO d. pers. Erscheinens	Festsetzung von Ordnungsstrafen	begründete Einigungsvorschläge	durchschnittl. Verfahrensdauer
Siegen	--	--	--	--	--	--	--
Stade für den Elbe-Weser-Raum	4*	2*	2*	4*	0	4	2-4 Wochen
Mittlerer Neckar	--	--	--	--	--	--	--
Trier	7	3	4	3	0	3	3 Monate
Ulm	--	--	--	--	--	--	--
Schwarzwald-Baar-Heuberg	--	--	--	--	--	--	--
Bodensee-Oberschwaben	0						
Wetzlar	1	1	0	1	0	1	2 Wochen
Wiesbaden	--	--	--	--	--	--	--
Würzburg-Schweinfurth	16	14**	0	--	0	--	--
Wuppertal-Solingen Remscheid	3	3	0	3	0	--	--

*) Diese Zahl konnte von der Einigungsstelle nur schätzweise angegeben werden.
**) Diese Zahl wurde vom Verfasser aufgrund der Angaben der Einigungsstelle geschätzt.
--) Ohne Angabe.

Statistik der Einigungsstellenverfahren für das Jahr 1982 - Blatt I

bei der Industrie- und Handelskammer	Anträge	Einigungen	Rücknahmen	AO d. pers. Erscheinens	Festsetzung von Ordnungsstrafen	begründete Einigungsvorschläge	durchschnittl. Verfahrensdauer
zu Aachen	--	--	--	--	--	--	--
zu Arnsberg	--	--	--	--	--	--	--
Aschaffenburg	4	2	0	3**	--	--	--
für Augsburg und Schwaben	7	2	1	7	2	0	4-6 Wochen
für Oberfranken Bayreuth	1	0	1	1	0	0	--
zu Berlin	4	0	2	0	0	0	8 Wochen
Ostwestfalen zu Bielefeld	37	29	0	37	6	--	3 Wochen
zu Bochum	--	--	--	--	--	--	--
Bonn	34	6	1	--	1	--	--
Braunschweig	--	--	--	--	--	--	--
Bremen	2	1	1	2	0	1	2-3 Monate
Bremerhaven	0						

*) Diese Zahl konnte von der Einigungsstelle nur schätzweise angegeben werden.
**) Diese Zahl wurde vom Verfasser aufgrund der Angaben der Einigungsstelle geschätzt.
--) Ohne Angabe.

Statistik der Einigungsstellenverfahren für das Jahr 1982 - Blatt 2

bei der Industrie- und Handelskammer	Anträge	Einigungen	Rücknahmen	AO d. pers. Erscheinens	Festsetzung von Ordnungsstrafen	begründete Einigungsvorschläge	durchschnittl. Verfahrensdauer
zu Coburg	--	--	--	--	--	--	--
Darmstadt	8	3	4	4	0	0	--
Lippe zu Detmold	5	4	1	5	0	2	3 Wochen
zu Dillenburg	0						
zu Dortmund	33	15	13	33	0	--	3 Wochen
zu Düsseldorf	15	11	4	15	2	2	--
Niederrheinische- Duisburg - Wesel - Kleve zu Duisburg	--	--	--	--	--	--	--
für Ostfriesland und Papenburg	-	--	--	--	--	--	--
für Essen, Mülheim a.d.Ruhr, Oberhausen zu Essen	82	36	16	5	2	0	10 Tage
zu Flensburg	0						

*) Diese Zahl konnte von der Einigungsstelle nur schätzweise angegeben werden.
**) Diese Zahl wurde vom Verfasser aufgrund der Angaben der Einigungsstelle geschätzt.
--) Ohne Angabe.

Statistik der Einigungsstellenverfahren für das Jahr 1982 - Blatt 3

bei der Industrie- und Handelskammer	Anträge	Einigungen	Rücknahmen	AO d. pers. Erscheinens	Festsetzung von Ordnungsstrafen	begründete Einigungsvorschläge	durchschnittl. Verfahrensdauer
Frankfurt a. M.	49	19	14	45**	3	29**	2 Wochen
Südl. Oberrhein	--	--	--	--	--	--	--
Friedberg	--	--	--	--	--	--	--
Fulda	4	1	2	4	1	3	12 Wochen
Gießen	--	--	--	--	--	--	--
zu Hagen	0						
Hamburg	42	12	19	42	3	0	--
Hanau - Gelnhausen - Schlüchtern	--	--	--	--	--	--	--
Hannover-Hildesheim	16	--	--	--	--	--	--
Mittl. Oberrhein	0						
Kassel	--	--	--	--	--	--	--

*) Diese Zahl konnte von der Einigungsstelle nur schätzweise angegeben werden.
**) Diese Zahl wurde vom Verfasser aufgrund der Angaben der Einigungsstelle geschätzt.
--) Ohne Angabe.

Statistik der Einigungsstellenverfahren für das Jahr 1982 - Blatt 4

bei der Industrie- und Handelskammer	Anträge	Einigungen	Rücknahmen	AO d. pers. Erscheinens	Festsetzung von Ordnungsstrafen	begründete Einigungsvorschläge	durchschnittl. Verfahrensdauer
zu Kiel	--	--	--	--	--	--	--
zu Koblenz	5	3	1	5	0	--	--
zu Köln	--	--	--	--	--	--	--
Hochrhein-Bodensee	0						
Mittl.-Niederrhein Krefeld-Mönchengladbach-Neuss	12*	9**	--	9**	0	0	2-3 Wochen
Limburg	--	--	--	--	--	--	--
Lindau/Bodensee	0						
für die Pfalz in Ludwigshafen a.Rh.	--	--	--	--	--	--	--
zu Lübeck (Einigungsstelle erst 1983 errichtet)							
Lüneburg-Wolsburg	72	58	10	60	2	--	--
für Rheinhessen	1*	--	--	--	--	--	--

*) Diese Zahl konnte von der Einigungsstelle nur schätzweise angegeben werden.
**) Diese Zahl wurde vom Verfasser aufgrund der Angaben der Einigungsstelle geschätzt.
--) Ohne Angabe.

Statistik der Einigungsstellenverfahren für das Jahr 1982 - Blatt 5

bei der Industrie- und Handelskammer	Anträge	Einigungen	Rücknahmen	AO d. pers. Erscheinens	Festsetzung von Ordnungsstrafen	begründete Einigungsvorschläge	durchschnittl. Verfahrensdauer
Rhein-Neckar in Mannheim	3	0	3	0	0	0	--
für München und Oberbayern	138	74	64	124**	22	1	--
zu Münster	--	--	--	--	--	--	--
Nürnberg	44	36	5	44	6*	2*	2 Monate
Offenbach a. M.	--	--	--	--	--	--	--
Oldenburgische-	15	6	4	11*	4	0	3-6 Wochen
Osnabrück-Emsland	41	19	5	--	5	--	--
für Niederbayern in Passau	32	20	8	32	--	0	--
Regensburg	19	19	0	19	0	0	--
Reutlingen	0						
des Saarlandes	28	14	13	14	0	1	8 Wochen

*) Diese Zahl konnte von der Einigungsstelle nur schätzweise angegeben werden.
**) Diese Zahl wurde vom Verfasser aufgrund der Angaben der Einigungsstelle geschätzt.
--) Ohne Angabe.

Statistik der Einigungsstellenverfahren für das Jahr 1982 - Blatt 6

bei der Industrie- und Handelskammer	Anträge	Einigungen	Rücknahmen	AO d. pers. Erscheinens	Festsetzung von Ordnungsstrafen	begründete Einigungsvorschläge	durchschnittl. Verfahrensdauer
Siegen	--	--	--	--	--	--	--
Stade für den Elbe-Weser-Raum	4*	2*	2*	4*	0	4	2-4 Wochen
Mittlerer Neckar	--	--	--	--	--	--	--
Trier	16	14	2	14	0	14	4 Monate
Ulm	--	--	--	--	--	--	--
Schwarzwald-Baar-Heuberg	--	--	--	--	--	--	--
Bodensee-Oberschwaben	0						
Wetzlar	2	2	0	2	0	2	2 Wochen
Wiesbaden	--	--	--	--	--	--	--
Würzburg-Schweinfurth	7	6**	0	--	0	--	--
Wuppertal-Solingen Remscheid	1	1	0	1	0	--	--

*) Diese Zahl konnte von der Einigungsstelle nur schätzweise angegeben werden.
**) Diese Zahl wurde vom Verfasser aufgrund der Angaben der Einigungsstelle geschätzt.
--) Ohne Angabe.

Statistik der Einigungsstellenverfahren für das Jahr 1983 - Blatt 1

bei der Industrie- und Handelskammer	Anträge	Einigungen	Rücknahmen	AO d. pers. Erscheinens	Festsetzung von Ordnungsstrafen	begründete Einigungsvorschläge	durchschnittl. Verfahrensdauer
zu Aachen	--	--	--	--	--	--	--
zu Arnsberg	--	--	--	--	--	--	--
Aschaffenburg	3	3	0	2**	--	--	--
für Augsburg und Schwaben	17	8	3	17*	1	0	4-6 Wochen
für Oberfranken Bayreuth	2	0	2	2	0	0	
zu Berlin	5	3	1	1	0	0	3 Wochen
Ostwestfalen zu Bielefeld	50	32	0	50	8	--	2 Wochen
zu Bochum	--	--	--	--	--	--	--
Bonn	32	9	4	--	--	--	--
Braunschweig	--	--	--	--	--	--	--
Bremen	0						
Bremerhaven	0						

*) Diese Zahl konnte von der Einigungsstelle nur schätzweise angegeben werden.
**) Diese Zahl wurde vom Verfasser aufgrund der Angaben der Einigungsstelle geschätzt.
--) Ohne Angabe.

Statistik der Einigungsstellenverfahren für das Jahr 1983 - Blatt 2

bei der Industrie- und Handelskammer	Anträge	Einigungen	Rücknahmen	AO d. pers. Erscheinens	Festsetzung von Ordnungsstrafen	begründete Einigungsvorschläge	durchschnittl. Verfahrensdauer
zu Coburg	--	--	--	--	--	--	--
Darmstadt	11	8	1	9	2	0	--
Lippe zu Detmold	3	2	1	3	0	0	3 Wochen
zu Dillenburg	0						
zu Dortmund	44	23	5	44	8	--	3 Wochen
zu Düsseldorf	12	8	3	12	1	1	--
Niederrheinische- Duisburg - Wesel - Kleve zu Duisburg	--	--	--	--	--	--	--
für Ostfriesland und Papenburg	-	--	--	--	--	--	--
für Essen, Mülheim a.d.Ruhr, Oberhausen zu Essen	178	106	17	23	7	0	8 Tage
zu Flensburg	0						

*) Diese Zahl konnte von der Einigungsstelle nur schätzweise angegeben werden.
**) Diese Zahl wurde vom Verfasser aufgrund der Angaben der Einigungsstelle geschätzt.
--) Ohne Angabe.

Statistik der Einigungsstellenverfahren für das Jahr 1983 - Blatt 3

bei der Industrie- und Handelskammer	Anträge	Einigungen	Rücknahmen	AO d. pers. Erscheinens	Festsetzung von Ordnungsstrafen	begründete Einigungsvorschläge	durchschnittl. Verfahrensdauer
Frankfurt a. M.	63	27	16	56**	7	40**	2 Wochen
Südl. Oberrhein	--						
Friedberg	--	--	--	--	--	--	--
Fulda	0						
Gießen							
zu Hagen	3	0	2	--	--	--	2-3 Wochen
Hamburg	70	21	25	70	5	0	--
Hanau - Gelnhausen - Schlüchtern	--	--	--	--	--	--	--
Hannover Hildesheim	6	--	--	--	--	--	--
Mittl. Oberrhein	0						
Kassel	--	--	--	--	--	--	--

*) Diese Zahl konnte von der Einigungsstelle nur schätzweise angegeben werden.
**) Diese Zahl wurde vom Verfasser aufgrund der Angaben der Einigungsstelle geschätzt.
--) Ohne Angabe.

Statistik der Einigungsstellenverfahren für das Jahr 1983 - Blatt 4

bei der Industrie- und Handelskammer	Anträge	Einigungen	Rücknahmen	AO d. pers. Erscheinens	Festsetzung von Ordnungsstrafen	begründete Einigungsvorschläge	durchschnittl. Verfahrensdauer
zu Kiel	--	--	--	--	--	--	--
zu Koblenz	8	4	4	8	2	--	--
zu Köln							
Hochrhein-Bodensee	0						
Mittl.-Niederrhein Krefeld-Mönchengladbach-Neuss	12*	9**	--	9**	0	0	2-3 Wochen
Limburg	--	--	--	--	--	--	--
Lindau/Bodensee	0						
für die Pfalz in Ludwigshafen a.Rh.	--	--	--	--	--	--	--
zu Lübeck	1	1	0	0	0	0	--
Lüneburg-Wolsburg	36	30	6	30	0	--	--
für Rheinhessen	1*	--	--	--	--	--	--

*) Diese Zahl konnte von der Einigungsstelle nur schätzweise angegeben werden.
**) Diese Zahl wurde vom Verfasser aufgrund der Angaben der Einigungsstelle geschätzt.
--) Ohne Angabe.

Statistik der Einigungsstellenverfahren für das Jahr 1983 - Blatt 5

bei der Industrie- und Handelskammer	Anträge	Einigungen	Rücknahmen	AO d. pers. Erscheinens	Festsetzung von Ordnungsstrafen	begründete Einigungsvorschläge	durchschnittl. Verfahrensdauer
Rhein-Neckar in Mannheim	4	0	4	0	0	0	--
für München und Oberbayern	103	45	58	92**	16	0	--
zu Münster	--	--	--	--	--	--	--
Nürnberg	46	29	4	46	8*	2*	2 Monate
Offenbach a. M.	--	--	--	--	--	--	--
Oldenburgische-	22	12	3	19*	1	0	3-8 Wochen
Osnabrück-Emsland	49	24	6	--	5	--	--
für Niederbayern in Passau	22	16	5	22	--	0	--
Regensburg	18	12	6	12	1	0	--
Reutlingen	0						
des Saarlandes	8	4	3	8	1	0	5 Wochen

*) Diese Zahl konnte von der Einigungsstelle nur schätzweise angegeben werden.
**) Diese Zahl wurde vom Verfasser aufgrund der Angaben der Einigungsstelle geschätzt.
--) Ohne Angabe.

Statistik der Einigungsstellenverfahren für das Jahr 1983 - Blatt 6

bei der Industrie- und Handelskammer	Anträge	Einigungen	Rücknahmen	AO d. pers. Erscheinens	Festsetzung von Ordnungsstrafen	begründete Einigungsvorschläge	durchschnittl. Verfahrensdauer
Siegen	--	--	--	--	--	--	--
Stade für den Elbe-Weser-Raum	4*	2*	2*	4*	0	4	2-4 Wochen
Mittlerer Neckar	--	--	--	--	--	--	--
Trier	13	9	4	9	1	9	4 Monate
Ulm	--	--	--	--	--	--	--
Schwarzwald-Baar-Heuberg	--	--	--	--	--	--	--
Bodensee-Oberschwaben	0						
Wetzlar	1	1	0	1	0	1	2 Wochen
Wiesbaden	--	--	--	--	--	--	--
Würzburg-Schweinfurth	11	10*	0	--	0	--	--
Wuppertal-Solingen Remscheid	5	5	0	5	0	--	--

*) Diese Zahl konnte von der Einigungsstelle nur schätzweise angegeben werden.
**) Diese Zahl wurde vom Verfasser aufgrund der Angaben der Einigungsstelle geschätzt.
--) Ohne Angabe.

1. Einzelstatistik

über

Einigungen und Rücknahmen

Verhältnis der Erledigungen, Einigungen und Rücknahmen zu der Anzahl der Verfahren u.a. für die Jahre 1974 - 1983

bei der Industrie- und Handelskammer	(1) Anträge	(2) Einigungen	(3) Rücknahmen	(4)* Erledigungen	A n t e i l d e r (5)** Erledigungen an Anträgen	(6)*** Einigungen an Erledigungen	(7)**** Rücknahmen an Erledigungen
Frankfurt a. M.	492	204	16	220	44,7%	92,7%	7,3%
Fulda	4	1	2	3	75,0%	33,3%	66,7%
zu Hagen	24	11	3	14	58,3%	78,6%	21,4%
zu Koblenz	70	26	21	47	67,1%	55,3%	44,7%
Lüneburg-Wolfsburg	524	287	180	467	89,1%	61,5%	38,5%
Rhein-Neckar	17	1	14	15	88,2%	6,7%	93,3%
für München und Oberbayern	951	496	454	950	99,9%	52,2%	47,8%
Oldenburgische-	80	39	18	57	71,2%	68,4%	31,6%
für Niederbayern in Passau	246	163	72	235	95,5%	69,4%	30,6%
Regensburg	178	170	8	178	100%	95,5%	4,5%

*) Spalte 4 = Spalte 2 + Spalte 3.
**) Spalte 5 = Spalte 4 : Spalte 1 x 100.
***) Spalte 6 = Spalte 2 : Spalte 4 x 100.
****) Spalte 7 = Spalte 3 : Spalte 4 x 100.

Verhältnis der Erledigungen, Einigungen und Rücknahmen zu der Anzahl der Verfahren u.a. für die Jahre 1974 - 1983

bei der Industrie- und Handelskammer	(1) Anträge	(2) Einigungen	(3) Rücknahmen	(4)* Erledigungen	A n t e i l d e r (5)** Erledigungen an Anträgen	(6)*** Einigungen an Erledigungen	(7)**** Rücknahmen an Erledigungen
Aschaffenburg	19	14	2	16	84,2%	87,5%	12,5%
für Augsburg und Schwaben	32	13	4	17	53,1%	76,5%	23,5%
für Oberfranken Bayreuth	28	15	9	24	85,7%	62,5%	37,5%
zu Berlin	23	12	7	19	82,6%	63,1%	36,9%
Bonn	202	61	11	72	35,6%	84,7%	15,3%
Bremen	8	7	1	8	100%	87,5%	12,5%
Darmstadt	55	36	14	50	90,9%	72,0%	28,0%
Lippe zu Detmold	27	17	6	23	85,2%	73,9%	26,1%
zu Dortmund	218	118	47	165	75,7%	71,5%	28,5%

*) Spalte 4 = Spalte 2 + Spalte 3.
**) Spalte 5 = Spalte 4 : Spalte 1 x 100.
***) Spalte 6 = Spalte 2 : Spalte 4 x 100.
****) Spalte 7 = Spalte 3 : Spalte 4 x 100.

Verhältnis der Erledigungen, Einigungen und Rücknahmen zu der Anzahl der Verfahren u.a. für die Jahre 1974 - 1983

bei der Industrie- und Handelskammer	(1) Anträge	(2) Einigungen	(3) Rücknahmen	(4)* Erledigungen	Anteil der (5)** Erledigungen an Anträgen	(6)*** Einigungen an Erledigungen	(7)**** Rücknahmen an Erledigungen
Reutlingen	2	2	0	2	100%	100%	0%
des Saarlandes	53	28	20	48	90,6%	58,3%	41,7%
Stade für den Elbe-Weser-Raum	40	20	20	40	100%	50,0%	50,0%
Trier	63	33	30	63	100%	52,4%	47,6%
Wetzlar	13	12	1	13	100%	92,3%	7,7%
Würzburg-Schweinfurth	77	66	0	66	85,7%	100%	0%
Wuppertal-Solingen Remscheid	16	16	0	16	100%	100%	0%

*) Spalte 4 = Spalte 2 + Spalte 3.
**) Spalte 5 = Spalte 4 : Spalte 1 x 100.
***) Spalte 6 = Spalte 2 : Spalte 4 x 100.
****) Spalte 7 = Spalte 3 : Spalte 4 x 100.

2. Einzelstatistik

über

Anordnung des persönlichen Erscheinens

Verhältnis der Anordnung des persönlichen Erscheinens zu den Verfahren und z
Erfolg für die Jahre 1974 - 1983

bei der Industrie- und Handelskammer	(1) Anträge	(2)* Erledi- gungen	(3) Anord- nungen	Anteil der (4)** Anordnungen an Anträgen	Anteil der (5)*** Anordnungen an Erledigung
Aschaffenburg	19	16	15	78,9%	93,7%
für Augsburg und Schwaben	32	17	25	78,1%	147%
für Oberfranken Bayreuth	28	24	28	100%	117%
zu Berlin	23	19	2	8,7%	10,5%
Bremen	8	8	8	100%	100%
Darmstadt	55	50	39	70,9%	78,0%
Lippe zu Detmold	27	23	27	100%	117%
zu Dortmund	218	165	218	100%	132%
Frankfurt a. M.	492	220	441	89,6%	200%
Fulda	4	3	4	100%	133%
zu Koblenz	70	47	70	100%	149%
Lüneburg-Wolfsburg	524	467	302	57,6%	64,6%
Rhein-Neckar	17	15	1	5,9%	6,7%
für München und Oberbayern	951	950	855	89,9%	90,0%
Oldenburgische-	80	57	31	38,7%	54,4%
für Niederbayern in Passau	246	235	246	100%	105%
Regensburg	178	178	172	96,6%	96,6%
Reutlingen	2	2	0	0%	0%
des Saarlandes	53	48	31	58,5%	64,6%

*) Spalte 2 = Einigungen + Rücknahmen.
**) Spalte 4 = Spalte 3 : Spalte 1 x 100.
***) Spalte 5 = Spalte 3 : Spalte 2 x 100.

ерhältnis der Anordnung des persönlichen Erscheinens zu den Verfahren und zum Erfolg für die Jahre 1974 - 1983

ei der ndustrie- und andelskammer	(1) Anträge	(2)* Erledi-gungen	(3) Anord-nungen	Anteil der (4)** Anordnungen an Anträgen	Anteil der (5)*** Anordnungen an Erledigungen
tade für den lbe-Weser-Raum	40	40	40	100%	100%
rier	63	63	28	44,4%	44,4%
etzlar	13	13	12	92,3%	92,3%
uppertal-Solingen emscheid	16	16	16	100%	100%

) Spalte 2 = Einigungen + Rücknahmen.
*) Spalte 4 = Spalte 3 : Spalte 1 x 100.
**) Spalte 5 = Spalte 3 : Spalte 2 x 100.

3. Einzelstatistik

über

festgesetzte Ordnungsstrafen

Verhältnis der festgesetzten Ordnungsstrafen zu den Anordnungen des persönlichen Erscheinens und zu den Erledigungen für die Jahre 1974 - 1983

				Anteil der Ordnungsstrafen	
ei der ndustrie- und andelskammer	(1)* Erledigungen	(2) Anordnungen	(3) Ordnungsstrafen	(4)** an Anordnungen	(5)*** an Erledigungen
ür Augsburg und Schwaben	17	25	3	12,0%	17,6%
ür Oberfranken ayreuth	24	28	0	0%	0%
u Berlin	19	2	0	0%	0%
remen	8	8	0	0%	0%
armstadt	50	39	2	5,1%	4,0%
ippe u Detmold	23	27	0	0%	0%
u Dortmund	165	218	8	3,7%	4,8%
rankfurt a. M.	220	441	25	5,7%	11,4%
ulda	3	4	1	25,0%	33,3%
u Koblenz	47	70	10	14,3%	21,3%
üneburg-Wolfsburg	467	302	13	4,3%	2,8%
hein-Neckar	15	1	0	0%	0%
für München und berbayern	950	855	120	14,0%	12,6%
ldenburgische-	57	31	8	25,8%	14,0%
egensburg	178	172	1	0,6%	0,6%
eutlingen	2	0	0	0%	0%
es Saarlandes	48	31	1	3,2%	2,1%

* Spalte 1 = Einigungen + Rücknahmen.
*) Spalte 4 = Spalte 3 : Spalte 2 x 100.
**) Spalte 5 = Spalte 3 : Spalte 1 x 100.

Verhältnis der festgesetzten Ordnungsstrafen zu den Anordnungen des persönlichen Erscheinens und zu den Erledigungen für die Jahre 1974 - 1983

bei der Industrie- und Handelskammer	(1)* Erledigungen	(2) Anordnungen	(3) Ordnungsstrafen	Anteil der Ordnungsstrafen (4)** an Anordnungen	(5)*** an Erledigungen
Stade für den Elbe-Weser-Raum	40	40	0	0%	0%
Trier	63	28	1	3,6%	1,6%
Wetzlar	13	12	0	0%	0%
Wuppertal-Solingen Remscheid	16	16	0	0%	0%

*) Spalte 1 = Einigungen + Rücknahmen.
**) Spalte 4 = Spalte 3 : Spalte 2 x 100.
***) Spalte 5 = Spalte 3 : Spalte 1 x 100.

4. Einzelstatistik

über

begründete Einigungsvorschläge

Verhältnis der begründeten Einigungsvorschläge zu der Zahl der Anträge, Erledigungen und Einigungen für die Jahre 1974 - 1983

bei der Handelskammer	(1) Anträge	(2) Erledigungen	(3)* anteilige Erledigungen	(4) begründete Einigungsvorschläge	ANTEIL DER EINIGUNGSVORSCHLÄGE (5)** an Anträgen	(6)*** an Erledigungen
für Augsburg und Schwaben	32	17	53,1%	0	0%	0%
für Oberfranken Bayreuth	28	24	85,7%	0	0%	0%
zu Berlin	23	19	82,6%	4	17,4%	21%
Bremen	8	8	100%	7	87,5%	87,5%
Darmstadt	55	50	90,9%	0	0%	0%
Lippe zu Detmold	27	23	85,2%	2	7,4%	8,6%
Frankfurt a. M.	492	220	44,7%	392	79,7%	178%
Fulda	4	3	75%	3	75%	100%
Rhein-Neckar	17	15	88,2%	0	0%	0%
für München und Oberbayern	951	950	99,9%	2	0,2%	0,2%
Oldenburgische-	80	57	71,2%	5	6,2%	8,6%
für Niederbayern in Passau	246	235	95,5%	0	0%	0%

*) Spalte 3 = Spalte 2 : Spalte 1 x 100.

Verhältnis der begründeten Einigungsvorschläge zu der Zahl der Anträge, Erledigungen und Einigungen für die Jahre 1974 - 1983

bei der Handelskammer	(1) Anträge	(2) Erledigungen	(3)* anteilige Erledigungen	(4) begründete Einigungsvorschläge	ANTEIL DER EINIGUNGSVORSCHLÄGE (5)** an Anträgen	(6)*** an Erledigungen
Regensburg	178	178	100%	0	0%	0%
Reutlingen	2	2	100%	0	0%	0%
des Saarlandes	53	48	90,6%	4	7,5%	8,3%
Stade für den Elbe-Weser-Raum	40	40	100%	40	100%	100%
Trier	63	63	100%	33	52,4%	52,4%
Wetzlar	13	13	100%	12	92,3%	92,3%
Wuppertal-Solingen Remscheid	16	16	100%	0	0%	0%

*) Spalte 3 = Spalte 2 : Spalte 1 x 100.
**) Spalte 5 = Spalte 4 : Spalte 1 x 100.
***) Spalte 6 = Spalte 4 : Spalte 2 x 100.

A n h a n g V I

Literaturverzeichnis

Adams, Michael: Der Zivilprozeß als Folge strategischen Verhaltens, in Zeitschrift für Rechtssoziologie 1986, S. 212

Ahrens, Hans-Jürgen: Die Entstehung der zivilrechtlichen Sanktionen des UWG, in WRP 1980, S. 129

Alt, Wilfried: UWG - Novelle und künftige Werbepraxis, in NJW 1987, S. 21

Baumbach, Adolf/Hefermehl, Wolfgang: Kommentar zum UWG, 16. Aufl., München 1990

Becher, Carl: Kommentar zum Gesetz gegen den unlauteren Wettbewerb, 2. Aufl., München und Berlin 1932

Becker, Dr.: Die Einigungsämter der Industrie und Handelskammern zur Schlichtung und Entscheidung über die Zulässigkeit von Wettbewerbshandlungen, in BB 1950, S. 173

Blessing, Otto: Zum Gerichtsstand der Widerklage im UWG, in GRUR 1936, S. 220

Bundesministerium der Justiz, (Hrsg.): Der Prozeßvergleich, in Bundesanzeiger, 1983

Burmann, Hans-Franz: Zum Problem der Sittenwidrigkeit im Wettbewerb, in WRP 1972, S. 511

Derenberg, Walter: Die sachliche Zuständigkeit der gesetzlichen EÄ für Wettbewerbsstreitigkeiten, in MuW 1933, S.177

Dimmel, Nikolaus: Überlegungen zur Funktion des Nicht-Wissens von Recht, in Zeitschrift für Rechtssoziologie 1986, S. 143

Eichmann, Helmut: Die Beurteilung neuer Werbemethoden durch die Rechtsprechung, in: Mitarbeiterfestschrift für Eugen Ulmer, Köln 1973, S. 287

Falkenstein, Roland von (1): Wettbewerbsrechtlicher Verbraucherschutz in der Praxis, in : Mitarbeiterfestschrift für Eugen Ulmer, Köln 1973, S. 307

Falkenstein, Roland von (2): Die Bekämpfung unlauterer Geschäftspraktiken durch die Verbraucherverbände, Köln 1977

Falkenstein, Roland von (3): Schäden der Verbraucher durch unlauteren Wettbewerb, Köln 1979

Falke, Josef: Das Schiedsmanninstitut - historische und rechtssoziologische Aspekte, in Schiedsmanns-Zeitung 1977, S. 74

Frentzel, Gerhard/ Jäkel, Ernst/ Junge, Werner: Gesetz zur vorläufigen Regelung des Rechts der IHK - Kommentar, 4. Auflage 1982

Hahnenfeld, Günter: Der Ombudsmann-Gedanke, in ZRP 1973, S. 60

Hammann, Carl Adolf: Die Einigungsämter zur Beilegung von Wettbewerbsstreitigkeiten, Berlin 1936

Hammann, Karl (1): Ueber die Zwangsvollstreckung aus Wettbewerbsvergleichen, in GRUR 1936, S. 379

Hammann, Karl (2): Amtshilfe der Gerichte gegenüber den Einigungsämtern ?, in GRUR 1936, S. 530

Hartherz, Th.: Zum Gerichtsstand der Widerklage im UWG (§ 24 UWG), in GRUR 1936, S. 386

Hecht, Günter: Das Wesen und Verfahren der Einigungsämter, das wettbewerbliche Schlichtungswesen der Organisationen der gewerblichen Wirtschaft und ihr Verhältnis zur Gerichtsbarkeit und zu sonstigen Stellen, in GRUR 1937, S. 845

Hiersemann, Walter: Die wettbewerbsrechtliche Abmahnung und ihre Kosten, in NJW 1971, S. 777

Hirtz, Bernd: Der Rechtsbegriff "Gute Sitten" in § 1 UWG, in GRUR 1986, S. 110

Junckerstorff, Kurt: Die Notverordnung zum Schutze der Wirtschaft vom 9. März 1932, in GRUR 1932, S. 424

Kirchberger, Hans: Unlauterer, sittenwidriger und unerlaubter Wettbewerb, Berlin 1931

Krieger, Albrecht (1): Die Wiedererrichtung von Einigungsstellen zur Beilegung von Wettbewerbsstreitigkeiten, in GRUR 1957, S. 197

Krieger, Albrecht (2): Möglichkeiten einer Verstärkung des Schutzes gegen unlauteren Wettbewerb, in WRP 1978 S. 1

Lammel, Siegbert: Wettbewerbsfreiheit und Staatsintervention, in GRUR 1986, S.362

Lehmann, Michael: Wirtschaftspolitische Kriterien in § 1 UWG, in: Miarbeiterfestschrift für Eugen Ulmer, 1973, S. 321

Liste der Einigungsämter: Einigungsämter für Wettbewerbsstreitigkeiten, in GRUR 1933, S. 215 und S. 835

Miletzki, Rainer: Formen der Konfliktregelung im Verbraucherrecht, Bielefeld 1982

Pastor, Wilhelm L. (1): Der Wettbewerbsprozeß, 3. Auflage, Köln, Berlin, Bonn, München 1980

Pastor, Wilhelm L. (2): in "Reimer": Wettbewerb- und Warenzeichenrecht - Kommentar, 4. Aufl. 1971

Pastor, Wilhelm L. (3): Verbraucherverbände im Sinne des § 13 Abs. 1a UWG, in GRUR 1969, S. 571

Pastor, Wilhelm L. (4): Die Notwendigkeit einer Verwarnung im Wettbewerbsrecht, in GRUR 1968, S. 177

Plassmann, Norbert: Rechtsbegriffe im Wettbewerbsrecht, in JZ, 1968, S. 81

Preibisch, Wolfgang: Außergerichtliche Vorferfahren in Streitigkeiten der Zivilgerichtsbarkeit, Berlin 1982

Raiser, Ludwig: Rechtsschutz und Institutionenschutz im Privatrecht, in: Summum ius, summa iniuria, Tübingen 1963, S. 145

Rasehorn, Theo: Zur Krise der Rechtssoziologie, in ZRP 1982, S. 33

Rehbinder, Manfred: Einführung in die Rechtswissenschaft, Grundlagen und Grundgedanken des Rechts, 7. Aufl., Berlin 1991

Rehbinder, Manfred: Rechtssoziologie, 2. Auflage, Berlin 1989

Reinbothe, Jörg: Der Regierungsentwurf zur UWG-Novelle, in WRP 1982, S. 387

Roehl, Wolfgang: Ökonomische Analyse des Rechts am Beispiel der Rechtschutzversicherungen, in Zeitschrift für Rechtssoziologie 1986, S.226

Rogge, Dirk Itel: Verbraucherklage un Streitwertherabsetzung im gewerblichen Rechtsschutz, in WRP 1964, S. 336

Rosenthal-Leffmann: Kommentar zum UWG, 9. Aufl., Frankfurt a.M. 1969

Röttger, Martin: Die Zuständigkeit der Einigungsämter für Wettbewerbsstreitigkeiten, in GRUR 1935, S. 76

Schier, Wolfgang: Die Stellung des Rechtsanwalts in der Rechtsprechung der Verfassungsgerichte, in AnwBl 1984, S. 410

Schmidt=v.Rhein, Georg: Neue Ansätze in der außergerichtlichen Konfliktregelung, in ZRP 1984, S. 119

Strempel, Dieter: Rechtstatsachenforschung und Rechtspolitik, in ZRP 1984, S. 195

Tetzner, Heinrich (1): Kommentar zum UWG, 2. Aufl., Köln 1957

Tetzner, Heinrich (2): Das Gesetz zur Änderung des UWG, des WZG und des GebrMG vom 21.7.1965, in NJW 1965, S. 1944

Tetzner, Heinrich (3): Klagenhäufung im Wettbewerbsrecht, in GRUR 1981, S. 803

Thenen, Dr. v.: Tätigkeit und Aufgabe der Wettbewerbseinigungsämter, in GRUR 1937, S. 105

Tonner, Klaus: Verbraucherschutz im UWG und die UWG-Reform von 1986, in NJW 1987, S. 1917

Ulmer, Eugen: Wandlungen und Aufgaben im Wettbewerbsrecht, in GRUR 1937, S. 769

Zentrale zur Bekämpfung des unlauteren Wettbewerbs e.V.: Wettbewerbszentrale zum Thema Verbraucherschutz, in WRP 1972, S. 405

FSC
www.fsc.org
MIX
Papier | Fördert
gute Waldnutzung
FSC® C083411

Kolibri 360 GmbH
Ferdinand-Jühlke-Straße 7
99095 Erfurt, Deutschland
produktsicherheit@kolibri360.de

Druck:
CPI Druckdienstleistungen GmbH
im Auftrag der
Kolibri 360 GmbH
Ferdinand-Jühlke-Str. 7
99095 Erfurt